KB112558

Kakistocracy
카키스토크라시

Kakistocracy

카키스토크라시

WALL ST

잡놈들이 지배하는 세상 무엇을 할 것인가

김명훈 지음

ViaBook Publisher

머리말

잡놈들의 세상, 끝이 아니라 시작이다

미국의 억만장자 투자자 레이 달리오에 따르면 미국은 지금 관리가 가능한 내부적 갈등에서 혁명이나 내전으로 갈 수 있는 한계점에 와 있다. 제국의 흥망성쇠를 부채의 '빅사이클big cycle' 차원에서 생각하는 달리오는 최근 링크드인LinkedIn 게시물을 통해 미국은 번영기 → 극심한 빈부 격차 → 부채 위기 단계를 지나 이제 돈을 마구 찍어내야 하는 시점에 도달했으며, 그러한 조건하에서 심화되는 경제적, 정치적 양극화가 혁명이나 전쟁을 부를 수 있는 환경을 조성한다고 경고했다.

달리오처럼 성공한 투자자들은 주어진 환경 속에서 적절한 투자 시점을 찾는 감각이 뛰어나다. 그들에게는 보통 기존 환경의 원인, 즉 극심한 빈부 격차나 부채 위기의 근원적인 문제가 어디에 있는지는 중요하지 않다. 그들은 현명하게 투자해서 차익을 남기는 것만 생각한다. 그런 투자자가 이렇게 경종을 울리고 있는 것은 분명 심상치 않은 일이다. 지금 여러 전문가의 입에서 미국이 바나나공화국으로 지칭되고, 심지어 '실패한 국가'와 비교되기도 하는 것을 보면 상황이 얼마나 심각한지를 짐작할 수 있다.

『카키스토크라시』는 미국이라는 나라가 어떻게 대통령이라는 자의 선동으로 무장 폭도들이 의회에까지 난입하는 지경까지 오게 되었는지, 그 기저 질환을 파악하기 위한 작업의 결과물이다. 이 책의 제목은 그 작업의 결론이자 새로운 출발점이다. 지금 쇠망의 징후가 역력한 미국의 기저 질환이 최악의 인간들에 의한 지배임을 문제의 본질로 규명한다는 데 있어서 결론이고, 그 기저 질환에 정확한 '병명'을 붙여주고 이제부터 투병 의지를 고취시켜 지침과 처방을 제시한다는 의미에서 출발점이다. 미국의 문제는 절대 미국의 문제만으로 끝나지 않는다. 지난 반세기 넘게 사양길을 걸어온 미국의 모습에 대한 이 책의 이야기들은 공교롭게도 같은 기간 동안 미국을 열심히 추종해온 한국이 타산지석으로 삼아야 할 이야기들이 아닐 수 없다.

최악의 인간들에 의한 지배의 문제는 몇몇 질 나쁜 지도자에 국한되지 않는다. 경제의 최상위를 점하고 있는 계층의 대부분이 어디를 가나 부도덕하고 무책임하고 탐욕적이라는 현실 속에서 이 말은 언뜻 절망적으로 와닿는다. 사회 상부층의 부도덕과 무책임과 탐욕은 물론 새로운 얘기가 아니지만, 지금 시대의 문제는 그들의 부도덕과 무책임과 탐욕이 너무도 정교하게 체계화되어 있다는 것이다. 극도로 계량화되고 자동화된 금융 시스템이 그렇고, 우리의 사생활뿐만 아니라 마음에까지 침투해 있는 첨단 기술 기업들의 수익 모델이 그렇다. 순진한 서민들은 영악한 그들에게 주머니를 털리는 것에 그치지 않고 정신마저 빼앗기고 있다. 지금 시대의 '승자'들은 과거에 독재자들이 폭력으로 하던 짓을 조작된 금융 제도, 그리고 심리마저 교란시키는 첨단 기술로 관철시키는 노하우를 터득했다. 오늘날 그들은 탱크 대신 파생 상품으로, 최루탄 대신 알고리즘으로 서민들을 지배한다.

족히 반세기 동안 사람 위에 자본이 군림한 끝에 이제 상위 포식자들은 국가 경제를 완전히 장악하기에 이르렀고, 그들의 자본으로 움직이는 기계와 기술이 사람을 대체하고, 속박하고, 또 감시한다. 그러면서 상식과 비상식, 정상과 비정상, 그리고 보편타당성에 대한 인식 자체가 바뀌었다. 사회는 각자도생의 정글이 되었고 시민의식은 말살되었다. 무소불위의 강대국이었던 미국은 불과 40~50년 사이 중산층이 거덜 나고 국가의 인프라가 한꺼번에 허물어져 내리고 있는 '가난한 부국'이 되어버렸다.

미국은 20세기 중반 절정에 달했던 뉴딜 시대에 빈부 격차가 많이 좁혀졌고, 전 세계 역사상 유례없는 성장과 모범적 제도의 기틀을 유지했다. 국가의 번영과 함께 중산층도 왕성하게 성장했다. 부자들에 대한 누진세율이 최고 70퍼센트까지 올라가도 공익과 사회 전반의 안정을 위한 당연한 정책으로 여겨졌다. 그러다가 월남전과 석유 파동을 겪으면서 레이건 시대에 신자유주의 세력이 본격적으로 득세했다. 부자와 기업 세율이 대폭 인하되고, 사회 안전망이 하나둘 해체되고, 경제의 양극화가 무섭게 악화되었다. 지금 '낙 수효과'가 거짓이었음을 인정하지 않는 경제학자는 만나기 힘들다.

그 후 40여 년 동안 미국은 사회진화론이 지배하는 비인간적인 사회, 아울러 가장 탐욕스러운 인간들이 승자가 되는 사회로 변해갔다. 가치가 전도되면서, 아니 전도된 가치를 영위하는 세력이 집권을 거듭하면서 미국의 국가적 성격 내지는 품격이 바뀌었다.

한 나라의 품격, 다시 말해 국격은 절로 바뀌지 않는다. 국격이란 그 나라의 지도층과 민도民度에 좌우되는 것이다. 미국에는 건국의 아버지라 불리는 의식 있는 사람들이 만든 훌륭한 제도와 원칙이 있었지만 결국 그 안에서 어떤 부류의 사람들이 지배했는가 하는 것이 미국의 성공을 이해하는 열쇠였다. 지난 40여 년의 세월은 같은 국가의 대동소이한 제도하에서 어떤 인간들이 지배하는가에 모든 것이 달려 있다는 사실을 깨닫게 해주었다. 헌법이 아무리 신성하다 해도 결국 그 법리를 어떤 사람들이 어떤 의도로 적용하는가 하는 것이 입헌주의 국가의 내구성을 결정한다. 이처럼 강대국의 흥망성쇠는 무슨 경제 주기나 불변의 법칙을 따르는 것이 아니라, 지도층의 인격과 영성의 함량과 그들의 의지와 선택에 달려 있다. 역사는 승자가 쓰는 것이라 한다면 어떤 인간들이 어떤 방법으로 승자가 되어왔는지를 반드시 따져야 한다.

도널드 트럼프라는 인간이 미국의 대통령에 당선된 원인을 지난 4년 동안 많이 생각했다. 뉴욕의 주류 상류사회에는 끼지도 못했고 사회의 롤모델로서는 일고의 가치도 없던 최악의 인간형이 강대국의 최고 권좌에 오르는 것을 가능케 한 환경과 과정은 여러 면에서 이 책의 근간이 되는 논제다. '트럼프 신화'의 저변에는 근대 미국을 풍미한 신자유주의 이념의 토대 위에 들어선 잘못된 보상 체계와 변태적 능력주의, 인간의 내재적 가치는 온데간데없는 경제지상주의, 그리고 그런 환경에 편승해 유난히 번창한 '야만인' 부류가 있었다.

트럼프는 그런 야만인 부류의 가장 요란하고 천박한 화신이다. 생각해보면 이런 인간이 미국의 대통령이 된 것은 1980년대부터 본격 시행된 신자유주의 정책과 그것이 낳은 사회 기풍이 가져온 필연적 귀결이다. 기업의 모든 행위에 있어서 사실상 무정부 자본주의 이념으로 무장한 우익 정치가들의 부자 중심 세계관, 그리고 1980년대부터 대중문화를 지배해온 부의 우상화가 돈만 있으면 인간 말종도 대접받고 선망의 대상이 되는 시대를 불렀다.

그동안 도덕성이 배제된 자본의 힘이 전 세계적으로 수많은 국가의 사회와 문화를 타락시켰다. 미국과 러시아는 극소수가 자본과 자본 증식의 수단을 장악하고 있다는 점에서 크게 다르지 않다. 푸틴이나 트럼프 같은 잡배들이 강대국의 지도자로 득세할 수 있는 것은 돈이 사람 위에 있는 세상이 아니라면 불가능한 일이다. 성정이나 능력은 서로 판이하게 다르지만 이 둘은 공통적으로 초인적인 탐욕과 그 탐욕을 만족시키기 위해 수단과 방법을 가리지 않는 부도덕성을 지니고 있다.

그 부도덕성은 이제 미국과 러시아 모두에서 타락한 특권계급을 살찌우는 시스템의 기본 특성이다. 미국에서는 그러한 시스템을 일컫는 '과두제oligarchy'라는 단어가 일상 용어로 자리 잡았고, 러시아에서는 '올리가르히'라는 표현이 통용된 지 오래다. 한국에서 이에 해당하는 키워드는 '카르텔'이다.

레이건 때부터 공화당 세력이 지향해온 신자유주의 노선의 궤적은 대체로 공정한 분배의 배척, 반칙의 정상화, 제도의 악용, 약탈의 합법화, 그리고 프로파간다를 수반한 금권정치를 기반으로 하는 소수의 지배로 요약할 수 있다(이건 트럼프라는 인간의 인생철학이기도 하다). 신자유주의의 핵심적 특징인 금권정치는 정치 전반을 오염시키지만, 그중 유난히 이기주의를 신성시하는 집단인 공화당은 물불을 가리지 않는 금권정치 양상을 보인다. 그들은 금권을 보호하기 위한 권력 취득과 유지를 위해 오랫동안 막대한 자금을 동원하여 모략과 공작과 가짜뉴스 유포를 일삼은 끝에, 급기야는 지지층 사이에 현실과의 해리를 조장해야만 지지 기반 유지가 가능한 괴물 정당이 되었다. 그리고 이 괴물 정당은 2020년 대선 후 민주적 선거 결과의 전복을 시도하기에까지 이르렀다.

현실은 그들 편이 아니다. 노예제도 폐지를 거부하며 남북전쟁 발발 직전 연방을 이탈한 남부 주들과 비슷한 정서를 가진 극우 세력은 이제 상당수 국민의 '현실로부터의 이탈'을 조장하고 있다. 현실 부정은 파시즘의 기초다. 역사 속의 파시스트들이 모두 그랬듯이, 지금 시대의 '금권 극우'들은 온갖 남 탓과 프로파간다와 음모론으로 보수 진영을 흥분시킴으로써 자기들의 약탈 행위로부터 시선을 전환시키고 자본 권력의 영속화를 꾀한다. 여러 면에서 트럼프는 그들에게 안성맞춤의 선동정치가다. 한국도 축적 과정을 막론하고 자본이 곧 힘인 것은 마찬가지이기에, 트럼프나 푸틴 같은 부류의 인간들이 득세할 수 있는 토양이 뚜렷이 존재한다.

이 책에서 나는 그런 인간형이 유독 번창하는 환경을 제공하는 사회의 토양을 고찰했다. 그리고 나아가 건전한 시민들이 그런 부류의 지배에 저항하고 궁극적으로 그들이 지배하는 시대를 극복할 수 있는 비전과 논거를 제시하려 했다.

이 책의 본문은 세부 주제들을 고찰하는 76개의 '꼭지'로 구성되어 있지만, 기승전결의 큰 흐름은 5개 부部로 크게 나누어 정리할 수 있다.

1부_ 약탈형 지배계층의 창궐에서는 자본이 군림하는 세상에서 극도로 자본 친화적인 탐욕형 인간들이 성공하고 지배하는 양상으로 시작해 비인간적 자본 중심 체제의 작동 방식을 탐구한다.

2부_ 카키스토크라시 개관에서는 이 책의 제목을 설명하고 그 이해에 있어서 고찰되어야 할 개념과 함께 대표적인 역사 인물들을 살펴본다.

3부_ 잡놈의 탄생에서는 최악의 인간에 의한 지배의 표본인 트럼프에 대한 인물 탐구와 그런 유형의 인간들을 움직이는 의식구조를 천착한다.

4부_ 소수 권력과 이념의 품계에서는 질 나쁜 소수가 권력을 장악하고 유지하는 사회적, 정치적 양상과 이념의 역학 관계를 고찰한다.

5부_ 어떤 세상을 원하는가에서는 형편없는 인간들이 지배하는 세상에서 상식적인 세계관을 영위하는 시민들이 견지해야 할 가치들과 자세는 어떤 것들인지, 그리고 그들의 지배에 저항하는 데 있어서 필요한 사고의 전환 이야기를 다룬다.

5부는 정상인, 즉 '보편타당한 이성을 지닌 시민'들을 위한 나의 고언이다. 그저 어떻게 적응하고 살아야 할지에 대한 어떤 처세술을 말하는 것이 아니라, 스스로를 정비하고 어떻게 저항하고 싸워야 할지를 이야기하는 것이다. 건강한 시민들이 자격 없는 지배층에 완강하게 저항하지 않는 사회는 희망이 없다. 건강한 시민이라면 저항의 고삐를 늦추면 안 된다. 미국에서 바이든이 당선된 것으로 모든 것이 다시 정상으로 돌아갈 것이라고 생각한다면 심각한 오판이다. 미국의 '부패와 약탈의 인프라'는 아직 그대로이며, '트럼피즘'의 든든한 자금줄인 패덕 자본가 세력의 입지는 오히려 더욱 견고해졌다. 이는 미국을 무섭도록 닮은 한국도 매한가지다.

2016년 『상류의 탄생』 출간에 이어 이번에도 출간까지 인내심으로 이끌어준 비아북 출판사에 감사드린다.

2021년 1월

김명훈

사족

'부자'라는 말에 대해: 이 책에서 군데군데 편의상 수식어구 없이 쓰고 있는 '부자'라는 말은 돈이 많은 사람들을 싸잡아 비난하는 차원에서 쓰는 표현이 아니라, 갖고 있는 재산이 불로소득으로 얻어진 것이고, 돈밖에 모르며, 경제 양극화를 조장하는 부당한 자본 증식에 전혀 가책을 느끼지 않는 부류를 말하는, 다소 협소한 의미의 표현이다. 큰 부자 중에 생산적인 사업에 성공해서, 또는 운동선수, 영화배우, 그리고 해리 포터 시리즈의 저자 J. K. 롤링처럼 비범한 재능을 세상과 공유해 부자가 된 사람도 많이 있다는 것을 모르는 바가 아니다. 독자의 오해가 없기를 바란다.

차례

3부. 잡놈의 탄생

4부. 소수 권력과 이념의 품계

5부. 어떤 세상을 원하는가

일러두기

이 책에 나오는 외국 인명 및 고유명사 일부는 외래어 표기법을 따르지 않고 현지 발음에 가깝게 표기하였습니다.

Kakistocracy 1부

약탈형 지배계층의 창궐

1. 괴물 이야기 선비, 도사, 이무기의 이야기 | 오버클래스 전성시대 | 비인간적인, 너무나 비인간적인 | 그들의 포식, 우리의 운명

2. 미친 사회의 초상 조작된 승부 | 정신병 권하는 체제 | 억만장자가 존재하는 사회의 도덕성 | 부자들의 벙커 심리

3. 말기 자본주의의 지배 구조 호모 에코노미쿠스 | 돈의 몹쓸 위력 | 상인이 지배하는 시대 | 매킨지, '자본의 망나니'

4. 감옥에 있는 사람, 감옥에 있어야 할 사람 죄와 벌 | 기업과 조직범죄 | 정작 '기생충'은 누구인가 | 그들의 평판 세탁

1.
괴물 이야기

우리는 최악의 인간들에게 보상이 돌아가는 나라에서 살고 있었다.
우리가 살고 있는 사회는 악인들이 이길 확률이 더 높은 사회였다.
– 개리 슈타인가트, 『레이크 석세스Lake Success』 중

선비, 도사, 이무기의 이야기

열한 살 때까지 한국에 살면서 눈에 보이는 책을 닥치는 대로 읽었다. 그 시절에 본 전래 동화 중에 '선비, 도사, 이무기의 이야기'가 생각난다. 기억 속에 남아 있는 한국의 옛 이야기에는 선비, 산신령, 이무기가 단골로 등장하는데, 이 이야기에는 세 가지가 모두 나온다.

내가 기억하는 줄거리는 이렇다. 의형제를 맺은 세 친구가 3년간 함께 입산수도한다. 이름은 기억하지 못하니 김가, 이가, 박가라고 하자. 그들은 3년 동안 매일 돌아가며 밥을 짓기로 했다. 김가는 밥을 지어서 항상 세 사람의 밥그릇에 밥을 골고루 담았다. 한편 이가는 자기 밥그릇에만 밥을 꾹꾹 눌러 담고, 나머지 두 사람의 밥그릇에는 밥을 살살 담았다. 그리고 박가는 자기 밥그릇에는 밥을 살살 담고, 친구들의 밥그릇에는 밥을 꾹꾹 눌러 담았다. 3년의 세월이 흘러 세 친구는 수련을 마치고 산에서 내려왔고, 이제 제각기 세상에 나가서 열심히 살다가 언젠가 다시 만나자며 인사를 나누고 헤어졌다.

그리고 20년이 지난 어느 날, 장원 급제해서 관료가 된 김가가 출장길에 산골에서 거대한 이무기를 만난다. 이무기는 나무에서 슥 내려오더니 눈에서 살기를 뿜으며 김가를 잡아먹으려 했다. 공포에 질린 김가를 이무기가 덮치는 순간, 뒤에서 지팡이를 든 도사가 나타나 이무기에게 호통을 쳤다. "3년 내내 자기 밥그릇에만 밥을 꾹꾹 퍼 담던 네 이놈! 이제는 옛 친구까지 잡아먹으려 하는구나! 어서 꺼지거라!" 이무기는 도사의 위세에 압도되어 도망쳤다.

이무기를 쫓아낸 도사는 친구들의 밥만 늘 꾹꾹 눌러 담아주던 박가였고, 이무기는 자기 밥만 꾹꾹 눌러 담던 이가였던 것이다.

이 동화는 어린 나의 마음속에 세상에는 크게 나누어 세 가지 유형의 인간이 있다는 세계관을 심어주었다. 대체로 공평과 공정을 추구하며 사는 사람, 자기 욕심만 채우면서 사는 사람, 그리고 항상 자신보다는 남을 먼저 생각하며 이타적인 삶을 사는 사람. 너는 이 중 어느 사람처럼 살겠느냐. 이것이 이 동화가 그 오래전 나에게 던져준 인생의 화두였다.

지구상의 상위 1퍼센트 부자들이 전 세계 부의 절반 이상을 차지하고 있는 지금, 어릴 때는 '똑바로 살아라'라는 교훈 정도로 받아들였던 이 동화가 문득 새롭게 와닿아 뇌리에서 떠나질 않는다. 이제는 사회와 공익을 생각하며 똑바로 사는 사람보다 자기 욕심만 채우는 자들이 대부분 승자가 되는 세상인바, 탐욕의 여정 끝에 괴물이 되어버린 인간의 이야기가 거부할 수 없는 울림을 가져다주는 것이다.

최근에 이 이야기를 '제도'와 '밥그릇'과 '비율'이라는 세 가지 측면에서 다시 새겨보았다. 먼저 '제도'와 '밥그릇'이라는 두 가지 관점에서 생각해보건대, 산 속에서 세 친구는 하나의 사회를 이루었고, 그들 사이에는 '공정한 밥 짓기 제도'에 대한 민주적인 합의, 즉 책임과 분배에 대한 사회 계약이 있었다. 제대로 된 사회에서는 구성원들의 공정한 몫을 보장하는 원칙이 대체로 지켜진다. 그런데 제도는 공정했으나 '공정한 몫'을 상징하는 '밥그릇'을 대하는 각자의 영성이 달랐다. 언뜻 공정하고 민주적으로 보이는 그 제도 안에서도 일부 탐욕자는 편법과 반칙으로 약탈과 포식을 일삼았고, 그것이 오랫동안 방치되면서 외형적으로는 드러나지 않는 불평등이 암덩어리처럼 커졌다. 누구는 정해진 규율과 규범에 따라 주어진 책임을 성실히 지키는 사이, 남모르게 자기 욕심만 채워온 인간이 이윽고 괴물이 되어 그 본색을 드러내고 결국 친구까지 잡아먹으려 한 것이다. 극도로 과장된 인간형 같지만 이런 유형의 인간들이 실제로 우리 사회에 존재한다는 사실은 부정할 수 없다.

불평등이 최대 역설인 지금의 약육강식 시대에, 어떤 유형의 인간이 먹고 어떤 유형의 인간이 먹히고 있는가 하는 문제를 짚어보지 않는다면 크나큰 명제를 외면하는 것이다. 단순히 불평등한 체제를 말할 것이 아니라, 불평등한 체제의 가장 큰 수혜자들과 그 부역자들의 실체를 규명하고, 나아가 피해자들은 그들에게 어떻게 대항할 것인가 논해야 한다. 제도와 체제의 개혁을 아무리 외쳐도 궁극적으로 의미 있는 개혁의 성패는 사회 구성원들의 전체적인 가치 체계와 영성과 힘의 균형에 달려 있기 때문이다.

이런 견지에서 주목하게 되는 또 다른 측면은 '비율'의 문제다. 우리 사회에서 이무기 같은 인간이 차지하고 있는 비율은 과연 어느 정도이며, 그들은 얼마만큼의 영향력과 권력을 행사하고 있는가? 보다 구체적으로, 정치와 경제의 지배층에서 암약하고 있는 '이무기형' 인간은 얼마나 되며, 또 그들 세력에 대한 균형추 역할을 할 수 있는 양질의 사람들은 얼마나 되는가? 이건 사회의 건강상태, 나아가 운명을 묻는 질문이다.

지금 한국에서나 미국에서나 이가와 같은 인간과 집단이 경제와 정치를 휘감고 사회를 지배하다 못해 통째 삼키려 하고 있다. 최근 50여 년 동안 전 세계적으로 횡행해온 세태를 보면, 덕망이나 용맹이나 지혜나 식견보다는 이재와 반칙과 권모에 능한 자들이 명목상의 민주자본주의 제도를 악용해 자원과 자본을 닥치는 대로 먹어치우고, 오랫동안 그들만이 아는 잡스러운 수법으로 국부國富를 탈취하고 분배의 큰 그림을 자신들에게만 유리하게 바꿔왔다. 1997년의 IMF 사태와 2008년 미국발 금융 위기 원인의 핵심에는 서민들의 삶은 어떻게 되든 오로지 자본을 먹어치우는 것이 존재의 이

유인 대기업과 금융 기관이 있었다.

잊어서는 안 될 사실은, 외환 위기와 금융 위기 모두 수많은 서민에게는 재앙이었으나 자본의 먹이사슬 꼭대기에 있는 자들에게는 오히려 호재였다는 것이다. 깨어 있는 시민의 첫 번째 임무는 그렇게 닥치는 대로 포식하면서 사회 전반에는 해악을 끼치는 '이무기형' 인간과 집단을 똑바로 보고 그들의 반칙과 약탈에 저항하는 것이다.

오버클래스 전성시대

영어로 오버클래스overclass라는 단어는 비교적 최근에 만들어진 신조어다. 자본주의 사회의 최상위 포식자를 표현하는 말로 쓰인다. 이 단어는 1990년대 초·중반 무렵 미국에서 유행하기 시작했지만 2004년에 비로소 옥스포드 사전에 등재되었다. 『뉴스위크』는 1995년 7월 커버스토리로 다룬 오버클래스에 대한 기사에서 이 계층은 소득이 대략 미국인의 상위 5퍼센트에 해당하며 그 외 특징을 한마디로 정의하는 것은 어렵지만 이들을 대체로 "부의 문화culture of wealth를 대물림"하는 부류로 묘사했다. 한국에서 통용되는 '금수저'와 가장 가깝다고 할 수 있다. 전통적으로 지배계층ruling class이나 특수층privileged class 같은 오래된 용어들이 있지만, 뼛속까지 자본을 중심으로 움직이는 시대의 정서를 더 정확히 반영하는 또 다른 어휘가 필요했다고 하겠다.

통념적으로 오버클래스가 속하는 직업군으로는 난해한 법규의 시행 세칙에 대한 내부 정보, 관료 집단과의 유착과 결탁이 생명인 국제 경영, 금융, 군수 산업 등의 고위직 종사자, 그리고 거기에 기생하는 기업법 및 인수합병이나 행정법 전문 변호사들이 주를 이룬다. 이 부류 중에는 "도널드 트럼프에게 계속 대출을 해주는 이들"도 더러 있다는 대목이 『뉴스위크』 기사에 나오는데, 아무리 품행이 잡스럽고 부정과 반칙을 일삼는 인간이라 할지라도 그가 돈에 환장한 자본가라면 일단 그 부류에 낄 수 있는 여지가 많다는 얘기다.

여기에서 눈치챌 수 있듯이, 오버클래스란 현대 자본주의 사회의 행정 및 소유 구조를 장악하고 지배하며 그 위계 구조에서 압도적인 영향력을 가진 계층에 대한 경멸의 표현으로 쓰인다. 이 말은 지칭의 대상이 과도하고도 부당한 특권을 누리고, 자신들의 이익을 위해 공공의 것을 약탈하는 것을 서슴지 않는 사람이라는 것을 암시한다. 물론 자본주의 사회에서 돈을 많이 버는 것이 뭐가 잘못인가, 자동 반사적으로 따지는 군상들은 어딜 가나 있게 마련이다. 문제는 오늘날 대다수 재력가에게서 보이는 돈과 권력에 취해 사회적 책임을 망각한 모습이 가히 위험한 수준으로 치닫고 있다는 것이다. 개중에는 아주 드물게 의식 있는 부자들도 있지만, 공익이나 인간의 존엄 따위는 안중에 없고 돈과 특권과 권력에만 집착하는 특수층이 인간 사회 전반에 미치는 부정적인 영향은 압도적으로 크다.

'오버클래스'라는 영어 표현에 내포되어 있는 어감을 정확히 전달하자면 '군림하는 계급'이 적절하다. 미국의 가톨릭 보수주의 신학자 리처드 존 뉴하우스는 1996년 종교 월간지 『퍼스트 싱스』에 실린 에세이에서 오버클래스의 본질을 이렇게 정리했다. "단어가 암시하듯, 이 부류는 고압적인 특성을 지녔다. 이 부류는 국민 위에 군림하고 국민과 대적하는 양상을 보이는 한편, 그 자처하는 우월성에 대한 어떤 합당한 근거도 제시하지 못한다. 고무적인 것은, 오버클래스라는 계층은 그들이 지배할 권리 자체에 대한 논거가 일체 없기에 지배 계급으로서의 지속성이 없다는 것이다."

오버클래스라는 계층이 지배할 자격도 없거니와 지속성도 없다는 얘기는 지당한 말이겠으나 지금 당장 이런 부류가 세계 각국에서 주도권을 틀어쥐고 있음은 분명한 사실이다. 이들은 토머스 홉스가 말한 "만인의 만인에 대한 투쟁"의 승자들이다. 세계 어딜 가든 인종과 국적을 막론하고 오버클래스로 분류되는 사람들을 특징짓는 공통점이 있다면, 무서운 탐욕이다. 이들은 돈에 중독되어 돈으로 계산할 수 있는 것이라면 처자식 빼고(때로는 처자식까지 포함해) 그 무엇이든 희생시킬 수 있다. 빈부 격차와 승자 독식으로 야기되는 온갖 사회악은 그들에게 '필요악' 내지는 '부수적 피해'일 뿐이며, 사회 안전망이나 공정한 분배는 관심 밖이다 못해 타파 대상이다.

오버클래스라는 개념은 여러 면에서 소스타인 베블런이 말한 유한계급leisure class과 공통분모를 갖는다. 베블런은 유한계급을 힘으로 남의 것을 빼앗은 옛 야만인의 후예로 봤다. 『유한계급론』(1899) 제9장 '태곳적 특징의 보존'을 보면 베블런은 금전적 문화 속에서 금전의 획득을 삶의 지상 과제로 삼는 부류의 특징을 이렇게 묘사했다.

> 일반적으로 금전 위주의 삶은 야만적 기질을 보존하는 경향이 있으나, 고대 야만인을 특정 짓는 완력에 의한 가해 행위의 경향 대신 사기와 타산, 또는 행정적 능력fraud and prudence, or administrative ability[1] 등이 대신 자리하고 있다.

『유한계급론』 9장에서 가장 많이 반복되는 단어는 '약탈적predatory'이다. 그리고 다음으로 가장 많이 나오는 단어는 '금전적pecuniary'이다. 이처럼 베블런은 현대판 야만인 사회에서 금전적 우위를 추구하는 성향과 약탈 성향은 사실상 불가분의 관계임을 누차 강조했다.

베블런은 또 같은 장에서 약탈형 인간의 성공의 요체를 이렇게 정리한다. "사회적 영달과 그것을 수반하는 사회적 지위를 추구하는 데 있어서, 양심과 정직을 버리는 사람이 유한계급의 대열에 더 쉽게 오른다." 그리고 이렇게 덧붙인다. "가책, 동정심, 정직성 그리고 생명에 대한 배려 등에 구애받지 않는다는 것은 … 금력 과시 문화에서 개인의 성공을 촉진해준다고 할 수 있다. 부나 권력이 성

1 베블런은 여기서 '사기와 타산'을 '행정적 능력'과 동일시하는데, 이는 직접 생산하는 것이 없는 '비즈니스맨'을 생산자들의 성과를 중간에서 가로채는 약탈자로 본 그의 기본 철학을 반영하는 것이다. 『유한계급론』의 다른 곳에 언급되는 '사업 감각(business acumen)'이나 '마케팅' 등도 여기서 말하는 '행정적 능력'과 맥을 같이한다.

공의 잣대가 되지 않는 일부의 경우를 제외하고, 역대의 크게 성공한 사람들은 흔히 이런 유형이었다."

여기서 베블런이 설파하는 것은 부와 인간성 간에 존재하는 반비례 관계다. 유한계급이라 하든 오버클래스라 하든 금수저라 하든, 사회적 가치의 함양을 위해서는 금전적으로 크게 성공한 자들에 대한 막연한 부러움과 존경의 시선부터 거둬야 한다.

비인간적인, 너무나 비인간적인

빈부 격차의 키워드는 모멸감이다. 빈과 부가 만나는 접점마다 모멸감이 튄다. 수치심이나 열등감은 대개 내 안에서 그 원인을 찾아야 하지만, 모멸감은 타인의 행위가 유발하는 심리적 산물로 반드시 가해자가 있게 마련이다. 모멸감은 삭기도 하고 폭발하기도 하지만 어쨌든 잊히지 않는다.

과학 기술 문명의 혜택을 절대다수가 누리고 있는 현대 사회에서 뭇 사람에게 상처를 주는 것은 절대적 빈곤보다는 상대적 빈곤이다. 빈부 격차로 인한 이 시대의 울화와 울분은 위험 수위에 올라와 출렁이고 있다. 공정한 경쟁에서 기대하거나 수긍할 수 있는 수준보다 훨씬 많은 것을 차지하고 나서 그것이 행운이나 특혜보다는 우월성의 징표인 양 착각하는 자들이 주는 시선, 그리고 그들의 특권의식과 무심함 때문이다. 그들이 좀처럼 끊지 못하는 '갑질'이란 사실 자격지심과 보상 심리에서 오는 발작이기에 더욱 가소로

우면서도 굴욕적이다. 그들의 인격이 그 수준에 머무는 이상, 빈과 부가 만나는 접점에서 갈등이 폭발하는 것은 시간문제다. 영화 「기생충」에서 김씨 가족은 반지하 생활을 하면서도 화목하게 지내지만 부자들과 같은 공간에서 충돌하며 발현된 모멸감이 마침내 비극을 촉발시킨다. 소리 없이 은연중에 쌓였던 모멸감은 한순간에 모두의 운명을 바꾼다.

미국에서는 1930년대 이후로 반세기 정도는 부자들이 대체로 겸허하게 살았다. 대공황을 겪은 후 초부유층이 전반적으로 조심스러워졌고, 프랭클린 루스벨트 대통령을 위시해 가진 자의 사회적 책임을 중시하는 강력한 상류층이 사회를 이끌었기 때문이다. 한때 미국 상류층 중에는 능력주의의 낭만적인 기대치, 즉 남다른 노력으로 크게 성공한 사람은 그만큼 더 많은 책임을 느끼고 사회에 환원해야 한다는 노블레스 오블리주를 지키려 노력하는 이들이 적지 않았다. 루스벨트의 '뉴딜' 정책으로 시작해서 1960년대 후반 린든 존슨 대통령의 '위대한 사회'로까지 이어지는 미국의 진보적 개혁의 전성시대였다. 지금은 아득한 얘기다.

미국에서 한때 많은 부자의 기본 좌우명으로 여겨졌던 노블레스 오블리주는 이제 자유지상주의libertarianism의 변이체인 신자유주의neoliberalism 정서에 완전히 함락되었다. 신자유주의는 탐욕에 당위성을 부여해주고 불평등의 규범화, 나아가 제도화의 근간이 되는 이념이다.

그래도 다수가 갖고 있는 인간적 상식에 역행하는 것은 쉽지 않은 법이다. 신자유주의의 늪에서 솟아난 대부분의 억만장자들은 노출을 꺼린다. 겸손해서가 아니라 노출되어 좋을 것이 별로 없기 때문이다. 자산 관리 회사들이 슈퍼리치 고객에게 제공하는 '서비스 패키지'는 고객의 비리를 보호하는 일이 큰 비중을 차지한다. 슈퍼리치의 대부분은 불미스러운 얘기가 언론에 보도되는 것을 막고, 마약 중독, 음주 운전, 심지어 성폭행 같은 중범죄까지도 은폐하는 것을 전담하는 해결사fixer를 고용하고 있다. 조지 클루니가 주연으로 나오는 미국 영화 「마이클 클레이튼」의 주인공 변호사가 바로 그런 해결사다.

사실 그들이 착하게 모범적으로 산다면 그런 해결사가 왜 필요하겠으며, 조용히 살고 싶어 하는 것을 누가 뭐라 하겠는가. 하지만 수도 없이 많은 사례가 보여주듯 어마어마한 부와 권력을 가진 자가 도덕과 인품의 표본이 되어준 사례는 지극히 드물다. 미국의 상류사회 부류들과 어울리며 그들의 기벽과 친숙했던 작가 고어 비달[2]은 생전에 슈퍼리치의 '완전한 몰가치성'을 공식 석상에서 자주 얘기했다. 비달이 즐겨 들먹이던 그들의 몰가치성이란 돈이 많은 덕에 시민의 의무를 면제받은 것처럼 살아갈 수 있는, 특권에 취해 사는 자들의 초도덕적 정신 상태다.

2018년 순자산 3,000만 달러(약 330억 원) 이상을 보유하고 있는 초고액 자산가(ultra-high-net-worth individual: UHNWI)의 수는 미국에만 8만 명이 넘었다(한국에는 3,000명 정도였다). 급격히 번식하다

2 미국의 유명한 진보 공공지식인으로 화려한 정치 가문 출신이었다. 조부가 연방 상원의원이었고 재키 오나시스와 사돈 관계였다.

보니 돈이 하도 많아 괴물이 되어버린 인간들이 저지르는 행태의 이야기가 도처에서 들려온다. 음주 운전으로 4명을 치어 죽이고 9명에게 중상을 입힌 후 '아플루엔자(affluenza, 부자병)'를 탓한 10대 이야기부터 성범죄자로 수감되어 감옥에서 의문의 죽음을 맞은 억만장자 제프리 엡스타인까지, 그들이 사회에 끼치는 해악은 개인적 일탈의 차원을 뛰어넘어 사회의 위계 구조와 보상 체계의 현주소를 드러낸다. 화려한 껍데기 속에 자리하고 있는 천박한 인간형은 직간접적으로 사회 전반의 기풍과 풍습에 잡스러운 영향을 미치고, 열심히 사는 서민들에게 패배감과 모멸감을 주며, 급기야는 공동체 의식을 파탄시킨다.

한국의 상황도 만만치 않다. 배달 노동자에게 승강기를 이용하지 못하게 하는 강남 곳곳의 촌뜨기 졸부부터 짐승 같은 갑질을 밥 먹듯 하는 재벌아치까지, 근본 없는 야만인들이 주도하는 사회의 모습은 이제 우리에게 너무도 낯익다.

물론 가진 자들의 횡포가 이 시대만의 현상은 아니다. 그러나 양질의 문명사회에서는 그런 인간들이 부분적으로 물을 흐리더라도 전체적으로는 그들의 해악을 상쇄하는 상식적인 사회 기풍 덕에 질서와 공동선이 어느 정도 유지되었다. 지금은 질 나쁜 승자들이 사회 공동체뿐만 아니라 지구의 운명까지 위협하고 있다.

인격은 그 사람의 운명이라고 했다. 돼먹지 못한 어느 개인의 인격이 그 개인의 인생만 좌우한다면 그와 그의 가족의 불행일 뿐이다. 하지만 저급한 인격의 소유자들이 사회의 운전대를 잡고 있다면, 그들의 인격은 우리 모두의 운명이 된다.

그들의 포식, 우리의 운명

『유한계급론』에서 베블런은 미개 사회에서 현대 '약탈 문화'로의 진화 과정을 이렇게 묘사한다. "문화의 약탈적 단계는 … 약탈적 태도가 습관적이고 공인된 영성적 태도가 되었을 때 … 즉, 통용하는 삶의 이론에 있어서 투쟁이 지배적 기조가 되었을 때 도래한다." 이 책이 세상에 나온 지 120년이 지난 지금, 투쟁이 현대인의 경제적 삶의 지배적 기조임을 부정할 수 없다. 그 투쟁의 정글에서 자본의 고기 맛을 본 포식형 인간들은 지칠 줄 모르고 먹이를 사냥하러 다니고, 그만큼 악랄하지 못한 평범한 서민들은 기본 의식주마저 보장받기 힘든 현실 속에 살고 있다.

물론 인간의 역사에서 극도로 탐욕스러운 포식형 인간들은 항상 있었다. 지금 민주주의라고 하는 사회에서 가장 무서운 것은 그러한 인간들의 제도적인 횡포다. 그들은 공익과 공동선을 위한 분배보다 자기네 쪽으로 더 많은 자원과 자본이 쉽게 흐르도록 제도를 조작한다. 전 세계적으로는 이러한 짓을 감시하고 막기 위해 힘겹게 만들어진 조직과 기구, 유엔부터 미국노동총연맹-산별노조협의회AFL-CIO와 증권거래위원회SEC까지 예산의 대폭 삭감을 비롯한 조직적인 무력화 공작으로 그 영향력이 갈수록 약화되고 있다. 참으로 부지런한 포식형 인간들은 한편으로는 준법 감시 제도와 기관들을 약화시키는 작업을 하고, 다른 한편으로 끊임없는 로비, 내부 거래, 의사 결정 조작, 그리고 여론 만들기를 통해 제도와 자원뿐만 아니라 가치 체계마저 모두 장악하기에 이르렀다.

이건 음모론이 아니라 돈이면 모든 것이 가능해진 세상에서 버젓이 작동하고 있는 먹이사슬의 기전이다. 정책은 엄청난 부를 차지한 소수 집단에 의해 고안되고, 대의 정치를 빙자해 마치 사회 구성원 전체의 동의를 얻는 것처럼 꾸며진 과정을 거쳐 '국민인 우리We the People'의 이름으로 집행된다. 그 과정에서 실제 부정부패란 무슨 비밀스러운 음모라기보다 우리를 억압하는 제도의 근원을 우리 스스로가 묵인하고 지지하고 영속시키는 모양새를 갖추게 되는 것이다. 이재에 밝지는 못하고 단지 성실하기만 한 바보들이 자기의 본분만을 다하며 사는 사이, 무척 민첩한 그들은 불철주야 포식의 끈을 놓지 않는다. 하지만 대다수의 서민은 날로 쌓여가는 빚과 낮아지는 생활 수준과 불안정한 일자리에 시달리느라 대항은 고사하고 신경 쓸 여력조차 없다.

그들의 포식과 서민 삶의 질은 반비례한다. 가장 큰 원인은 무섭게 영리怜悧한 집단들의 무분별하고 비양심적인 영리營利 추구에서 찾아야 한다. 한국은 물론 전 세계 입신출세 추구자들이 추앙해 마지않는 투자 은행 골드만삭스가 그런 집단의 대표적인 예다. 대중문화지 『롤링스톤』은 2008년 금융 위기를 심층 분석한 2010년 4월 기사에서 "골드만삭스는 인류의 얼굴을 휘감고 돈 냄새만 나면 무조건 깔때기를 꽂는 흡혈 오징어"라고 했다. 골드만삭스는 1930년대의 대공황, 1990년대의 닷컴버블, 그리고 2008년의 서브프라임 사태와 국제 유가 급등에 모두 개입해 시장을 조작한 혁혁한 역사를 자랑한다. 『롤링스톤』은 이렇게 정리했다.

> 이 은행은 유례없는 영향력과 권력으로 미국 전체를 거대한 주식 시장 조작pump and dump 사기판으로 만들어 여러 경제 부문 전체를 수년 동안 조작했다. 시장이 붕괴할 때면 주사위 놀이판을 다른 시장으로 옮기고 그동안 고유가, 급등하는 소비자 신용 이자율, 반 토막 난 은퇴 자금, 대량 해고 등으로 도처 서민들의 등골을 휘게 만드는 보이지 않는 비용을 포식해왔다.

골드만삭스를 위시한 포식형 집단들이 수십 년간 서민을 등쳐먹고 폭리를 취한 결과 상상을 초월하는 빈부의 격차가 버젓한 현실이 되었다. 1970년대 후반 무렵부터 40여 년 동안 금융 규제 완화가 꾸준히 지속된 미국은 선진국 가운데 빈부 격차가 가장 심하다. 상위 0.1퍼센트와 1퍼센트가 가져가는 소득은 각각 4배와 2배로 늘어난 반면, 하위 90퍼센트가 차지하는 비율은 오히려 줄어들었다. 2019년 옥스팜 통계에 따르면 지금 지구상의 최고 부자 26명이 하위 50퍼센트(39억 명)만큼의 재산을 갖고 있다. 또 2016년 소비자금융조사SCF에 따르면 미국의 상위 10퍼센트가 국부의 77퍼센트를 차지하고 있다.

자원은 한정적이기에 누가 많이 차지하면 누군가에게는 그만큼이 부족하게 되어 있다. 위 SCF 통계를 다시 생각해보면, 사람이 100명이고 자원이 100인데 10명이 77을 차지했다면 나머지 90명이 23을 쪼개서 나눠야 한다는 얘기가 된다. 투쟁이 지배적 기조가 된 사회에서 순진하고 어리숙하거나 덜 부지런한 구성원들에게는 아예 아무것도 돌아갈 몫이 없다는 것이 거의 당연하게 여겨지고 있다. 포식자들이 주도해 승자 독식을 조장하는 제도가 형성되는 과정에서 전문가가 아니면 탈법인지 합법인지 구분하기도 힘든 변태적 거래 행위가 정상처럼 횡행할 수 있는 교묘하고도 사악한 규정들이 만들어졌다. 철저하게 극소수의 이익만을 보장하고 절대다수의 서민은 생존권마저 박탈당하는 그림이 그려진 것이다.

포식형 인간들이 획책하고 결사적으로 수호하려는 제도, 그리고 그들이 퍼뜨리는 가치관이 공동선에 끼치고 있는 해악을 똑바로 보는 것은 깨어 있는 시민의 기본 의무다.

2.
미친 사회의 초상

인간의 선택에 시장의 냉담한 논리가 들어앉게 되면 모든 사람이 노동력으로만 보이고, 모든 자유는 효율적 생산의 요구에 짓눌리고, 모든 나약함은 처벌 대상이 되고, 모든 폭력은 정당화되고, 학교와 병원은 줄어드는 가운데 범죄와 소외감은 횡행하고 수백만이 실직의 깊은 구덩이에 빠지는, 도덕성이 개밋둑의 그것이나 다름없는 사회가 만들어진다.

– 닉 데이비스, 『핵 어택Hack Attack』 중

조작된 승부

하버드대 학부와 경영대학원 출신으로 1980년대 후반 월가의 타락과 부패 시대의 대표적 인물 중 하나였던 금융업자 플로리안 홈은 현재까지 미국 연방수사국FBI의 지명 수배자 명단에 올라 있다. 2008년 금융 위기가 터지고 2억 달러(약 2,200억 원) 규모의 투자 사기 혐의로 지명 수배되어 있던 중 5년간 잠적했다가 2013년 이탈리아에서 붙잡혔는데 범죄인 인도 절차 진행 중에 도주해서 현재 자신의 모국인 독일에서 살고 있다. 그는 2018년에 나온 다큐멘터리 「풍요의 세대Generation Wealth」 인터뷰 중 "하버드에서는 좋은 사람이 되는 방법을 가르칩니까?"라는 질문에 음산한 실소를 터뜨린 후 이렇게 대답한다. "아니오. 우리는 세상을 지배할 수 있도록 정교하게 다듬어질 뿐입니다. 그것뿐이에요."

그리고 이어 등골 서늘한 고백을 한다.

> 우리가 룰을 만들 때, 내가 그렇게 얘기해요. 이런 규정은 우리가 돈을 버는 데 도움이 안 되지 않습니까? 그러니 이런 규정은 좀 느슨하게 합시다. … 이런 식으로 우리에게만 유리한 경쟁의 장을 만들어요. 투자자를 위한 것도 아니고, 고객을 위한 것도 아니고, 우리만을 위해서 말이죠.

금융 규제 및 감독 당국자들의 규칙 제정 과정에서 밀실 로비가 어떻게 이루어지는지, 범죄형 금융업자의 입을 통해 직접 확인하게 되는 대목이다.

미국에서 '제도가 조작되었다The system is rigged'라는 말은 이미 자명한 진실로 대중의 인식 속에 자리하고 있다. 2016년 대선에서 도널드 트럼프가 특유의 뻔뻔함으로 이를 구호화해 백인 서민층의 불만을 충동질했고, 생각보다 많은 사람이 그에게 속았다. 지금 조작된 제도에 대한 미국 서민층의 불만은 사회민주주의에 대한 지지율 증가로 나타나고 있다. 사회주의자로서 미국의 자본주의 제도가 서민층에 불리하게 조작되었다고 지난 40년 동안 줄기차게 주장해온 버니 샌더스가 20여 명으로 시작한 민주당 예선에서 마지막까지 남아 있었던 후보 2명 중 한 명이었다는 것이 이러한 민심을 반영한다.

지금 미국에서는 헤아릴 수 없이 많은 은행가 군상이 웬만한 엔지니어나 과학자나 대학 교수에 비해 수십 배, 일반 노동자에 비해서는 수백 배의 소득을 챙기고 있다. 지대地代 추구자들이 주도하는 금융자본주의가 고착화되었기 때문이다. 금융자본주의의 기반은 불로소득이다. 지대 추구자들의 인생철학인 지대 추출이란 간단히 말해 사회에 기여하는 것 이상의 이익을 사회로부터 빼먹는 경제 행위다. 2019년 『포브스』가 선정한 400대 부자 중 93명이 순전히 지대 추출로 돈을 쓸어 모았다.

그들의 부는 산업도, 혁신도, 심지어 상업도 아닌 착취에 기반을 두고 형성된 것이다. 그럼에도 그들 대부분은 조작된 제도의 혜택을 누려왔음을 인정하지 못하고 순전히 피나는 노력으로 그렇게 엄청난 돈을 벌었다는 망상에 빠져 있다. 그들이 특권의식에서 깨어나지 못하는 이유다. 그들의 자식들도 자신이 '일반인'과 다르다는 착각 속에서 살도록 교육을 받아 입에 금수저를 당당하게 물고 다닌다. 나아가 영구적인 승자의 자리를 보장받기 위한 탈법과 반칙을 일삼는다. 베블런이 말한 "사기와 타산, 또는 행정적 능력"을 발휘하는 것이다.

2008년의 금융 위기는 지대 추구형 인간들의 실체가 만천하에 드러나는 결정적 계기였다. 그들이 자행한 약탈적 대출, 시장 조작을 비롯한 온갖 탈법과 편법의 결과로 미국에서만 800만 명이 실직하고 600만 명이 집을 빼앗겼으며 전 세계적으로 수천만 명의 서민이 막대한 경제적 피해를 입었다. 그런데 정작 세계 경제를 벼랑 끝까지 몰고 간 장본인들은 손해를 보기는커녕 수백만 달러씩 보너스까지 챙겨서 튀었다. 명명백백하게 불법 행위를 자행한 금융 위기의 원인 제공자들 가운데 개인적으로 처벌받은 사람은 단 한 명도 없었다.

이건 사실 지난 40여 년간 지속된 무정부 자본주의자anarcho-capitalist들의 지칠 줄 모르는 노력의 열매라고 할 수 있다. 경제 게임의 법칙은 1970년대 중반부터 미국에서뿐만 아니라 전 세계적으로 정부 기관들의 감독 감시 역할이 약화되면서 부자들에게만 유리하고 나머지 사람에게는 불리한 쪽으로 다시 쓰였다. 그리고 그런 작업은 다른 선진국에 비해 일반 근로자들의 권리가 이미 취약할 대로 취약해져 있는 미국에서 가장 두드러진 약진을 보였다. 그동안 신자유주의 세력이 조직적으로 펼쳐온 끊임없는 공세로 미국의 노조 가입률은 지금 10퍼센트에 불과하다.[3]

시장이 존재하는 곳은 자연이 아니다. 시장과 그 법칙은 인간이 만드는 것이고, 그 안에서 어느 집단을 보호하고 어느 집단에 부담을 지우는가 하는 것은 철저히 제도를 만드는 인간의 선택이다. 오늘날 경제와 사회가 도처에서 뿜어내는 살기는 인간이 만든 법칙으로 인해 생겨나는 것이다.

어떤 인간들이 제도를 만드는가 하는 것은 그래서 중요하다. 지금 시장 경제 게임의 법칙은 소수 탐욕자들에 의해 조작되고 있다. 조작된 시스템하에서 벌어진 빈부 격차는 정치적 불평등을 낳고, 정치적 불평등은 부자들에게 우호적인 정책을 낳으며, 부자들에게 우

3 2018년 OECD 통계로 한국도 이와 비슷한 수준이다. 반면 스칸디나비아 국가들의 경우 노조 가입률이 70퍼센트에 달한다.

호적인 정책은 빈부 격차를 더욱 악화시킨다. 이것이 탐욕으로 자본 권력을 독점한 포식자들이 영속화하고자 기를 쓰는 악순환 구조다.

기존 제도 아래서 두드러지게 혜택을 보고 있는 것은 사회적 약자들인가, 강자들인가? 취약계층인가, 특수층인가? 이건 경제적 처지를 막론하고 건강하고 지속 가능한 사회를 원하는 시민이라면 집요하게 물어야 하는 질문이다.

정신병 권하는 체제

벨기에의 심리학자 파울 페르하에허는 "신자유주의가 우리 안에 있는 최악을 끄집어냈다"고 말한다.[4] 페르하에허는 『우리는 어떻게 괴물이 되어가는가』에서 신자유주의가 평범한 사람마저 괴물로 만들어버리면서 현대인의 윤리 체계를 전복하고 정체성 자체를 뒤바꾸는 사회 이념으로 군림하고 있다고 진단한 바 있다. 공동체 의식이 무너지고 만인의 만인에 대한 투쟁이 지배하는 신자유주의 기반의 경제 체제는 사회병질적 인격의 소유자들이 듬뿍 보상을 받는 체제로 자리를 잡았고, 그 안에서 사회 전반의 윤리와 가치 체계, 그리고 구성원들의 성품과 성격은 모두 이상하게 변화했다. 성취욕의 노예로 사는 것이 당연하게 여겨지는 능력주의의 도

4 『The Guardian』, 2014. 9. 29.

가니 속에서 주변을 대충 돌아보면 어떤 성격의 소유자가 승승장구하고 또 어떤 성격의 소유자가 도태되는지 쉽게 파악할 수 있다.

의식 고양과 가치관 훈련의 차원에서라도 신자유주의 이념이 지배하는 사회가 장려하는 성공의 유형이 어떤 것들인지 음미해볼 가치가 있다. 경제적 실적이 최상의 가치로 들어앉아 있는 사회에서는 돈이 시작이고 돈이 끝이다. 대기업들이 진출해 있는 산업, 그리고 초 단위로 거액의 돈이 움직이는 금융업계에서는 머리 회전 속도는 가장 빠르지만 이타심과 공동체 의식은 가장 약한 인간들이 가장 크게 성공한다. 2008년 금융 위기는 사회병질 환자일 가능성이 농후한 인재들이 획책한 자본 시장의 변태적 거래 시스템이 낳은 결과였다. 그 주역들은 처벌은 고사하고 오히려 주체할 수 없을 정도의 자본을 거머쥐었다.

그런 자들이 주도하는 시스템하에서 실물 경제와 금융 경제 간의 괴리는 갈수록 커져가기만 한다. 그런 가운데 또 다른 대형 경제 위기가 임박했다는 전문가들의 경고가 끊이지 않는다. 하지만 세계의 상위 1퍼센트가 세계 부의 절반을 차지하고 있는 상황 속에서도 그 주범인 소시오패스형 승자들은 가책조차 느끼지 않는다.

금융업계의 승자들 중에서 가장 흔히 관찰되는 인격적 요소로는 진정성이 결여된 대인 관계, 죄책감을 수반하지 않는 거짓말, 새로운 자극에 대한 욕구, 충동성, 모험심, 단기 지향성 등이 있다. 이런 요소들은 캐나다의 심리학자 로버트 헤어가 개발한 사이코패스 체크리스트PCL의 20가지 항목 중에 포함되어 있다. 헤어는 2006년 『직장으로 간 사이코패스』에서 전체 인구 중 사이코패스로 규정할 수 있는 사람의 비율은 1퍼센트 정도인데, 연구 결과 CEO와 기업 리더들 사이에서는 그 비율이 4퍼센트 정도로 올라간다고 했다. 2016년 호주 본드대 연구에서는 그 비율이 21퍼센트나 되는 것으로 조사됐다. 헤어는 자본주의의 최상위 승자들 중에 정신병질 유병률이 이처럼 높은 이유는 자본주의가 본질적으로 사회병질 증후군의 발현인 감정 이입 장애와 무자비하고 비양심적인 행동을 보상해주는 제도이기 때문이라고 말한다. 또 『사이코패스 테스트』의 저자 존 론슨은 2012년 '정신 질환 검사에 대한 이상한 답변'이라는 제목의 테드 톡스 강연에서 "실제로 자본주의는 그 가장 무자비한 측면에 있어서 정신병질의 물리적 발현"이라고 말했다.

자본주의 체제에서 자라난 사람들은 대부분 어릴 때부터 '성공'과 '성취'에 대한 강박에 사로잡혀 산다. 자라나는 아이들을 위한 따뜻한 가정 환경보다는 점수 따기와 '스펙' 경쟁이 우선이고, 어쩌다가 재능 있는 사람이 유유자적하거나 집에서 자녀를 기르는 데 전념하면 재능이 아깝다는 말을 듣는다. 명문대 진학이나 대기업 취업의 목표를 향해 돌진하는 과정에서 다른 어떤 사회적, 인간적 가치가 희생되어도 그것을 안타까워하는 사람은 드물다. 인간다운 삶보다 무조건 돈 많이 버는 직업이 최고인 사회에서 '정상인'으로 산다는 것은 무척 힘들어졌다.

2020년 미국 민주당 대선 후보로서 의외로 선전하다가 2월에 사퇴한 앤드루 양은 『정상인과의 전쟁The War On Normal People』에서 정상인을 "보통 사람average person"이라고 정의한다. 이 책은 사람을 중심에 두지 않는 경제와 기술의 발전이 얼마만큼 서민을 짓누르는 현실을 만들어가고 있는지 논리적으로 고찰한다. 양은 '정상인'이란 평범한 성취와 평균 수준의 생활을 영위하는 사람인데, 그 '평범'과 '평균'의 수준이 일반적으로 우리가 인식하고 있는 것보다 의외로 낮다는 사실을 통계 자료를 근거로 설명한다. 책에서 묘사하는 '정상인'의 삶에는 직업 안정성, 소득, 교육, 심지어 기대 수명에 있어서까지 심각한 괴리감이 존재한다. 제목부터 중요한 대목에서 매번 서민을 '보통 사람' 대신 '정상인'으로 굳이 표현한 것은, 시장경제 세력들이 사회를 지극히 비정상적인 형태로 몰고 가고 있으며, 그로 인해 정상적인 절대다수가 희생되고 있다는 책의 취지를 강조하기 위한 것이다(참고로 한국에서는 이 책이 주체가 뒤바뀐 『보통 사람들의 전쟁』이라는 제목을 달고 출간되었다).

양은 이 책의 7장에서 특유의 완곡한 스타일로 "가장 인간적인" 것과 그것에 대치되어 "무기적無機的"이라는 표현으로 대신하는 비인간성을 이렇게 대조한다.

> 사람과 일의 관계에는 돈이 개입되는데, 거기에 음의 상관관계가 있는 듯하다. 가장 인간적이고, 그래서 당연히 가장 매력적인 직업과 역할은 대부분 보상 수준이 낮거나 아예 보상이 없다. 엄마, 아빠, 예술가, 작가, 음악가, 코치, 교사, 창작가, 보육사, 상담사, 댄서, 시인, 철학가, 언론인 이런 역할들은 흔히 보수가 없거나 하도 박봉이어서 대부분의 환경에서는 살아남거나 크게 성공하기 어렵다. 이 중 다수가 시장에서 무시되어도 사회에는 매우 긍정적인 영향을 미치는 역할이다.

반면에, 가장 돈을 잘 버는 직업은 대체로 가장 무기적이다. 사내 변호사, 기술 분야 전문가, 금융업자, 증권거래업자, 경영 컨설턴트 등은 높은 수준의 효율성을 상징한다. 자신의 인간미를 시장 논리에 매몰시킬수록 더 큰 보상이 돌아온다.

시장 경제는 비인간적 직업을 가장 우선시하고 가장 인간적인 직업을 사실상 천대한다는 얘기다. 바야흐로 시장 논리가 군림하는 사회에서 비인간적 직업을 갖고 끊임없이 영리만을 추구하는 인간들이 대거 승자가 되었다. 한국에서는 이런 인간을 지칭하는 '자본주의가 낳은 괴물', 줄여서 '자낳괴'라는 신조어가 유행이라고 들었다. 이렇게 경제적 우위를 점하고 권력을 획득한 이들이 자신들의 비인간적 가치관을 반영하는 제도를 만들어 단지 소박하고 인간적인 삶을 갈망할 뿐인 나머지 정상인들에 대해 전쟁을 선포한 것이다.

다소 미쳐 있는 시장 경제 체제는 그 괴물 같은 본색을 드러낸 지 오래다. 신자유주의에 대한 맹렬한 비판서 『쇼크 독트린』에서 저자 나오미 클라인이 군사 전략 용어인 '충격과 공포shock and awe'를 차용한 것은 우연의 일치가 아니다. 시장 경제의 승자들은 각종 기발한 전략과 전술을 동원해 방어력이 취약한 정상인들을 가차 없이 공격한다. 특히 전쟁, 테러, 금융 시장 붕괴, 자연재해 등이 일어날 때마다 혼란스러운 정국을 틈타 우익 세력[5]이 지배하는 정부

5 양당제인 미국의 정당 체제에서 현재 민주당은 보수, 공화당은 극우로 보면 된다.

를 부추겨서 민주주의를 약화시키고, 상위 1퍼센트에게는 한없이 유리하고 서민과 중산층에게는 턱없이 불리한 자유시장 위주의 정책을 밀어붙인다. 평범한 사람이 쉽게 이해할 수 없는 난해하고 복잡한 룰과 그 룰을 이해하고 악용할 수 있는 '두뇌'들에게만 두둑한 보상이 돌아가도록 승부가 조작된 금융 구조, 실체가 모호하고 야바위성이 농후한 금융 파생 상품들, 눈에 보이지 않고 만질 수도 없는 가상의 상품들의 기습적인 상용화, 그리고 개인 정보의 상품화 등은 모두 그들이 지금 보통 사람들을 상대로 서슴없이 쓰고 있는 최신 무기다. 수많은 사람이 전쟁 같은 자본주의 체제에 시달리며 심리적 외상 후 스트레스 장애PTSD에 시달리고 있는 가운데, 이제는 '정신적 외상을 가져다주는 자본주의traumatic capitalism'라는 개념마저 회자되고 있다.

포식자들이 만들어놓은 먹이사슬 구조에서 부품화되고 상품화된 인간은 거대한 자본 생산 기계의 투입물에 불과하다. 오늘날 사람의 가치는 그의 경제적 가치로 평가되며, 정상인들은 비정상과 비상식이 지배하는 경제 시스템에 코 꿰인 가축처럼 끌려다닌다.

어마어마한 재력과 무한한 욕심으로 무장하고 가히 사회병질적인 성향을 드러내는 비정상적 경제·정치권력 집단들이 정상인들과 벌이고 있는 전쟁에서 정상인들이 이기려면 무엇보다 인간적인 것을 소중하게 여기는 평범한 우리가 표준이고 정상임을 당당하게 외칠 수 있어야 한다.

단, 미친 사회에 제대로 대항하려면 먼저 자신의 의지와 가치관과 영성을 솔직하게 점검해야 한다. 나는 우리 사회가 무엇을 지향하기를 원하는가? 나는 마음속 깊이 무엇을 '정상'이라 규정하고 있는가? 나는 과연 사람 중심의 삶을 사는 정상인인가, 아니면 오로지 시장을 섬기는 자본주의의 노예인가? 분명히 직시해야 할 것은, 현대 사회는 정신병질의 길로 가는 후자를 끊임없이 권한다는 것이다.

억만장자가 존재하는 사회의 도덕성

"부자들이 정말 어느 정도로 부자인지 가난한 사람들이 알게 된다면 거리에서 폭동이 일어날 거예요." 미국의 코미디언 크리스 록이 스탠드업 공연 중 가끔 하던 말이다. 미국의 스탠드업 코미디언 중에는 사회 문제를 이렇게 직설적으로 비판하는 이가 상당히 많다.

록의 대선배인 전설적 코미디언 조지 칼린은 "'아메리칸 드림'이라고 부르는 이유는 잠든 사람이나 그런 말을 믿을 수 있기 때문"이라고 했다. 일평생 불평등을 비롯한 인간 사회의 부조리를 소재로 삼았던 칼린은 어느 인터뷰에서 진지하게 이렇게 얘기한 적도 있다. "지능과 감성의 수준이 어느 정도 되는 사람이라면 불평등에 대한 분노를 느끼지 않고 이 사회에서 오래 살 수 없어요. 이건 감상적 동정심이 지나치니, 조건 반사적이니 하는 진보주의자의 반응이 아니라 길거리에서 잠자리를 찾아야 하는 사람들이 있는 현실 속에서 어떤 이들은 박하 맛 치실을 찾고 있는 세상의 황당한 가치관에 대한 인간의 정상적인 반응입니다."

또 전통적으로 동북부의 부잣집 자식들이 많이 다니는 보스턴칼리지 출신의 코미디언 게리 굴먼은 만담의 주 소재로 경제적 불평등을 다룬다. 그는 얼마 전 인터뷰에서 대도시에서 흔히 볼 수 있는 빈부 격차의 풍경을 볼 때마다 가슴이 터질 듯하다면서 이렇게 말했다. "뉴욕시 호텔 앞에서 부자들을 태워 가려고 대기하는 기사들을 지켜보면, 그들이 타고 있는 벤틀리 승용차가 서 있는 바로 옆 보도 위에 누워 있는 노숙자들이 함께 눈에 들어오지요." 그러면서 이렇게 덧붙였다. "헌법에 어긋나는 얘기라고 할 사람도 있겠지만, 사람이 억만장자가 되도록 내버려두어서는 안 된다고 생각합니다. 억만장자들은 돈을 독점하는 것입니다."

세계적인 럭셔리 라이프스타일 전문지 『롭리포트』에 따르면 2018년 9월 미국에서 고베규를 정식으로 판매하는 식당은 32개뿐이었다. 일본 고베규유통추진협의회의 인증을 받아야만 고베규를 수입해 메뉴에 올릴 수 있기 때문이다. 먹어본 사람 얘기로는 싱싱한 소고기 육즙이 가득한 버터가 입에서 사르르 녹는 느낌이었다고 한다. 뉴욕에서 유일하게 고베규유통추진협의회의 인증을 받았다는 '212 스테이크하우스'의 메뉴에 올라와 있는 6온스(170그램)짜리 고베규 스테이크의 가격은 400달러(약 44만 원)다. 누가 가격이 너무 비싸다고 할세라 스테이크에는 금박지가 치즈처럼 덮여서 나온다.

뉴욕공립도서관 건너편에 있는 '스시 긴자 오노데라'라는 고급 일식집에서는 400달러짜리 오마카세 코스 끝에 오이시이 딸기를 내놓는다. 이 딸기는 일본에서 수입해 온 것으로 요즘 맛보기 메뉴가 있는 뉴욕의 여러 고급 레스토랑에 단골 디저트로 등장한다. 뉴욕 오이시이 직영점에서는 정확히 8개가 들어 있는 박스 하나를 50달러(약 5만 5,000원)에 판매한다. 밤알만 한 딸기 한 개의 가격이 한 끼 밥값에 버금간다는 얘기다.

보통 사람들의 생활과는 일절 상관이 없는 희귀한 먹거리들을 이렇게 들먹이는 이유는 물가라는 개념 자체에 코웃음을 치는 부류의 실체를 규명하는 작업이 필요해서다. 싱가포르의 자산 정보업체 웰스-X가 발표한 '세계 초고액 자산가 보고서World Ultra Wealth Report'에 따르면 2018년 뉴욕시에 사는 초고액 자산가 수는 8,865명이었다. 케네스 그리핀[6]이라는 억만장자는 남아도는 자산이 주체 못 할 정도로 많아 최근 센트럴파크 남서부 모퉁이 건너편에 자신이 살지도 않을 펜트하우스를 2억 3,800만 달러(약 2,626억 원)에 샀다. 가끔씩 맨해튼 거리를 거닐다 보면 그리핀 같은 이들 중 누군가가 나 같은 소시민을 고층에서 물끄러미 내려다보고 있다는 생각에 괜히 뒤통수가 가렵다.

아무튼 지금 미국에서는 이런 사람들이 호화판 식당들의 매상을 올려주는 것 이외에 실제로 사회에 기여하는 것이 대체 무엇인가 하는 문제가 공론의 장에서 진지하게 논의되고 있다. 물론 신자유주의 논리에 세뇌되어 낙수효과 운운하는 무리들은 항상 있다. 지금 다수의 경제학자는 억만장자들이 어느 정도의 가치를 창출하기

6 시카고에 본사가 있는 헤지펀드 운용사 시타델의 CEO

는 하되, 그들이 차지하는 부가 그들의 경제적 기여도에 비해 터무니없이 과도하다는 데 인식을 같이하고 있다.

앞에서도 얘기했지만 대부호들은 무엇보다도 불로소득자들이다. 그들의 자산은 대부분 나머지 평범한 사회 구성원들에게 빼먹는 지대地代로 창출되고 유지된다. 옥스팜 통계에 따르면 2016년 미국 억만장자들의 자산 75퍼센트 가량이 지대로 긁어모은 것이었다. 네덜란드의 경제사학자 뤗허르 브레흐만은 경제학에서 말하는 지대란 "땅, 지식, 또는 돈 등 이미 존재하는 것에 대한 지배권을 이용해 부를 늘리는 것"이라고 설명한다. 한국의 경우 지대 창출의 주요 원천은 땅이다. 토지의 46퍼센트를 상위 1퍼센트가, 70퍼센트를 상위 5퍼센트가 보유하고 있는[7] 대한민국 부자들은 주로 부동산 거품에서 나오는 불로소득의 힘으로 사회의 지배권을 행사한다.

미국의 금융 전문 매체 마켓워치의 칼럼니스트 렉스 너팅은 2019년 2월 칼럼에서 "대부호들은 독점, 정보 비대칭, 네트워크 효과, 규제 포획, 특허, 라이선스, 또는 상표 등을 통해 인위적으로 조장된 희소성과, 구제 금융, 정부 보조금, 보호 무역, 금융화, 세계화 등을 이용한다"며 지대를 추구하는 그들의 행동이 바로 불공정한 경제 체제 문제의 핵심이라는 결론을 내린다. 그리고 대부호들이 챙기는 엄청난 지대에 대해 이렇게 단언했다. "이것이 의미하는 것은 그들이 갖고 있는 만큼을 모두 다 가질 자격이 없다는 것이며,

7 2017년 3월 정동영 의원실, 경실련 공동 분석 자료 (https://news.joins.com/article/21424625)

아울러 그들은 자신들의 지대 추구 행동을 보호하고 확장하는 데 행사하는 권력도 역시 가질 자격이 없다."

식당 종업원 출신으로 2018년 정치에 입문한 최연소 미연방 하원의원 알렉산드리아 오카시오-코르테스(민주당)는 2019년 1월 공개 토론에서 '억만장자가 존재하는 사회가 도덕적일 수 있는가?'라는 질문에 대번 "아니오"라고 답하면서 이렇게 말했다. "빌 게이츠나 워런 버핏이 부도덕하다기보다 앨라배마주 곳곳에서 공중보건 혜택을 받지 못해 십이지장충에 감염되는 사람들이 있는데도 억만장자들이 존재하도록 허용하는 제도가 잘못되었다는 것입니다."

얼마 전 한국의 기초 수급자가 코로나바이러스감염증(코로나19) 피해자들을 위해 119만 원을 기부했다는 뉴스를 봤다. 남몰래 두고 간 돈 봉투에 동봉된 편지에는 나라에서 생계비를 지원받아 생활해온 만큼 작은 도움을 주고 싶었다고 쓰여 있었다. 이 소식을 듣고 가슴이 미어진 사람이 나뿐일까. 이렇게 기회마다 남을 돕고 자기 몫을 다하며 양심적으로 사는 사람이 억만장자는 고사하고 백만장자라도 되는 것을 본 적이 있는가? 억만장자가 존재하는 사회의 도덕성에 대한 고찰은 이러한 물음에서 시작해야 한다.

부자들의 벙커 심리

부자들은 불안할 수밖에 없다. 초인적인 재물욕의 지배를 받는 탐욕자들 특유의 만성 지위 불안증 탓이기도 하고, 자기들이 부당하게 차지한 몫에 사회가 곱지 않은 시선을 보내고 있음을 어렴풋이나마 인지하고 있기 때문이기도 하다. 그들은 위험한 수준으로 벌어지고 있는 빈부 격차가 낳은 작금의 심상치 않은 분위기를 분명 감지하고 있을 터다. 사실 그들의 가장 큰 장점은 상황 판단도 빠르고 행동도 빠르다는 것이다.

그럼에도 절대다수는 정작 자기들의 영향력과 정치력을 동원해 극심한 빈부 격차를 어떻게든 좁혀보자며 팔 걷고 나서는 일이 없다. 오히려 엄청난 부에서 나오는 정체성을 지키기 위해 돈의 힘으로 일반인이 범접할 수 없도록 담을 쌓는다. 그들은 공유하기보다 전용專用하기를 원하고, 개방적인 것보다 배타적인 것을 찾는다. 돈이 아주 많다는 것 하나만으로 자신이 아주 특별하다는 환각에 빠져 있는 사람에게는 자신이 점유하고 있는 공간에 아무나 들어올 수 없다는 사실이 무척이나 중요한 법이다.

그렇다 보니 생활뿐만 아니라 사고방식 자체가 요새화要塞化된다. 미국에서는 연간 20만 달러(약 2억 2,000만 원) 이상 소득자들의 소득 대비 기부율이 5만~7만 5,000달러(약 5,500만 원~약 8,200만 원) 소득자들의 기부율에 비해 절반 수준이며, 그중에서도 부유층 밀집 지역에 사는 이들의 기부율이 가장 낮은 것으로 조사된 바 있다.[8] 배타의 성채 안에서 부자끼리 모여 살다 보니 일반인들이 간신히 생

8 Rich Enclaves Are Not as Generous as the Wealthy Living Elsewhere, 『The Chronicles of Philanthropy』, 2012. 8. 19.
(https://www.philanthropy.com/article/Rich-Enclaves-Are-Not-as/156255)

계를 꾸려가는 것마저 힘든 현실이 그들 눈에 들어오지 않는다는 얘기다. 기부 문화가 여러 개발 도상국보다도 못한 수준인 한국[9] 역시 'VIP', '프레스티지', '프리미엄' 따위의 거드름스러운 꼬부랑말이 필수인 회원제 클럽, 골프장, 리조트부터 백화점 'VVIP' 카드를 갖다 대야만 움직이는 전용 엘리베이터까지, 가진 자들이 자기들의 영역으로부터 일반인의 접근을 차단하느라 바쁘다.

이처럼 일반 사회와의 거리는 점점 멀어지고, 자신들이 불공정한 제도의 수혜자라는 사실을 거부하기가 갈수록 힘들어지는 가운데 그들은 자기 합리화, 자기방어, 그리고 급기야는 피해 의식에 사로잡힌다. 이러한 심리적 경직성을 '피포위 의식siege mentality' 또는 '벙커 심리bunker mentality'[10]라고 한다. 피해 의식이나 벙커 심리는 종종 의분義憤을 수반해서 더 많이 가진 자들이 오히려 더 인색해지는 현상의 원인을 제공하기도 한다. 이러한 심리적 현상의 진행 과정을 관찰한 연구도 있다. 버클리대의 심리학 연구(2012)에 따르면, 승부가 불공정하도록 규칙을 조작한 모노폴리 게임을 모형으로 선수들의 행동 양식을 분석했더니 조작된 규칙의 수혜자인 선수들은 부가 늘어날수록, 그것이 불공정한 규칙 때문이었다 할지라도 동정심과 공감 능력이 저하되고 특권의식, 불평등의 타당성, 그

9 영국 자선지원재단(CAF)의 2018년 세계기부지수(World Giving Index) 평가에서 한국은 60위였다.

10 '복지부동'이라고 잘못 해석되는 경향이 있는데, 정확한 뜻은 '비판이나 공격에 대한 방어적 자세'다.

리고 사리사욕의 이념화 등은 강화되었다. 이러한 결과는 부자들의 피해 의식과 벙커 심리를 설명해주는 하나의 단서가 되기는 하지만 그들이 스스로 택하는 반사회적 생활 양식에 대한 면죄부가 될 수는 없다.

부자들의 피해 의식과 불안감을 그 무엇보다도 가장 명확하게 드러내는 것은 여차하면 지하 벙커로 들어갈 준비를 하는 이들의 숫자가 급격히 늘고 있다는 사실이다. 항상 앞서가는 실리콘밸리의 억만장자들을 중심으로 세계 각국의 대부호들이 지금의 인간 사회의 지속성에 대해 심각하게 회의하기 시작했고, 유사시 자기네들만 도망칠 준비를 하고 있다는 것은 공공연한 비밀이다. 지킬 것이 너무도 많은 자들 사이에 체제의 붕괴 내지는 매드맥스식 '문명의 종말'에 대비하는 생존주의 붐이 일고 있는 것이다.

솔직히 이에 대한 『뉴요커』, 블룸버그, CNN 등의 심층 보도를 들여다보면서 부자들의 대단한 원기와 생존 본능에 경탄하지 않을 수 없었다. 현재 미국의 사우스다코타, 캔자스, 텍사스 등지에 산재해 있는 해체된 군수품 창고 및 미사일 사일로 등을 개조해 만든 '벙커 아파트'의 단칸방은 몇 백만 달러를 호가하는데도 수요가 달리는 실정이라고 한다. 또 '적이 없는 나라' 뉴질랜드에 방호 시설을 갖춘 대저택을 짓는 미국 부호들이 부쩍 늘어났고, 어떤 이들은 거기서 사들인 땅에 미국에서 만든 800만 달러(약 87억 원)짜리 150톤 서바이벌 벙커를 배로 실어 날라 지하 4미터 깊이에 파묻는다. 그리고 일이 터지면 곧바로 미국을 뜨기 위해 헬리콥터를 대기시키고, 급하면 혼자서 타고 달아날 수 있는 오토바이에 미리 싸둔 여행 가방과 총칼을 항상 실어놓는다. 개인용 제트기를 이용해 뉴질랜드로 도망칠 채비를 갖춘 어떤 이들은 벙커 안에서 살림을 해줄 가정부와 유모까지 데려갈 계획을 세워놓았다고 한다. 어쨌든 그들의 극성스러움 하나만은 인정해줘야 한다는 생각이 들었다.

2018년 9월 블룸버그 기사 중 이 대목이 유독 눈에 띄었다. "이들은 핵전쟁, 슈퍼 박테리아, 또는 1퍼센트를 겨냥하는 프랑스혁명 같은 봉기 등의 조짐이 나타나는 즉시 개인용 제트기를 타고 대피할 계획이라고 한다." 그들은 인류 전체를 위협하는 핵전쟁이나 슈퍼 박테리아뿐만 아니라, 자기네들을 표적으로 하는 폭동이나 혁명을 두려워하고 있는 것이다. 자기들이 성난 민중으로부터 도망쳐야 하는 상황에 대비해야 하는 시나리오를 머릿속에 구체적으로 그리고 있다는 사실에서 그들의 본심이 읽힌다. 지구 종말에 대비하는 그들의 자세는 사회 구성원으로서 그들 본색의 선언인 것이다. 그들은 썩은 체제에 편승해서 엄청난 이득을 챙겼을 뿐만 아니라 환경을 해치고, 자원을 고갈시키고, 불평등을 악화시키는 등 인간 사회에 온갖 해악을 끼치고 나서 이제 사회로부터 약탈한 자본을 동원해 자기네들만 지하 벙커에서 살아남을 준비를 하고 있다.

이른바 '먹튀'의 전형이라고 할 수 있는 특권층의 생존주의 움직임은 자본주의 사회 승자들의 은밀한 출구 전략인 동시에 비겁한 투항의 제스처이기도 하다. 자본주의 제도의 가장 큰 가해자이자 수혜자인 그들은 지금의 제도로 계속 굴러간다면 인간 사회가 지속 가능하지 않다는 징후가 곳곳에서 감지되자 이제는 자기들에게 성공을 가져다준 체제의 붕괴 가능성에 민첩하게 대비한다. 비행기가 추락해도 일등석에 타고 있는 그들만을 위한 낙하산은 준비되어 있다.

결국 그들은 온갖 수익 모델로 돈을 끌어당기는 데는 귀재이지만 정작 위기 상황에서는 사회와 국가와 인류의 안녕에 기여할 것이 없다는 사실을 스스로 공표하고 있는 셈이다. 그들을 움직이는 것은 우리 모두가 함께 살고 있는 지구촌을 어떻게든 지켜내겠다는 장렬한 리더십이 아니라 나 혼자만이라도 끝까지 살아남겠다는 비겁자의 인생철학이다. 이런 자들이 인류의 운명이 달려 있는 모든 제도의 형성과 운영에 영향을 미치고 있는 현실은 인류의 비극이다.

3.

말기 자본주의의 지배 구조

우리가 살고 있는 세상은 이제 국가와 이념의 세상이 아닙니다.
세상은 이제 불변의 비즈니스 규칙에 따라 냉혹한 결정을 내리는 기업들의 연합입니다.
이 세상은 비즈니스입니다.
– 영화 「네트워크」 중

자본주의와 민주주의의 결합은 끝났다.
– 슬라보이 지제크

호모 에코노미쿠스

인터넷 매체 비즈니스 인사이더에 따르면 미국의 8개 아이비리그 대학 중 6개 대학에서 가장 인기 있는 전공은 경제학이다(2016년 졸업생 기준). 나머지 2개 대학에서도 대동소이하다. 코넬대에서는 마케팅이 1위이고, 펜실베이니아대에서는 1위가 금융, 2위가 경제학이다. 미래를 이끌 젊은이들을 양성하는 산실에서 경제 관련 전공이 싹쓸이를 하고 있는 것이다. 이제 미국의 '일류' 대학은 모두 금융, 투자, 증권, 자산 운용 등 불로소득 자본가 준비생 천지다. 앞에서 얘기한 금융 사기범 플로리안 홈은 자신의 모교인 하버드대를 '자본주의의 웨스트포인트'라고 했다.

한편 철학, 역사, 영문학 등 인문학 분야의 전공은 지난 10년 새 절반 수준으로 줄어들었다. 미국 교육부의 고등교육통계시스템 IPEDS 자료에 따르면 2016년 영문학, 역사, 철학, 언어학 4개 전공을 모두 합쳐도 미국 대학 졸업생들이 취득하는 학위의 5퍼센트가 안 된다. 지난 100년 사이 인문학 전공의 비중이 가장 높았던 1965년에는 이들 전공이 거의 20퍼센트를 차지했다.

이 같은 통계가 말해주는 것은 현대인의 경제 집착증이다. 지금은 '호모 에코노미쿠스(homo economicus, 경제적 인간)' 전성시대다. 원래 주류 경제학 이론에서 호모 에코노미쿠스란 애덤 스미스가 말한 '협소한 사리사욕'에 의해 움직이는 합리적 경제 활동의 주체가 되어 자신이 주관적으로 정한 목표의 추구를 최적화하는 인간형이다. 그 정의는 20세기 들어 더 구체화되었고 지금은 대략 "전적으로 미래지향적이며 자신의 사익만을 추구하는 사람"[11]이라는 정의로 통용된다. 간단히 말해 오로지 개인 경제의 지배를 받는 인간이라는 말이다.

한국은 근대사만을 놓고 보면 통치자의 문무文武 성향을 막론하고 경제가 항상 1순위였다. 지금은 문화와 생활은 물론 교육마저 경제가 압도한다. '잘 살아보세'의 조바심과 불안감에서 졸업할 때가 된 듯하더니 이제는 '더 잘 살아보세'에 사로잡혀 있다. 돈이 되

11 옥스포드 영어사전

면 수단, 방법을 가리지 않는 장사치 냄새가 물씬 나는 인간의 '경제 대통령'이 되겠다는 말에 수많은 사람이 한 번쯤은 솔깃하게 되는, 그런 가치관의 지배를 받는다. 미국에서도 2016년 '비즈니스맨이 차라리 낫다'고 생각한 적지 않은 사람들이 투표장에서 극단적인 선택을 했다.

이는 경제가 최우선 순위가 된 인간 사회가 집합적으로 어떤 선택을 하게 되는지를 보여준다. 서민에게는 수모와 근심 걱정으로 가득 찬 현대 경제 체제가 지성과 감성을 무참하게 능욕하기 때문일까. 다소 점잖아 보이던 사람도 불현듯 얼굴에 철판을 깔고 돈을 좇고, 너도나도 돈을 기준으로 모든 결정을 내리는 '경제적 행위자economic actor'가 된다. 사회 체제는 사실 민주주의라기보다는 경제주의econocracy이며, 독립이나 자유나 행복 따위는 경제적인 측면의 그것으로만 의미를 갖는다. 국내총생산GDP으로 요약되는 경제 규모는 끊임없이 성장해야만 하고, 그러면서도 어쨌거나 경기가 좋다고 얘기하는 사람은 아무도 없다.

그 이면에는 자본주의에 영혼을 빼앗긴 인간이 있다. 한국에서 유행하는 '자낳괴'라는 신조어가 말하듯 말기 자본주의 체제에 오염되어 괴물이 되어버린, 돈을 위해서라면 무슨 짓이든 할 수 있는 인간. 말기 자본주의 제도의 광기에 편승해 열정적으로, 닥치는 대로 돈을 긁어모으려 하는 욕망덩어리의 인간. 부를 축적하기 위해서는 비상식적인 행동뿐만 아니라 나쁜 짓도 서슴지 않는 인간.

간단히 말해 호모 에코노미쿠스는 사람보다 돈을 우선시한다. 경제가 성장하고, 고층 건물들이 올라가고, 기술이 발전하고, 외형적으로나마 생활 수준이 향상되는 것을 찬양하면서 이러한 발전이 수백만에게 가져다주는 고통에는 아랑곳하지 않고, 급격한 변화에 도저히 따라가지 못하는 순박한 이들이 빈곤에 빠지는 현실을 외면한다. 모멸감과 괴리감은 차치하고라도, 수백만 소외계층의 건강과 복지가 오히려 후퇴하고 있다는 불편한 진실은 오로지 전속력 전진만을 외치는 경제적 인간들의 행군에 짓밟히고 묵살된다. 경제적 인간은 비윤리적 기업들의 해로운 제품이 유통되고 환경이 파괴되는 탓에 암 발생률과 식품 관련된 질병 발생률이 증가해도 주가만 오른다면 '만사 오케이'다.

결국 호모 에코노미쿠스는 인간미를 상실한 인간이다. 자본주의 경제 질서와 공정성을 중시하는 시늉을 하더라도 정작 인간다운 사회의 질서와 공정성은 오히려 저해하는 삶을 살고 있는 인간이다. 호모 에코노미쿠스의 정수精髓인 대형 기업 임원들이 추구하는 유일한 가치는 '주주 가치'이며, 그들은 회사의 실적과 직접 연결되지 않는 근로자의 복지나 공공의 선 따위에는 관심이 없다. 아니 오히려 직원을 대량 해고해서 회사 실적을 늘려야 '능력'으로 인정받는다.

오늘날의 자본주의가 갈수록 인간미와 도덕성이 배제된 괴물 같은 사회 체제 양상을 띠는 것은 사람보다 돈을 우선시하는 무리들에게 사회의 주도권을 빼앗긴 결과일 따름이다.

돈의 몹쓸 위력

미국의 제25대 대통령 윌리엄 매킨리의 심복이었던 마크 해나는 정치자금에 대한 유명한 말을 남겼다. "정치에 있어서 중요한 것이 두 가지 있는데, 첫 번째는 돈이고, 두 번째는 기억나지 않는다."

미국 정치에서 돈의 역할은 그 역사가 깊다. 해나가 이 말을 한 당시는 20세기 말까지 전시戰時를 제외하고 미국 역사상 가장 위험했던 때라고 할 만큼 빈부 격차가 극한으로 치닫고 부패가 창궐했던 시절이다. 사회가 도금 시대Gilded Age에서 진보 시대Progressive Era로 전환하며 개혁의 물결이 일었고, 시어도어 루스벨트 제26대 대통령의 강력한 리더십 아래 정치 부패가 가장 먼저 도마에 올랐다. 1901년에 암살된 매킨리의 임기를 이어받은 루스벨트는 "지금 이 시대의 지상 과업은 특별 이익 집단들을 공직 사회에서 몰아내는 것"이라고 했다. 대공황이 절정에 달했던 1933년에 키를 잡은 프랭클린 루스벨트(시어도어 루스벨트의 먼 친척)는 "조직화된 돈에 의한 정부는 조직범죄에 의한 정부만큼이나 위험하다는 것을 우리는 이제 안다"고 선언했다. 1870년대부터 급격해진 산업화와 도시화로 고삐가 풀린 자본주의가 휩쓸고 간 후 남겨진 대공황의 폐허 속에서 왕성한 개혁 정신이 솟아올랐다. 시장에는 여전히 엄청난 불균형이 존재했지만 이 시대 미국의 지도자들은 최소한 시민 사회의 영역에서나마 공공가치에 기반을 두어 신뢰와 활력을 불어넣으려 애썼다.

지금은 아득한 옛이야기다. 1980년대 '레이거노믹스'로 신자유주의 이데올로기가 정책화되는 시대의 막을 올린 후 지난 40여 년간 금권만능주의의 길을 걸어온 미국은 이제 금권정치에 완전히 함락된 모습이다. 돈은 지금 그 어느 때보다도 미국의 부호들이 나라를 지배하는 메커니즘의 윤활유이며, 그들의 결탁과 야합과 억압과 착취의 매개체다. 미국의 정치자금을 추적하는 비영리 단체 책임정치센터CRP에 따르면 2016년 연방 공직 선거에 출마한 후보들은 역대 최고인 64억 달러(약 7조 원)를 썼으며, 워싱턴에서 활동하는 로비스트들은 31억 5,000만 달러(약 3조 4,500억 원)를 썼다. 이는 2000년도에 비해 각각 2배 이상 늘어난 규모다.

2010년 연방 대법원의 시민 연합Citizens United 판결은 돈이 곧 수정헌법 제1조에서 자유가 보장된다는 표현speech이며 정치인들이 돈의 영향을 받지 않는다는 다수 대법관의 해괴한 논리로 부패를 사실상 합법화하는 판결을 내렸다. 지미 카터 전 대통령은 BBC 인터뷰에서 이 판결에 대해 "정치를 돈으로 매수할 수 있는 길을 열어준 판결"이라고 했다. 하지만 곰곰이 생각해보면, 한국이나 유럽에서는 은밀하게 행해지는 것이 미국에서는 공공연하게 벌어지는 것일 뿐, 많은 돈을 가진 탐욕자들이 끊임없이 더 많은 돈을 끌어당기기 위해 돈으로 정치인을 매수하려 하는 것은 매한가지다.

사실 돈만 있으면 안 되는 게 없고 돈 없으면 되는 것이 없는 사회에서 다른 현실을 기대하는 것 자체가 무리일 터다. 경제력을 독점하고 있는 극소수가 제도를 자신들에게 유리하게 조작하려 하는 것은 말기 자본주의의 기본 원리에 속한다. 대부호들이 그처럼 많은 돈을 정치에 쏟아붇는 것은 현명한 투자일 따름이다. 그들 입장에서는 '돈 놓고 돈 먹기' 구조가 아주 신나게 잘 굴러가기 때문이다. 부자들에게 정치자금을 받아먹은 정치인들은 세제 개편 때 부자들에 유리하도록 제도를 바꾸기 위해 온갖 수작을 부리고, 의회에서 양심을 팔아먹은 표가 과반수에만 달하면 순진한 시민의 입장에서는 이해할 수 없는 부자세율 인하 법안이 통과된다. 정치 계간지 『데모크라시』에 따르면 미국의 400대 부자 가구의 경우 1995~2007년 개인 소득에 대한 유효세율이 30퍼센트에서 16.6퍼센트로 내려간 덕분에 각 가구가 내는 평균 세액이 연 4,600만 달러(약 508억 원) 줄어들었다. 400대 부자 가구로 인해 세수 부담이 연간 184억 달러(약 22조 원) 늘어난 것이다. 하도 기가 막힐 정도로 큰 금액이라 단순한 숫자 놀이 같은 느낌이 든다. 이 금액은 공공시설, 교육, 사회복지 등의 예산에서 슬그머니 삭감되어 일반 시민의 생활에 여러 가지 형태의 부담으로 돌아올 수밖에 없다.

기업 로비는 공공부담에 직접적 영향을 미치기에 더 악질적이다. 미국의 금융 기업들은 자기들의 시장 우위를 보호 또는 강화하기 위해 제도적 리스크 경감을 취지로 하는 규정들이 무력화 또는 아예 폐지되도록 로비를 벌여왔다. 제약 회사들과 병원 기업들은 연간 수억 달러[12]가 투입되는 로비를 통해 고액 의료비 체계를 위협하는 입법안을 번번이 말살시킴으로써 자기네 수익을 보존하는 한편 공공이 부담해야 하는 비용은 계속 치솟게 만들었다. 원유 및

12 CRP 통계에 따르면 2019년 한 해 동안 의료 관련 업체들이 쓴 로비자금 총액은 5억 9,369만 달러(약 6,551억 원)였다.

천연가스 업계 역시 기후 변화에 대응하기 위한 정책을 무력화시키고 산림 자원을 헐값에 착취할 수 있는 토지 임대 이권 등을 결사적으로 보호하기 위해 천문학적인 로비자금을 투입해 워싱턴에서 무소불위에 가까운 영향력을 행사한다.

미국은 이제 본격적 금권정치 국가의 형태로 치닫고 있으며, 2017년 10대 기업의 매출 비중이 GDP의 44퍼센트를 차지하는 한국도 그 뒤를 바짝 따른다. 지금 우리 삶의 질을 좌우하는 정치권력은 대체로 정치인과 관료와 법조인에게 직접적으로, 간접적으로, 또는 은밀하게 흘러 들어가는 그들의 돈에서 나온다. 재벌아치가 주는 장학금은 공부 잘해서 훌륭한 사람이 되라고 주는 돈이 아니다.

상인이 지배하는 시대

영국의 역사학자 데이비드 프리스틀랜드는 『왜 상인이 지배하는가』에서 역사는 크게 나누어 상인, 군인, 현자의 세 계급(또는 부류) 간 힘겨루기의 연속이라고 말한다. 한국인의 관점에서는 언뜻 사농공상을 떠올릴 수 있겠으나, 이 책에서 서양 사람인 저자가 풀어놓는 권력의 역학 관계 이야기는 신분의 귀천이나 계급의 상하 관계보다 각 계급이 지닌 특성과 양상을 토대로 설명될 수 있는 역사 속의 헤게모니 경쟁이다.

프리스틀랜드가 말하는 세 가지 '계급(이하 부류)'은 각각 다음과 같은 특성으로 규정할 수 있다.

상인(자본주의자) 시장 논리와 비즈니스 경쟁의 가치를 주창하는 부류

군인 중세 봉건 사회 귀족 전사戰士 계급이 기원인 부류로 용맹, 전투, 규율 등을 강조한다.

현자(식자) 중세 기독교 사회의 수사修士들과 맥을 같이해 오늘날의 관직자, 기술 관료, 전문가 등으로 구성된 부류다. 책에서 현자-기술관료sage-technocrat로 합성해 지칭하기도 한다.

각 부류의 정체성과 목적의식은 직업 및 사회적 기능과 밀접한 관련이 있는 기풍과 가치 지향에 그 뿌리를 둔다. 저자의 얘기인즉 역사를 돌아보면 대부분 이 셋 중 2개 부류가 느슨하게나마 동맹을 이루어 사회를 이끄는데, 때로 이 중 하나의 세력이 지나치게 확장되어 힘의 균형이 깨지면서 위기와 격변이 온다.

프리스틀랜드는 현재 서방의 모든 국가에서 상인 계급이 권력을 독점한다고 말한다(그가 말하는 상인 부류는 2020년에 출간된 『자본과 이데올로기』에서 토마스 피케티가 말하는 '상인 우파merchant right'와 같은 족보를 갖는 것으로 보인다). 지난 반세기를 반추해보면, 1971년 브레턴우즈 체제(금본위제) 붕괴 후 현자-기술관료 부류의 지배권이 흔들리면서 프리스틀랜드의 표현으로 '강경파 상인hard merchant'들의 세력이 다시금 강화되기 시작했다. 영국에서는 대처 수상이 비즈니스적 사고방식과 가치 체계를 정부 운영의 중심으로 끌어들였다. 미국에서는 앨런 그린스펀이 이끄는 연방준비은행이 고삐 풀린 금융 산업 확장을 불렀다. 러시아에서는 공산주의가 몰락한 후 패거

리 자본주의 활극 시대가 10년 넘게 펼쳐졌고, 그 결과 권력과 결탁한 극소수가 신흥 재벌이 되는 한편 대다수 국민의 생활 수준은 형편없이 추락했다. 이 과정에서 노조들이 와해되고 공공부문의 역할과 위상이 축소되었으며 그나마 남은 것들은 '어용' 또는 상업적 가치에 종속되는 형태로 대거 바뀌었다. 프리스틀랜드의 저서에서 한국은 '아시안 타이거'로서의 지정학적 요소 이외에는 별도로 언급되지 않지만 지금 한국에서도 역시 상인 부류가 헤게모니를 쥐고 있으며 상인 기풍이 국민 전체를 압도하고 있음은 분명한 현실이다.

프리스틀랜드는 상인의 지배가 "경제 불안, 사회를 좀먹는 불평등, 그리고 잠재적 환경 재앙"을 가져왔다고 말한다. 그리고 2008년의 금융 위기와 그 후 불과 5년여 사이에 도래한 국가 부채 위기는 서방의 정책 입안자들의 세계관이 상인적 가치에 휘둘리는 상황에서 익히 예고된 것이었다고 단언한다. 가장 암울한 사실은, 지금도 상인적 마인드를 가진 지도자들이 전 세계적으로 중산층을 거덜 내버린 약탈적 금융과 신자유주의 논리에 여전히 사로잡혀 있다는 것이다.

상인은 타인이 생산한 재화를 사고팔아 이익을 챙긴다. 문명사회에서 그 역할이 분명 중요하다 할지라도 상인의 가치가 인간 사회의 보편적 가치가 되어버린 것이 지금 자본주의 시대의 거의 모든 부작용을 낳고 있다 해도 과언이 아니다. 지금 세계 어디서나 상인 내지 경제인의 정서가 사회를 풍미하고 있다. 앞에서 말한 경제적 인간의 가치는 자본으로 지배하는 상인들이 장악하고 있는 대중 매체들을 통해 확대되고 재생산되어 절대다수의 문화와 가치관과 사고방식을 물질주의로 물들인다. 소비지상주의는 상인들이 물질주의 문화를 금전화하기 위해서 퍼뜨리는 복음이자 프로파간다다. 상인들이 이룩해낸 범세계적 소비지상주의는 경제적 지위를 막론하고 절대다수를 괴롭히는 지위 불안증과 열등의식을 조장한다.

궁극적인 문제는 상인적 가치가 사회와 지구에 끼치는 물리적인 해악이다. 인간 사회의 보편적 가치와 지배 구조가 상인 쪽으로 기울어 있다는 것은 소비자의 안위安危가 항상 위태로울 수밖에 없음을 의미한다. 광적으로 이익을 추구하는 상인과 최선을 다해 견고하고 안전한 제품을 생산해야 하는 공업가 사이의 갈등 관계에서 상인들이 지배하는 기업들은 거의 예외 없이 비용 효율과 수익의 극대화 쪽을 택한다. 이것이 상인의 영혼이다. 직업에 귀천은 없다지만 직업마다 우선적으로 추구하는 가치는 분명 다르다.

상인 중에서도 그 거래 수법이 가장 고도화된 금융자본가들의 번창은 견실하고 정직하고 생산적인 산업 활동과 근본적으로 배치되는 갈등 관계에 있다. 2017년 그렌펠타워 화재 참사와 보잉 737기의 잇따른 사고는 모두 공업 과정에 있어 안전을 위해서라면 타협의 여지가 없어야 할 부분에마저 금융의 지배를 받는 상인적 선택이 반영된 결과다.

지난 반세기에 걸쳐 상인들은 자본의 축적에 있어서는 단연 승자가 되었지만, 인간적 가치에 있어서는 졸렬하기 짝이 없는 사회를 만들었다. 상인들의 독주는 그래서 위험하고, 그래서 지속 가능하지 않다.

매킨지, '자본의 망나니'

비즈니스 전문 언론인 더프 맥도널드는 2013년 매킨지 앤 컴퍼니(이하 매킨지)의 역사와 실체를 다룬 저서 『더 펌The Firm』을 내놓았다. 책에서 가장 인상적인 대목은 이 컨설팅 회사를 20세기 초반 유럽을 풍미했던 파리의 유명한 창녀 카롤리나 오테로에 비유하는 부분이다. 오테로는 유럽의 웬만한 세도가들이 한번은 꼭 품고야 말겠다며 '버킷리스트'에 올린 여인으로, 하룻밤 화대가 요즘 돈으로 100만 달러(약 11억 원)가 넘었다고 한다. 모나코의 앨버트 왕자와 세르비아의 왕도 고객이었던 것으로 전해진다. 맥도널드는 여기서 이렇게 질문을 던진다. 이런 돈을 주고 하룻밤을 지낸 고객이 '한번 자보니 그만한 값어치가 없더라'고 말하겠는가? 그러면서 매킨지라는 기업이 오테로라는 창녀와 "영혼이 닮은 꼴spiritual relative"이라고 비꼰다. 풀어서 말하면 매킨지가 자문료로 거둬들이는 어마어마한 수입과 실제로 이 회사가 제공하는 가치 사이에 창피할 정도로 심각한 괴리가 있다는 것이다.

매킨지는 초국적 컨설팅 회사 빅 3 중에서도 가장 규모와 명성과 영향력이 큰 곳이다. 한국은 물론 세계 각국 일류병 환자들이 사족을 못 쓸 만큼 명성이 하늘을 찌르는 엘리트 집단이다. 한국의 어느 신문 기사 제목에서 "하버드를 졸업해도 들어가기 어렵다"고 호들갑 떨 정도로 내로라하는 수재들이 넘쳐나는 회사로, 유수 기업 CEO를 꿈꾸는 젊은 인재들의 대표적인 입신출세 디딤돌로 꼽힌다. 이 회사는 매년 봄, 미국 일류 대학 캠퍼스에 채용 담당자들을 풀어 매킨지에서 일한다는 것은 "세상을 바꾸는," "삶의 질을 높이는," "새로운 것을 발명하는," "복잡한 문제를 해결하는," "재능을 극대화시키는"[13] 일을 할 수 있는 기회라고 말하는 등 무슨 유토피아를 연상케 하는 감언이설로 세계 최고 대학들에서 최우수 인재들을 끌어당긴다. 실제로 미국의 상위 20여 개 대학에서 매년 배출하는 최고의 인재들 가운데 공익 분야의 경력에 관심을 가진 상당수 졸업생이 매킨지에 포섭된다.

이런 꼬임에 넘어가 매킨지에 입사한 젊은 인재들은 금세 매킨지의 영혼은 자본 증식이라면 물불을 가리지 않으며 돈독이 오른 신자유주의 화신에 다름 아님을 보게 된다. 지난 20~30년의 대형 금융계 스캔들을 추적해보면 곳곳에 매킨지의 족적이 남아 있다. 2001년에 터진 희대의 분식 회계 사건인 엔론 기업 사기의 중요한 가닥 중 하나는 이 사건의 주범으로 24년의 실형을 선고받고 그중 12년을 복역한 후 2019년에 석방된 제프 스킬링이 매킨지 출신이라는 것이다. 그가 엔론 CEO로 있을 당시 엔론은 매킨지에 연간 1,000만 달러(약 110억 원)의 자문료를 지급했다. 이 정도 자문료면 매킨지 컨설턴트 여러 명이 엔론에 상주하면서 그 회사의 회계장부까지 실시간으로 들여다보고 있어야 했다. 하지만 매킨지는 엔론이 2001년 갑자기 망할 때까지 자행했던 불법 회계 처리 방식에 아무 문제 제기도 하지 않았다. 매킨지는 또 2000년대 초반에 일기

13 2014년 매킨지의 채용 브로슈어에 나온 문구들

시작한 전례 없는 신용 붐에 편승해서 당시 월가의 거의 모든 굵직한 금융 기관에 자문 서비스를 제공하며 주택 융자의 금융증권화를 적극적으로 밀었다. 이것은 결국 세계 금융 시스템에 독약이 되었고 2008년의 금융 위기를 불렀다. 이때 매킨지가 장려한 수법 중 하나는 수익을 부풀리기 위해서 대차대조표상의 자금 부족을 부채로 메꾸는 것이었다. 사실상 분식 회계나 다름없는 꼼수였다. 그리고 매킨지와 직접적인 관련은 없지만 외국 태생으로 매킨지 최초의 매니징 디렉터를 지냈던 라자트 굽타는 매킨지를 떠난 후 2012년에 내부자거래 혐의로 징역 2년과 500만 달러(약 55억 원)의 벌금형을 선고받았다.

이러한 배경적 사실 이외에도 매킨지의 기업 윤리 문제와 탈법 사례는 다양하고 광범위하며, 현재진행형이다. 최근에도 이해 상충 문제로 3건의 파산 사건과 관련해 처벌의 개연성이 높아지자 (화이트칼라 범죄에 대개 관대한) 미연방 법무부에 1,500만 달러(약 165억 원)의 합의금을 물었고, 남아프리카공화국에서 국영 전력 회사와의 불법 계약으로 고발당해 자문료 7,400만 달러(약 814억 원)를 다시 토해 냈다. 또 2020년 12월 『뉴욕타임스』 보도에 따르면 매킨지는 2017년 마약성 진통제 옥시콘틴의 제조사인 퍼듀 파마가 옥시콘틴의 판매를 대폭 늘리기 위한 전략의 일환으로 판매 업체에 옥시콘틴 과다 복용 사례에 대해 1건당 1만 4,810달러(약 1,630만 원)의 리베이트를 지불하는 방안을 제시한 기록이 있다. 2017년이면 옥시콘틴 오남용으로 인한 사망자 수가 이미 수십만에 달했던 시점이다.

이 모든 사건은 단순한 개인적 일탈 행위의 차원을 넘어 매킨지의 조직 문화에 각종 기업 스캔들의 씨앗이 되는 그 무언가가 있음을 강력히 시사한다. 『뉴욕타임스』와 탐사 보도 전문 매체 프로퍼블리카의 보도 등 매킨지에 대한 여러 심층 보도를 살펴보면, 이 회사는 반사회적 인격 장애자들로 구성된 집단이 아닌가 하는 생각이 들 정도로 부도덕한 기업 문화가 존재함을 감지하게 된다. 수익을 챙기기 위해서는 공익을 해치든 독재자와 거래하든 환경이 망가지든, 심지어 인명 피해가 발생하든 전혀 개의치 않는 자본주의의 초국적 배덕자로 와닿는 것이다.

내부자들의 폭로도 심심찮게 새어 나온다. 2019년 2월 시사지 『커런트 어페어스』에는 매킨지에서 실제 근무했던 중견 컨설턴트의 '매킨지: 자본의 망나니'라는 장문의 폭로성 기고문이 익명으로 게재됐다. 친시장, 친경영의 미명하에 민영화와 정리 해고 등을 통해서 매킨지가 인간 사회에 끼치고 있는 온갖 해악을 고찰한 이 글에서 필자는 이 회사가 지키는 "유일한 충의는 자본에 대한 그것뿐"이라며 이렇게 말한다.

> 민영화가 불평등을 악화시키고, 부자들에게만 이득이 되고, 부패를 부르고, 근본적으로 경영진에 대한 동기 부여를 공익 쪽에서 주주들을 만족시키는 쪽으로 전환시킨다는 사실에 매킨지는 아랑곳하지 않는다.[14]

14 https://www.currentaffairs.org/2019/02/mckinsey-company-capitals-willing-executioners

매킨지는 과연 미국의 기업뿐만 아니라 사회를 위해서도 부가가치를 만들어내고 있을까? 아니면 대량 해고의 정당화 따위에 있어서만 근대사에서 가장 독보적인 존재일 뿐인가? 이건 앞에서 얘기한 『더 펌』의 후반에 저자가 던지는 수사적 질문이다. 이 질문에 답하듯 『커런트 어페어스』 기고문의 필자는 글의 말미에서 이렇게 정리한다.

> 우리는 지금 매킨지가 만든 세상의 대가를 치르며 살고 있다. 전 세계적으로 기업과 정부가 시장근본주의를 기본 모드로 받아들이고 있는바 … 주주 가치에 미치는 영향을 근거로 모든 결정을 합리화시켜야 한다는 압박에 저항한 기업들은 인간성의 마지막 잔재마저 내던진 자들에게 밀리거나 혹은 그들에게 잡아먹혀 버렸다.

4.

감옥에 있는 사람, 감옥에 있어야 할 사람

거대한 부 뒤에는 항상 범죄가 있다.

– **마리오 푸조,『대부』 중**(편집자 주: 오노레 드 발자크의 말을 푸조가 『대부』의 제사題詞로 사용했다.)

죄와 벌

얼마 전 한국에서 벌금 50만 원을 낼 수 없어 감옥에 간 사람에 대한 신문 기사를 봤다. 죄목은 '편의 시설 부정 이용'이라는 경범죄였다. 무전 유죄는 해묵은 말이지만 지금 한국에서나 미국에서나 돈 없는 것 자체가 사실상 죄가 되는 제도는 언제나 심기를 건드린다. 미국의 경우 유죄 판결이나 형을 선고받기 전에 보석금을 내지 못해서 수감되어 있는 사람이 54만 명에 달한다.[15] 이 중

15 출처: Prison Policy Initiative(www.prisonpolicy.org)

에는 쌓인 주정차 위반 과태료를 내지 못해 감옥에 간 사람도 있다. 반면 돈만 있으면 거액 탈세는 물론 대형 사기, 성폭행, 심지어 살인 혐의에도 보석금을 내고 풀려나는 경우가 허다하다. 비근한 예로 2017년 캘리포니아에서 남자 친구 살해 혐의를 받았던 중국 재벌의 딸이 보석금 3,500만 달러(약 385억 원)를 내고 풀려났다.

프랑스의 자유주의 경제학자 프레데릭 바스티아가 남긴 말이 있다. "사회에서 함께 사는 사람들 중 약탈이 어느 부류의 삶의 방식이 될 때, 그들은 이윽고 자신들을 위해 그것을 재가하는 법체계와 그것을 미화하는 도덕률을 만든다."[16] 짧은 일생을 자본주의와 시장 경제를 찬양하는 데 바쳤던 바스티아는 신자유주의자들이 좋아하는 경제학자이지만, 그들은 바스티아의 이 말만은 좀처럼 인용하지 않는다. 이 말이 공교롭게도 신자유주의 체제에서 가진 자들의 지배 방식을 다소 정확하게 폭로하고 있기 때문일 것이다. 미개인 시대에는 힘으로 빼앗던 것이 이제는 민주적 제도의 형식을 빌려 약탈의 합법화라는 꼼수로 발전한 것이다. 사실 국가의 형벌권을 조작하고 조종하는 것이 자본권력의 헤게모니를 유지하는 데 있어 필수 불가결한 조건임을 그들은 그 누구보다도 더 잘 안다.

약탈의 합법화도 중요하지만, 여러 면에서 못 가진 자들에 대한 불법화 작업이야말로 그들에게 유리한 체제를 유지하는 데 있어

16 "When plunder has become a way of life for a group of men living together in society, they create for themselves in the course of time a legal system that authorizes it and a moral code that glorifies it.", 『Economic Sophisms』

가장 중요하다고 할 수 있다. 미국에서 경범죄에 해당하는 마약 소지 등에 대한 과도한 징벌, 비폭력적 범죄로 수감 중인 인구는 현재 연방과 지자체를 통틀어 45만 명이다. 죄수 5명 중 한 명꼴이다. 1960년대 후반의 흑인 민권운동과 반전운동을 계기로 보수 반동 세력이 다시 득세하면서 지난 반세기 동안 특정 부류와 공동체를 사회의 변방으로 내몰거나 아예 억압하기 위해 경미한 마약 범죄 따위에 공권력을 퍼부은 결과다. 1971년에 리처드 닉슨이 선포한 '마약과의 전쟁'은 흑인과 히피 공동체를 정치적으로 무력화시키기 위한 거대한 사기극이었다. 닉슨의 최측근이었던 존 얼릭먼은 2016년 『하퍼스 매거진』 인터뷰에서 이렇게 실토한 바 있다.

> 1968년 당선 전후로 닉슨에게는 적이 둘 있었는데, 반전 좌파와 흑인들이었습니다. 전쟁을 반대하는 것이나 흑인이라는 것 자체를 불법화할 수는 없다는 걸 알았고, 대신 대중이 히피들을 마리화나와, 흑인을 헤로인과 각각 연결 지어 생각하도록 만들고 둘을 모두 강력하게 불법화함으로써 각 공동체를 와해시킬 수 있었지요. 그들의 지도자를 체포하고, 집을 급습하고, 모임을 해산시키고, 뉴스를 통해 그들이 매일 비난받도록 할 수 있었습니다. … 우리가 마약에 대해 거짓말하고 있다는 것을 스스로 알고 있었냐고요? 물론 알고 있었지요.

권모술수의 화신이었던 닉슨에게는 정치적 목표가 핵심이었지만, 그 후 철저하게 신자유화한 지배계층의 민영화 작업으로 이른바 '교도소-산업 복합체Prison-Industrial Complex'가 탄생했고, 미국의 지배계층은 그로부터 직간접적인 경제 이득까지 취하기 시작했다. 이는 미국의 대다수 흑인에게 자본주의와 인종주의가 여전히 같은 개념으로 와닿는 이유 중 하나다. 교도소 수감 인구가 절대 숫자로나 인구 비율로나 세계 1위인 미국의 산업화된 형벌제도는 무엇보다도 1960년대 후반에 터져 나오기 시작한 흑인 노동자 계급의 인종 간 불평등에 대한 반발을 억압하고 불평등한 기존 체제를 유지시키기 위한 지배계층의 정치·경제적 기획의 산물이었다.

지금 미국에서 감옥살이를 하는 사람 거의 모두가 가난한 사람이라는 사실은 교도소-산업 복합체의 수익 모델과 밀접한 관련이 있다. 위기 청소년 선도나 범죄자 재활 프로그램 따위는 안중에도 없는 지자체들과 연방기관들은 모두 공공자금을 유색 인종 때려잡는 징벌에 '올인'했고, 금세 거기서 공권력을 동원한 인종 탄압을 금전화할 기회의 냄새를 맡은 사설 업체들이 하이에나처럼 달려들었다. 『교도소 자본주의Carceral Capitalism』라는 책에서 저자 재키 왕은 미국의 교도소 시스템을 경찰 폭력과 함께 보석금, 법원 수수료, 벌금 등의 가차 없는 징수로 옭아매는 채무 구조가 연동해서 대도시의 흑인 공동체를 다스리는 가혹한 경제적 지배 구조로 설명한다. '교도소 자본주의' 구조하에서 경찰, 검찰, 법원이 각각 '라인 공정'의 한 단계를 맡아 채권자, 임대인, 그리고 빚 수금 대행업자 노릇을 하고 있다는 것이다. 결국 큰 범죄를 저지르지 않은 사람도 일단 교도소-산업 복합체의 올가미에 걸려들면 대부분이 채무자가 되는데, 그중 절대다수에게는 채무 자체가 막중한 징벌이 된다. 이

것이 못 가진 자들의 범죄-형벌의 악순환, 아니 더 정확하게는 가진 자들이 못 가진 자들을 억누르기 위해서 법적으로 체계화한 순환 구조다.

소위 민주주의 사회에서 살고 있는 사람들은 대부분 자신이 누리고 있는 인권이 천부 인권이라 착각한다. 하지만 숭고하고 절대적인 것처럼 들리는 대한민국 헌법의 "불가침의 기본적 인권"이나 미국 헌법의 "천부적 권리"는 이제 돈으로 움직이는 불량한 지배계층과 체제에 의해 얼마나 가졌는가 하는 데 따라 언제든 제한 내지는 말살될 수 있는 일시적인 자격일 뿐이다. 돈이 곧 인간의 가치가 되어버린 괴물 같은 체제 속에서, 죄와 벌의 함수 관계는 돈을 대입해 풀면 대체로 맞아떨어진다.

기업과 조직범죄

1930년대 초반에 대공황을 배경으로 미국과 캐나다에서 생겨난 기술관료제 운동technocracy movement의 창설자 하워드 스콧은 범죄자를 "약탈적 본능을 가졌으나 법인을 설립하기에는 자본이 부족한 사람"[17]으로 정의했다. 기업이 약탈적 본능을 가진 범죄 집단이라는 말이다.

17 Bill Ridgers, 『The Economist Book of Business Quotations』, Wiley, 2012.

그럼 우리가 흔히 말하는 조직범죄단, 즉 마피아에 대한 관념을 두 가지 측면에서 생각해보자. 첫째, 마피아나 조직범죄라고 하면 가장 먼저 폭력과 살인, 그다음에 공갈, 협박, 사기 등 제반 불법 행위가 연상된다. 둘째, 마피아는 여느 기업과 마찬가지로 영리를 추구하는 집단이다. 마피아의 정체성은 이 두 가지 측면의 결합에서 나온다. 영화 「대부」에 "이건 개인감정이 아니라 순전히 비즈니스일 뿐이다It's not personal. It's strictly business"라는 대사가 있다. 마이클 콜레오네가 뉴욕 경감을 암살해야 한다고 주장하면서 하는 말이다. 마피아가 저지르는 온갖 끔찍한 행위들은 그들에게 있어 단지 비즈니스 운영 차원에서 행할 수밖에 없는 필요악일 뿐이라는 얘기다.

오늘날의 마피아는 폭력을 거의 쓰지 않는다. 불과 30~40년 전만 해도 대낮에 길거리와 식당에서 적의 암살을 일삼았던 마피아는 이제 대부분 외형상으로나마 '합법적'인 비즈니스로 전환하는 데 성공했다. 카지노, 상업 쓰레기 수거 산업, 중소 규모 건설, 풍력 에너지, 화학품 도매, 음반 산업, 수산업 등의 분야에서 기업형으로 성장했다. 뇌물, 공갈, 협박, 사기, 탈세 등 불법과 탈법의 잔재는 여전히 남아 있지만, 신문의 1면을 장식하는 폭력과 암살은 이제 좀처럼 하지 않는다.

앞에서 말한 두 가지 측면을 놓고 마피아라는 조직과 '정상적' 기업을 비교해보자. 양아치 집단으로 시작해서 기업화한 마피아 조직과, 외형적으로는 훨씬 그럴싸한 허울을 쓴 대기업을 비교하는 것이 얼핏 터무니없어 보이겠지만 곰곰이 생각해보면 양심이나 도덕이나 윤리 따위가 설 자리 없이 철저한 손익 계산만 있는 조직이라는 데 있어서 뭐가 다른가. 오늘의 초대형 기업들은 총칼만 쓰지 않을 뿐, 이윤을 달성하기 위해서라면 온갖 사기와 협잡, 심지어 인명 피해까지도 암암리에 불사한다는 데 있어 본질적으로 마피아 조직과 별반 다를 게 없다.

2003년에 나온 캐나다의 다큐멘터리 「기업The Corporation」은 "기업이 사람이라면 어떤 사람일까?"라는 도발적인 질문을 던진 뒤, "기업은 반사회적 인격 장애를 가진 소시오패스다"라는 결론을 내린다. 기업은 자신의 이익만 알고 타인의 처지에 무관심하며 양심의 가책을 느끼지 않기 때문이다. MIT의 언어학 교수 노엄 촘스키는 "기업이라는 제도는 노예제도와 마찬가지로 괴물 같은 것"이라고 했다.

2015년, 당시 민주당 예선에서 선풍을 일으키던 버니 샌더스의 캠페인 자금 모금을 위해 발행된 『붙들리다Captured』라는 제목의 책은 교도소 수감자들이 그린 대기업 수장들의 초상화로 가득 채워져 있다.[18] 세계를 움직이는 대형 기업들의 최고위 임원들이 자신들이 이끈 회사들의 온갖 불법 행위에 대해 개인적으로 책임을 져야 한다는 설정인데, 그들에 비해 범죄 스케일이 한없이 작은 죄수들이 그린 그들의 초상화들을 해당 기업의 '전과 기록'과 나란히 배치해서 기업 범죄의 실체를 조명한다. 이 책은 감옥에 가지는 않았지만 공정한 세상이라면 당연히 감옥에 가야 할 사람들로 뱅크오

18 삽화를 포함한 이 책의 전체 내용은 https://thecapturedproject.com에서 볼 수 있다.

브아메리카, JP모건, 씨티그룹, 코카콜라, 듀폰, 월마트, 화이자, 골드만삭스 등의 현직 또는 전직 CEO 30명을 지목했다. 트럼프 행정부의 국무 장관을 지낸 전 엑슨모빌 CEO 렉스 틸러슨의 초상화도 이 책의 한 페이지를 장식한다.

이 책에서 공공 기록을 토대로 세계 굴지 기업들이 저지른 각종 범죄를 정리한 내용을 일부만 나열해보자.

- **뱅크오브아메리카(상업 은행)**
  - 절도: 주인 없는 공채 증서 수억 달러어치를 횡령하고, 수천 개 신탁 계좌에 대한 수천만 달러에 달하는 과도한 수수료를 몰래 징수함
  - 증권 사기: 지방채 파생 상품 시장에서 입찰 조작을 공모함
- **셰브론(석유 회사)**
  - 강간 및 살인 방조: 회사가 지원하는 미얀마의 군부가 저지른 잔혹한 인권 유린을 회사 이익을 위해 방조함
  - 절도: 연방 및 아메리카 원주민의 토지에서 추출한 천연가스 로열티 1억 5,000만 달러(약 1,650억 원)를 착복함
  - 세금 사기: 인도네시아 프로젝트와 관련된 복잡한 가격 책략을 통해 1970~2000년 연방세 32억 5,000달러(약 3조 5,700억 원)를 포탈함
- **씨티그룹(금융 서비스 기업)**
  - 경제 파괴: 정부가 수천 건의 고위험 대출을 보증하도록 오도하고, 독성 서브프라임 부채의 노출 규모를 은폐함으로써 투자자들을 속이고 궁극적으로는 주택 시장 붕괴를 초래함
  - 공모: 타 은행들과 공모해서 환율을 조작함
- **코카콜라(식음료업)**
  - 중과실치사: 미국의 2종 당뇨병 발병 증가에 기여함
  - 공공위험죄: 당을 하루 총 섭취 열량의 10퍼센트(콜라 캔 2개 미만) 넘게

섭취하면 안 된다는 세계보건기구(WHO)의 공식 연구 결과 발표를 강력한 로비로 은폐함
- 대중 기만: 과학자들을 매수해서 대중이 건강한 생활에 있어 당 성분이 많은 식습관 대신 운동 부족에 주목하도록 함

- **코노코필립스(에너지 회사)**
  - 과실치사: 안전 규정을 지속적으로 중대하게 위반함으로써 수십 년간 근로자 수백 명의 사망, 수천 명의 부상을 초래함
  - 공공위험죄: 2008~2012년 7,100만 달러(약 781억 원)를 투입해 환경과 공중보건을 보호하는 법안들을 약화시킴
  - 환경 파괴: 지속적인 과실로 수십 년 동안 대형 기름 유출 및 화학 물질 누출 사고를 수차례 일으킴. 코노코필립스는 미국 에너지 회사 중 최악의 환경 오염자임

- **듀폰(화학 회사)**
  - 독살: 1980년대 후반 그 어느 생산업체보다 유독물을 많이 방출함으로써 근로자 수십 명의 사망을 초래하고 공공의 안전을 위협함
  - 증거 은닉: 자사 살충제 벤레이트가 기형아 출산 유발을 비롯해서 건강 유해성을 지니고 있음을 인지하고도 피해자들이 제기한 소송에서 관련 증거를 은폐함
  - 무모한 위험 초래죄(reckless endangerment): 여러 나라에서 엄청난 규모의 지하수를 오염시켜 암과 선천성 장애를 유발함

이 밖에 월마트, 코크 인더스트리스, BP, 크레디트 스위스, 화이자, 몬산토, 듀크 에너지, 제네럴 모터스, JP모건 체이스, 펩시코 등을 비롯한 수많은 세계 유명 기업이 그동안 사회와 환경에 끼친 해악을 모두 열거한다면 책 한 권을 채우고도 남는다.

결국 대기업은 엘리트 교육을 받은 명문대 출신의 인재들이 몰릴 뿐, 마피아와 크게 다르지 않은 반사회적 자본주의자의 영혼을

갖고 있음을 부정하기 힘들다. 「대부」에서처럼 드라마틱하게 피가 튀지는 않더라도 산업 재해, 환경 오염, 주가 조작, 정치인과 법조인 매수 등에 있어서 대기업들은 마피아 조직도 무색하게 할 정도의 활동상을 보인다. 아니, 오히려 자원, 환경, 정신 건강 등 공공 사회에 끼치는 해악을 수치적으로 따진다면 대기업의 탈법과 반칙으로 인해 발생한 인명 피해는 마피아가 행사한 폭력으로 인한 그것에 비교할 수 없을 정도로 크다.

정작 '기생충'은 누구인가

영화 「기생충」은 지금의 불안한 시대정신을 반영한다. 미국의 인터넷 언론 복스는 「기생충」의 최우수작 수상 발표 직후 트위터를 통해 "「기생충」은 불평등이 만연하고 혁명의 전조가 있다는, 올해 영화계를 관통하는 중요한 주제를 담고 있다"고 논평했다. 이 영화의 핵심은 가진 자들과 못 가진 자들, 또는 미국의 보수들이 즐겨 뇌까리는 생산자들makers과 거저먹는 자들takers 간의 갈등 구조 속에 항상 잠복해 있는 자본주의의 잔인성과 폭력성이다. 같은 인간임에도 서로 간의 경제적, 사회적 격차와 괴리가 너무도 크기에 종種이 서로 다른 개체들 간 기생 관계의 개념이 즉시성을 갖는다.

그런데 정작 '기생충'은 누구일까. 외형적으로 언뜻 김씨네라 하겠지만, 박 사장 가족이야말로 온갖 수모를 무릅쓰고 무슨 일이든 하겠다는 무직자들의 절박감을 이용해서 그들로부터 영양분을 빨아먹는 기생충 같은 존재다. 박 사장 가족은 제대로 된 인간의 가장 기본적인 기능인 밥 짓기, 청소, 자녀 교육 그 어느 하나도 손수 해결하지 못하고 외주에 의존한다. 그들에게서 관찰되는 것은 김기택이 생각하는 '순진함'이 아니라 교양으로 포장된 속수무책 내지는 무력감과 돈이 수족마저 대체해버린 듯한 부자들의 '유아화乳兒化'다.

거시적으로 볼 때 부자들이 사랑하는 자본주의는, 자신들의 힘만으로는 아무것도 할 수 없음에도 자신들처럼 생산자가 아닌 나머지 사람들은 거저먹는다는 프로파간다에 의존해서 유지되는 것이다. 자기들이 모든 것을 만들어내고, 게으른 '빈대'[19] 들이 자기들에게 기생한다는 등식이 무너지는 순간 그들이 마땅히 차지해야 한다고 생각하는 기득권의 정당성이 증발해버리기 때문이다.

부자들은 자본주의 사회 자유시장의 공정한 경쟁에서 당당하게 승자가 된 것처럼 얘기하지만 그들은 대부분 자본의 잘못된 배분의 수혜자일 뿐이다. "보수적 보모 국가conservative nanny state"라는 유명한 문구를 만들어낸 경제학자 딘 베이커는 보수들이 정부 개입이 없는 자유시장을 원한다는 것은 거짓말이라고 단언한다. 월가의 배부른 자본가들은 자본의 분배 방식을 국가가 통제하는 사회주의를 입으로는 열렬히 비판하지만, 구제 금융 같은 정부의 사회주의적인 개입은 열렬히 환영한다. 실로 사회주의 경제의 가장 큰 수혜자인 보수 자본가들이 주창하는 자유시장이란 로비스트, 정치자금, 그리

19 영어로는 '거지'나 '부랑자'를 뜻하는 'moocher'라는 표현을 같은 의미로 흔히 쓴다.

고 보수 싱크탱크와 기득권 언론을 동원한 신자유주의적 지배 이데올로기에 대한 선전으로 유지되는 일종의 협잡에 불과하다.

마틴 루터 킹은 미국 자본주의의 실상을 일컬어 "부자들에게는 사회주의, 빈자들에게는 험난한 개인주의"라고 했다. 국가가 이처럼 부자들은 국민이 낸 세금으로 보살펴주고 평범한 서민들은 가혹한 생존 경쟁에 내몰리도록 방치하는 것을 '레몬 사회주의lemon socialism'라고도 한다. 『뉴욕타임스』 칼럼니스트 폴 크루그먼은 구제 금융 같은 정부의 조치가 레몬 사회주의의 표본이며, 이것이 지금 미국 경제 체제의 실체라고 했다. "이윤은 사유화하고 손실은 사회화하는" 변태적 분배 시스템의 전형이라는 얘기다.

앞에서 얘기한 『교도소 자본주의』의 저자 재키 왕은 특히 금융자본주의의 기생형 지배 구조에 대해 이렇게 썼다.

> 1970년대부터 본격화된 자본가 계급의 반란으로 조세국가 형태가 느슨해지면서 국가 재정의 변혁이 초래되었다. 그 후 몇십년간 조세국가는 점차 채무국가로 바뀌었고 볼프강 슈트레크의 말대로 "지출의 상당 부분을 세수稅收보다는 차용으로 조달함으로써 세입을 갈수록 쌓여가는 산더미 같은 금융으로 메꾸는 국가"가 되어버렸다. 이 같은 국가 재정 모델은 국민보다는 채권자들이 정부가 제공하는 특혜를 누리는 선거구민이 되는 상황을 낳는다. 금융의 헤게모니가 반민주주의적인 것은, 금융 기관들이 불투명하고 그들이 공채 소유를 통해 금융에 영향을 미칠 수 있을 뿐만 아니라 (금융 산업에 의해 유발될 수 있는) 경제 위기로 인

해서 공공의 재원을 추출하는 데 국가권력이 동원될 수 있기 때문이다.

왕이 말하는 금융계 이외에도 이제까지 미국에서 초대형 규모로 번창한 산업의 주도권을 쥐고 있는 기업들은 거의 예외 없이 국가권력으로부터 각종 특혜를 받으면서 성장했다. 대마불사 논리가 동원된 금융 구제를 차치하고라도 바이오텍, 제약,[20] IT 산업의 굵직한 신기술 개발은 대부분 정부 지원으로 이루어졌다. 방위 산업, 교육 및 보건 의료 산업 등은 모두 카르텔화되어 있고 이들 카르텔의 로비스트들은 정부 및 입법부 관계자들과 내통하고 있다.

머릿속에 그리고 있는 자본주의의 이상이 무엇이든 양심이 살아있다면 최소한 현실을 인정해야 한다. 무늬만 자본주의인 레몬 사회주의의 기만적 제도에 빌붙어 사는 기생충은 부자와 대기업이고, 숙주는 국민이다. 사회의 내장에 기생하는 촌충들은 건강한 사회에 필요한 영양분을 대부분 가로챈다. 불로소득 자본가들과 대기업들은 갈수록 살쪄가는데 대다수 국민은 영양 상태가 불량한 이유다. 이 시대는 강력한 구충제를 요구한다.

20 존슨앤존슨의 결핵약 베다퀼린이 한 예다.
(https://www.msf.org/johnson-johnson-must-halve-price-lifesaving-tb-drug-bedaquiline)

그들의 평판 세탁

「대부」 후반에서 마이클은 케이에게 결혼하자고 회유하면서 이렇게 말한다. "5년만 있으면 콜레오네 패밀리는 완전히 합법화되어 있을 거요." 속편 「대부 2」의 서막에서 콜레오네 범죄 조직은 음지에서 양지로 나오는 작업을 한창 진행 중이고, 뉴욕에서 네바다로 활동 무대를 옮긴 상태다. 카지노 사업 확장을 위한 물밑 작업의 일환으로 오케스트라까지 동원해 화려한 파티를 열고, 네바다 상원의원을 초청해 현지 대학에 증정할 기부금을 건네며 신문 기자들 앞에서 기념 촬영을 한다. 상원의원을 초대한 진짜 이유는 그에게 카지노 면허 취득 협조를 구하기 위해서다. 행사 후 마이클의 사무실에서 부패한 상원의원이 뒷돈을 요구하며 "당신과 거래는 하겠지만, 비단 양복을 걸치고 깨끗한 고장에 와서 점잖은 미국인 행세를 하는 당신 같은 인간들이 싫소"라고 하자 마이클은 대뜸 이렇게 응수한다. "우리 둘 다 같은 위선의 일부요." 영화는 이렇게 사뿐히 주류 백인 정치인과 이탈리아계 마피아 두목을 동격화한다.

마피아도 사람이고, 사회의 존경을 받고 싶어 한다. 갈취하고 강탈한 돈이지만 일상생활에서는 대부분 신사적으로 돈을 쓴다. 단지 돈을 버는 데 있어서 수단, 방법을 가리지 않을 뿐이다. 19세기 미국의 강도 남작이든, 20세기 미국의 마피아든, 한국의 재벌이든, 약탈과 강탈과 수탈로 금전적 우위를 점한 자들은 베블런이 말한 유한계급으로 변신해서 그 금전적 지위에 걸맞은 사회적 지위와 명망과 '도덕적 후광'을 갈망한다. 한국의 친일파가 어느덧 '민족 교육자'로 변신하듯 그들은 떳떳하지 못한 부와 권세를 동원해서 역사까지 다시 쓰려 한다.

미국에서 자선사업과 각종 기부금은 부자들이 더러운 평판을 '세척'하는 가장 보편적인 수단이다. 유명 대학 캠퍼스의 신축 건물들과 수많은 도시의 도서관이나 박물관 입구에 붙어 있는 이름의 대다수가 억만장자의 것이다. 미국의 웬만한 명문 사립대의 보유자금은 대부분 부호에게서 거둬들인 돈이다. 그중 가히 천문학적인 보유 기금(2019년 기준 409억 달러, 약 45조 원)을 쟁여두고 있는 하버드대에 억만장자들의 돈이 가장 많이 몰린다. 평판이나 이미지 개선을 필요로 하는 억만장자 중에 하버드대에 기부하지 않은 이는 만나기 힘들다(2019년 외국인 학교 교비 70억 원을 전용한 혐의로 실형을 선고받은 민선식 YBM 회장도 하버드대에 발전 기금을 기부한 여러 한국 재벌 중 하나다). 『엘리트 독식 사회』 저자 아난드 기리다라다스는 하버드대에 대해 이렇게까지 말한 적이 있다. "하버드대가 돈을 받고 악당들의 명성을 개조해주는 기술은 완벽합니다. … 하버드대는 스스로를 세계에서 가장 명망 높은 드라이브 스루 평판 세탁소drive-thru reputation laundromat로 만들었습니다."[21]

대부분의 경우 억만장자들의 기부금이란, 그들 입장에서는 푼돈에 불과한 몇백만 내지 몇천만 달러의 돈을 뿌려 선제적으로 이미지를 관리하고 대중의 호감을 미리 사둠으로써 언젠가 터질 스캔

21 『The Harvard Crimson』, 2019. 11. 13.
(https://www.thecrimson.com/article/2019/11/13/elite-generosity-talk-iop/)

들이나 부정적 보도의 여파를 최소화하기 위한 일종의 '보험료'다. 2019년 8월 감옥에 수감되어 있던 중 자살한[22] 성범죄자 제프리 엡스타인의 경우, 성범죄 혐의에 대해 유죄 판결을 받기 전 MIT와 하버드대에 각각 900만 달러(약 100억 원)와 85만 달러(약 9억 원)의 기부금을 냈다. 또 마약성 진통제 옥시콘틴을 불법 선전해서 250만 명을 중독자로 만들고 20만 명을 죽음에 이르게 한 퍼듀 파마의 소유주인 새클러 가문은 '미술 가문'으로 불릴 정도로 전 세계 여러 박물관에 엄청난 금액을 기부해왔고, 터프츠, 코넬, 예일 등 유명 대학에 총 6,000만 달러(약 660억 원)를 기부했다. 하지만 형사 사건에서의 유죄 시인 등으로 범죄형 기업인의 대명사가 되면서 이제는 그들의 돈을 받은 대학들도 난처한 기색을 감추지 못한다. 상황이 이렇다 보니 터프츠대는 최근 의과 대학 5개 건물에서 새클러라는 이름을 파내기로 결정했다.

기업의 평판 세탁은 단순히 기부를 하기보다 대부분 치밀한 전략적 기획하에 복합적으로 진행된다. 기업들의 사회적 책임CSR 활동은 '윤리적 자본주의'의 가면을 쓴, 그들의 사업 계획과 따로 떼어 생각할 수 없는 비즈니스 마케팅이다. 그들이 내세우는 사회 공헌 활동을 통해 얻어지는 '도덕적 후광'은 그들이 해결하려고 노력하는 것처럼 보이려 하는 바로 그 사회적 해악으로부터 자기들이 엄청난 이익을 거두고 있다는 사실을 가리는 효과를 갖는다. 대표

22 공식 발표는 자살이지만 부검 내용과 여러 가지 정황에 근거해서 현재 FBI가 타살 여부를 조사 중이라고 보도된 바 있다.

적인 예로, 자사 제품이 비만을 야기한다는 사실을 은폐하기 위해 수십 년 동안 노력해온 코카콜라는 청소년 스포츠와 소외 지역 운동장 건설 등에 기부함으로써 공중보건에 관심 있는 이미지를 만들어내는 동시에 어린이들 사이에 코카콜라의 긍정적인 이미지를 심어준다. 또 미세플라스틱 연구 지원과 식수 수질 프로그램 등에 수백만 달러를 기부함으로써 환경에 지대한 책임감을 지닌 회사로 소비자에게 다가간다. 실제로는 연간 300만 톤의 플라스틱을 포장자재로 쓰고, 제3세계 국가들을 중심으로 세계 각 지역에서 엄청난 지하수를 추출해 식수를 무참하게 고갈시키는 회사가 말이다.

결국 대부호와 대기업이 노리는 것은 자기들의 부와 세력의 끊임없는 확장에 유리한 시스템의 존속이다. 대기업이 자기의 사회적 책임을 부각시키는 이런저런 프로젝트에 총매출의 0.1퍼센트 정도만 들여도 기업 이미지 제고에 있어서 상당한 효과를 본다. 그리고 그렇게 획득한 '도덕 자본'은 거의 어김없이 수십, 수백 배의 경제적 가치로 되돌아온다. 미국에서 기업 감시 전문가들이 하는 얘기가 있다. "대기업이 어느 분야에서 가장 큰 해악을 끼치고 있는지 알려면, 그 회사가 어느 분야에 자선 기부를 하고 있는지만 눈여겨보면 된다."

Kakistocracy 2부

카키스토크라시 개관

1. 불량한 소수가 쓴 역사 긴요한 단어의 부활 | 제국의 본질 | 과두제의 철칙과 '플루토노미' | 철인왕의 추억

2. 잡배들이 지배하면 도둑들 | 모리배들의 '권력 뷔페' | 엘리트 좋아하시네 | 부역자들

3. 미국의 참 나쁜 대통령 훤칠한 외모의 건달, 워런 하딩 | 비호감 인간의 '잡범형' 정치, 리처드 닉슨 | 신자유주의의 얼굴마담, 로널드 레이건 | 영혼 없는 야욕가, 빌 클린턴

4. 지금, 미국 가난한 부국 | 팬데믹과 신자유주의의 본색 | 현장에서 바라보는 강대국의 쇠망 | 실패한 국가

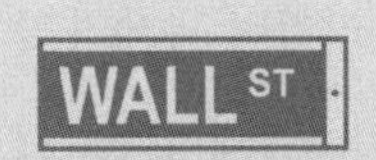

1.
불량한 소수가 쓴 역사

문명에 있어서 무능하고, 부패하고, 부도덕한 사람들에 의한 통치보다 더 큰 위협은 없다.

- 루트비히 폰 미제스

긴요한 단어의 부활

'카키스토크라시kakistocracy'란 가장 어리석고 자격 없고 부도덕한 지도자들에 의해 통치되는 국가를 말한다. 흔히 국가의 실정失政 양상을 말하는 도둑정치kleptocracy나 바보들에 의한 정치를 뜻하는 이디오크라시idiocracy라는 표현이 다수 있지만, 카키스토크라시는 가장 악덕하고 비양심적인, 즉 최악의 인간들이 주도권을 잡은 정치라는 뜻으로 무능함과 부정부패, 심지어 통치자의 품격까지를 총망라하는 표현이다. 어원을 거슬러 올라가면 19세기 초 귀족주의aristocracy의 반대어로 만들어졌고, 그리스어에서 온 '나쁜',

'못된', '악한' 등을 뜻하는 'kakos(κακός)'의 최상급인 'kakistos(최악의)'와 '권력', '통치'를 뜻하는 'cracy'의 조합이다. 'kakos'는 '똥'을 뜻하는 여러 인도·유럽어 계통 단어와 어근이 같다고 한다. 카키스토크라시는 결국 쓰레기 같은 인간들의 지배를 말하는 표현이다.

이 단어는 아직 일부 사전에는 아예 등재되어 있지도 않다. 미국에서는 1876년 시인 제임스 러설 로웰이 친구에게 보낸 편지에서 당시 스캔들에 휘말려 있던 율리시스 그랜트 정부에 대해 개탄하며 "우리 정부는 국민의, 국민에 의한, 그리고 국민을 위한 정부인가? 아니면 악당들의 이익을 위해 바보들이 희생되는 카키스토크라시인가?"라고 쓴 기록이 있다. 그 후 이 단어는 동면 상태였다가 레이건 대통령 시절에 잠깐 유행하는 듯하다 사라졌는데 도널드 트럼프 취임 후 다시 급부상하는 추세다. 2017년 1월 『뉴욕타임스』의 폴 크루그먼이 칼럼에서 트럼프 행정부를 "미국의 카키스토크라시"라고 칭하며 컴백의 테이프를 끊었고, 2017년 10월에는 『애틀랜틱』에 노엄 온스틴이 트럼프가 정권을 잡은 후부터 본격화된 미국형 카키스토크라시에 대해 쓴 장문의 글이 실렸다. 그리고 결정적으로 2018년 4월, 전 CIA 국장 존 브레넌이 트럼프를 향해 "당신의 카키스토크라시는 그 한탄스러운 여정 끝에 무너지고 있소"라는 트윗을 날리면서 인기 검색어가 됐다.

카키스토크라시는 'Kleptocracy(도둑정치)', 'Khakistocracy(군사정치)'와 함께 두문자 K로 시작하는 이른바 '3K' 악덕 정치 표현의 하나이기도 하다. khakistocracy는 군복을 지칭하는 'khaki'와 'cracy'의 혼성어로, 군사 독재를 말한다. 흔히 아프리카와 남미의 군부 독재를 연상시키지만, 한국의 제3, 제5 공화국도 빼놓을 수 없다. 군사 독재 국가들은 대부분 세계은행의 기업환경평가나 국제투명성기구 Transparency International 부패인식지수CPI 순위가 최하위권을 맴돈다.

도둑정치를 뜻하는 kleptocracy는 그 적용이 더 광범위한데 현재 진행 중일 때는 거의 드러나지 않는다. 노태우 비자금처럼 천문학적인 규모의 약탈이 한참 뒤에 드러나는 경우가 허다하지만 통치자와 그 똘마니들이 얼마나 해먹었는지 끝까지 밝혀지지 않는 경우도 분명 많을 것이다. 지금 미국에서 제45대 대통령이 4년 동안 일삼은 도둑정치 의혹과 정황이 속속 제기되지만, 그 실체와 규모가 다 드러날 때까지는 오랜 시간이 걸릴 것으로 보인다.

아무튼 카키스토크라시는 군부 독재든, 도둑정치든 대부분 공통점이 탄생 과정부터가 석연치 않고, 불법과 반칙은 물론 때로는 국민을 상대로 무력이 동원되기도 하며, 집권자의 재임 중 온갖 개연성 농후한 의혹들이 끊임없이 제기된다는 것이다. 아울러 극심한 빈부 격차, 국민 보건 및 교육 제도의 재원 부족, 낙후된 인프라, 낮은 정부 신뢰도 등도 카키스토크라시에 시달리는 나라의 특징이다. 몇 년 전까지만 해도 이런 나라들을 아프리카와 남미, 동남아 등에서만 볼 수 있었지만, 지금은 바야흐로 미국과 영국까지 그 대열에 끼어들었다. 탄탄해 보였던 서방 선진국들의 민주주의 시스템에도 대부분 심각한 결함이 있으며, 그 시스템 속에 최악의 인간들이 주도권을 잡게 되는 메커니즘이 오랫동안 내재해왔다는 얘기가 된다.

카키스토크라시 같은 단어가 새삼 유행한다는 것은 '최악의 인간들에 의한 정치'라는 개념을 따로 정립할 필요가 있음을 시사한다. 상상의 나래를 펼쳐보자면, 카키스토크라시라는 단어와 그 개념이 진지한 사회·정치학적 접근을 기반으로 통용될 때, 설사 그 뜻에 대한 해석이 분분할지라도 통치자와 지배계층의 부패, 악의와 무능함에 대해 보다 명료한 관념적 이해를 도모하고 권력의 구조와 역학 관계에 대한 새로운 사회적 접근을 이끌어낼 수 있을 것이라는 생각을 해본다. 단지 '최악의' 인간들의 지배에 대한 막연한 넋두리를 넘어, 다수의 그러한 인간들이 정부와 통치 시스템을 장악하는 것을 가능케 하는 정치 제도와 사회 기풍에 대한 학술적 고찰의 토대가 될 수 있지 않을까. 카키스토크라시라는 용어가 그렇게 통용됨으로써 그런 인간들에 의한 권력의 획득이 심리학과 사회학의 영역, 그리고 정치학과 국제관계론의 분야까지 중요한 화두로 확대될 수 있지 않을까.

수십, 수백 년에 걸쳐 반복되는 무능하고 사악하고 부도덕한 정치인들의 주기적인 집권 메커니즘을 하나의 지식 분야로, 학술적으로 고찰하는 노력은 전 세계 어디에도 없다. 그 이유는 통치 양상을 제도적, 정치적, 이념적 관점에서만 볼 뿐, 지배층을 형성하는 주요 인물의 득세 과정, 그리고 사회의 가치 서열과 보상 체계에 도덕적 근본이나 인성 중심으로 접근하지 않았기 때문일 것 같다. 궁극적으로는 제도보다 질 나쁜 극소수 인간의 지배가 문제의 근본인바, 최악의 인간들이 가장 큰 힘을 갖게 되는 고질적 문제의 기원을 파악하는 작업이 필요하다.

제국의 본질

인간의 역사는 약탈과 피약탈의 역사다. 국가 단위로 보면 역사상 대부분의 강대국은 정복을 통해 세력을 확장했다. 대한민국도 제국의 산물이고, 대한민국에 압도적인 영향을 미쳐온 미국도 제국이다. 미국 역시 제국에서 파생된 나라다. 국가 간 관계에 있어서 가해자와 피해자는 분명히 존재하므로 가장 큰 가해자인 제국의 의미를 간과하는 것은 세계 역사의 가장 핵심적인 요소를 건너뛰는 것이다. 하지만 미국에서나 한국에서나 대부분의 시민은 제국의 본질을 잊고 살거나 아예 적극적으로 미화하려는 세력들이 판을 친다.

지배와 피지배의 관계와 구조에 있어서 선악의 측면을 따져 가치 판단을 해야 한다. 본질이 약탈인 제국적 가치관, 나아가 지배계층의 근본을 파악하고 그 주동 세력의 인간적 품계를 평가해야 한다. 승자가 써 내려가는 역사 속에서 우리가 무의식적으로 따르고 있는 가치 체계의 정체를 이해하고, 우리가 먹고 자란 그 가치 체계가 정작 누구를 위한 것인지 규명해야 한다.

소설가 고어 비달은 "제국이란 향성tropism을 가지고 있다"라며 제국주의가 국가의 본능인 것처럼 얘기했지만, 모든 국가가 제국적 욕망으로 행동하지는 않는다. 약탈이 본능인 인간형이 있듯이 유난히 약탈형인 국가가 있다. 제국은 일개 국가가 여러 약소국의 부와 물자를 빼앗는 것으로 형성, 유지된다. 남의 것까지 죄다 먹어치우려는 '이무기형 국가'인 것이다. 역사에서 약소국은 항상 약탈형 강국의 포식 대상이었다.

제국은 재물과 자원의 약탈, 강탈, 탈취를 위한 세력 확장을 일삼는다. 힘으로 빼앗은 다음에는 소수의 관료, 앞잡이가 완력과 베블런이 말한 '행정정 능력'으로 다수를 지배하며 다수의 몫을 체계적으로 빼앗는다. 언뜻 대영제국이 가장 최근의 사례라고 하겠지만, 미국이 이라크를 상대로 벌인 두 차례의 전쟁이 모두 석유 때문이었다는 것은 공공연한 비밀이다. 사악하면서도 아둔한 트럼프가 미국이 어느 중동 국가의 석유를 빼앗아야 한다는 취지의 발언을 공식 석상에서 내뱉을 때마다 미국의 일부 언론은 침묵하거나 "그런 얘기를 입 밖으로 내뱉으면 어떡해"라는 식으로 비판했다. 미국이 중동에서 손을 뗄 수 없는 이유가 석유라는 사실 자체를 부정할 수는 없기 때문이다.

제국이란 지배하는 국가가 종속된 국가로부터 부를 추출해내는 시스템으로, 대부분 무력 또는 무력행사의 위협을 수반한다. 제국은 국가 간 관계에 있어서 가장 흔한 형태이며, 어느 한쪽 세력이 크게 우세해서 상대국을 어떤 형태로든 착취할 수 있는 능력을 갖추었을 때 자연적으로 발생하는 관계임을 역사의 패턴을 통해 볼 수 있다. 고대 이집트나 스페인 제국처럼 공공연하게 공물을 갈취하는 시스템은 현대에 이르러 고도로 진화했고 신사적인 듯하면서 아주 효율적으로 운영되는 불균형한 거래로 발전했다. 제국이 종속된 국가로부터 부를 뽑아내는 메커니즘은 제국마다, 시대마다 다르지만 기본 원리는 같다.

미국 인구는 전 세계 인구의 5퍼센트를 차지하는데 최근까지 통계를 보면 세계 에너지의 4분의 1, 원재료와 산업 제품의 3분의 1

을 소비한다. 미국이 차지하는 세계 자원의 비율이 이처럼 엄청나게 불균형한 것은 다른 국가가 미국만큼 자원을 필요로 하지 않거나 그만큼의 자원에 대한 공정한 대가를 미국이 지불하고 있어서가 아니다. 미국에서 생산하고 제공하는 제품과 서비스가 다른 데서 구할 수 없을 정도로 우수해서도 아니다. 오히려 미국의 전성기 동안 실제로 미국에서 생산되어 세계로 널리 보급된 산업 제품은 의외로 적고, 미국 밖 세상에서 사람들이 필요로 하는 에너지, 원재료, 그리고 산업 제품의 수요는 미국인 못지않다. 한국을 포함해서 미국 대비 세계의 불균형, 그리고 미국과 체결된 수많은 불평등 조약의 진짜 이유는 미국이 전 세계 70여 개 국가에서 운영하고 있는 800개 군사 기지가 맹위를 떨치고 있다는 것, 다시 말해 무력행사의 위협, 또는 한국이나 독일의 경우처럼 미군 철수 협박이라는 카드를 미국이 쥐고 있다는 데 있다. 미국의 국방 예산이 전 세계 나머지 국가를 모두 합친 것과 비등한 규모라는 사실은 끊임없이 상기할 필요가 있다.

이를 전제로 작금의 미국 지도층을 두고 볼 때 미국이 지금 세상에서 가장 위험한 나라라는 말의 즉시성을 거부할 수 있을까. 이제는 미국을 지배하는 자들의 본색이 만천하에 드러난바, 미국이 자국우선주의에 따라 닥치는 대로 먹어치우려 하는 제국이라는 사실은 그 어느 때보다도 긴박한 문제다. 지구상 어디에 살든 미국의 영향 내지는 위협에서 자유로운 나라는 없다. 그런 나라의 권부를 점거하고 있는 최고사령관을 비롯해 다수의 요직을 차지하고 있는 사람들이 소시오패스라면 지구가 위험하다.

레이건부터 트럼프에 이르기까지, 그리고 갓 취임한 바이든을 포함하여 제국의 칼자루를 쥐고 있는 인물과 권력 집단의 분석 작업은 그래서 중요하다. 제국의 착취, 유린, 현지 문화 파괴 등의 과정과 결과를 고찰하고 본질적으로 제국을 어떤 인간들이 지배했는지, 다른 나라들에 대한 국민의 지배적 인식이 어떠한지, 전반적이고 포괄적으로 그들 '내면의 품계'를 따지는 것에서 출발하는 평가 작업이 필요하다. 그 제국적 국가를 어떻게 생겨먹은 인간들이 이끄는가 하는 데 따라 그 나라뿐만 아니라 수많은 약소국의 운명이 좌우되기 때문이다.

과두제의 철칙과 '플루토노미'

지금 민주주의 국가라고 하는 한국이나 미국이나 실제 지배 구조 형태는 과두 체제다. 정치는 물론 법조, 언론, 교육, 금융, 심지어 연예와 예술까지 분야와 산업을 막론하고 권력과 기회, 자원과 부가 기득권에게 자석처럼 쏠린다. 그리하여 과두제의 수혜자들은 주체 못 할 정도로 풍요롭지만 나머지 사람들은 턱없이 가난하다. 단순하게 말하면, 소위 민주 사회에서도 부와 권력을 선취한 집단은 각종 수단과 방법을 동원해서 그 부와 권력을 영속화하려 한다. 촘스키의 말대로 민주주의는 본질적으로 권력 집단에 위협적인 체제다. 그래서 과두 체제의 수혜자들은 어떻게 해서라도 알게 모르게 실제 민주주의를 은밀히 손상시키려 한다. 지금 한국에서 벌어지는 검사 집단의 발악이 권력 독점과 영속화를 위한 것임이 태평양 건너에서도 빤히 보인다.

'과두제의 철칙' 이론의 창시자인 독일 사회학자 로베르트 미헬스는 "조직을 논하는 것은 곧 과두제를 논하는 것"이라고 했다. 그의 이론인즉 정당이든 노동조합이든 관료 집단이든, 그 어떤 외형상의 민주주의 조직도 종국에는 필연적으로 소수 엘리트에 의한 과두 지배로 진화한다는 것이다. 이 철칙은 정치 조직들 가운데 가장 민주지향적인 성향을 갖고 있는 지도층에도 적용된다. 조직이 커지면서 구성원들은 필연적으로 엘리트와 일반 구성원으로 나뉘고, 이윽고 엘리트들은 일반 구성원들이 기여하는 노력과 그들이 차지해야 할 몫을 착취하기에 이른다. 그 어느 조직이든 시작에 갖추었던 민주적 장치들은 서서히 억눌리고 무력화되어 결국에는 단지 그 환영幻影만 남게 된다. 대부분 현대 국가의 양당제 역시 민주주의의 허울을 쓴 과두제다.

미국도 진정한 민주주의가 아니라 과두제임을 솔직하게 인정하지 않는 학자는 드물다. 『하퍼스 매거진』 편집장을 지낸 작가이자 미국 계급사회에 대한 권위자 루이스 래펌은 미국이 과두제로 세워진 나라이지만 그 체제를 최소한 점잖고 개화된 인물들이 이끌어왔다는 것에 위안을 삼는다. 국가 운영이 그나마 다소 긍정적인 방향으로 발전해 나갈 때는 많은 부분이 용서되고 몇몇 인물에 대한 성인전聖人傳 수준의 미화도 큰 문제가 되지 않았다. 아닌 게 아니라 실제로 훌륭한 지도자들이 가끔씩 나타나 국민에게 매력 있는 비전을 제시하고 공감대를 형성해준 것이 사실이다. 하지만 지금은 수십 년에 걸쳐 괴물화된 자본주의의 병폐로 그 체제의 부패와 타락, 그리고 잔인성을 감출 재간이 없어졌다. 래펌이 얘기한 '개화된 과두제'는 이제 최소한의 덕망이나 인격도 갖추지 못한 잡배들이 판치는 야만적 금권정치에 함락당한 모습이다. 최소한 지난 4년 동안 미국 정부는 대통령을 비롯해서 오로지 돈밖에 모르는 시정잡배들이 국고를 약탈하기에 여념이 없는 부패의 온상이었다.

지금은 금융과두제가 거의 모든 불평등 문제의 핵심이다. 흔히 '글로벌 엘리트'라고 일컬어지는 세계 금융자본가들의 본심이 드러난 금융계의 유명한 취중진담이 있다. 씨티그룹 분석가가 고액 자산가 고객용으로 작성한 이른바 '플루토노미 메모Plutonomy Memo'가 2005년 10월 유출되어 씨티그룹이 이를 수습해야 하는 수고를 끼쳤던 것이다. '플루토노미'란 부자 위주로 돌아가는 경제를 뜻한다. 이 보고서의 결론만 얘기하자면, 일반 소비자란 경제적 비중에 있어서 별 의미가 없으며 씨티그룹은 앞으로 오로지 영양가 있는 큰 부자들에게만 노력을 집중하겠다는 내용으로, 일종의 '금융 서비스의 나아갈 길'의 선언이었다. 이 메모에서 가장 섬뜩한 부분만 발췌해보자.

– 플루토노미에 '미국인 소비자' 또는 '영국인 소비자' 또는 '러시아인 소비자'라는 개념은 없다. 수는 적지만 소득과 소비에 있어서 차지하고 있는 몫이 불균형적으로 거대한 부자 소비자들이 있을 뿐이다. 그다음에 무수히 많은 '부자가 아닌' 사람이 있지만 그들은 놀라울 만큼 전체 몫의 아주 작은 부분을 차지한다.

– 미국에서는 상위 1퍼센트 가구가 전체 순자산의 40퍼센트 이상을 차지하는데, 이는 하위 95퍼센트 가구를 모두 합친 것보다도 많다.

– (지식인들이 걱정하는) '글로벌 불균형'은 플루토노미 관점에서 보면 훨씬 덜 위협적이다.

– 각국 사회와 정부는 극소수가 수익의 더 큰 비율을 불균형하게 차지하는 것을 허용하고 장려하는 것을 받아들일 필요가 있다.

– 플루토노미의 핵심에는 소득 불평등이 있다. 소득 불평등을 용인하고 지지할 수 있는 사회는 플루토노미를 용인하고 지지할 수 있는 사회다.

– 결론은 부자 소비자들이 있고, 그다음에 나머지 소비자들이 있다는 것이다.

이 메모가 보여주는 것은 사실상 일반 시민 경제는 아예 일고의 가치도 없다고 여기는 그들의 본심이고, 이같이 자명하게 드러난 정신 나간 가치관은 부의 분배를 결사적으로 반대하는 기득권층의 발악을 설명해주는 단서가 된다. 그들은 열심히 노력하다 보니 자신들이 어느덧 소수의 승자로서 지배층을 점하게 된 만큼 좋은 사회를 만들기 위해 책임을 다하겠다는 자세로 임하기보다 오히려 과두 체제를 당연히 여기면서 '나머지 소비자들'과의 격차를 더욱 벌릴 궁리를 하는 것이다. 촘스키는 과두 체제의 지배자들은 자신들이 부와 권력을 계속 독점하기 위해 일반 시민을 상대로 다음과 같은 공작을 일삼는다고 했다.

민주주의 축소하기(Reduce democracy)
이데올로기 형성하기(Shape ideology)

경제 개조하기(Redesign the economy)

부담 전가하기(Shift the burden)

연대 공격하기(Attack solidarity)

규제자 관리하기(Run the regulators)

선거 조작하기(Engineer elections)

일반 대중 통제하기(Keep the rabble in line)

동의 조작하기(Manufacture consent)

국민 주변화하기(Marginalize the population)

그래서 소위 승자라고 하는 사람들이 어떤 인간인지, 그들이 지니고 있는 가치관과 양심과 영성이 어떤지가 한없이 중요하다. 불행하게도 우리가 민주주의라고 믿는 사회의 지배층은 대부분 이 같은 과두제의 원리를 너무도 충실히 답습하는 비인간적이고 비양심적인 인간들이 차지하고 있다.

철인왕의 추억

윈스턴 처칠은 민주주의가 단지 "가장 덜 나쁜 제도"일 뿐이라고 했다. 하지만 설령 민주주의가 어느 정도 제대로 작동한다 할지라도 제도를 이끌도록 권한을 부여받은 자들이 기본 자질을 갖추지 못했다면 다른 형태의 정치 체제보다 반드시 덜 나쁘다고 할 수도 없는 노릇이다. 만일 진정으로 백성을 챙기는 왕이 있다면 적어도 공리주의 차원에서는 군주제가 나쁘지 않다고 할 수 있다. 세종대왕이 민본정신, 재능과 학문, 그리고 국가 경영 능력에 있어서 한국 민주주의 역사를 통틀어 투표로 당선된 그 어느 대통령과 견주어 부족했다고 할 수 있는가. 세종대왕은 훈민정음은 차치하고라도 인류 역사를 통틀어 몇 안 되는 이른바 '철인왕哲人王'에 속하는 인물이었다.

플라톤은 『국가론』에서 자신이 가상으로 설정한 유토피아인 도시 국가 칼리폴리스에 "철학자가 왕이 되거나 … 또는 현재 왕이라고 불리는 자들은 진정으로, 그리고 충분히 철학자화되어야 한다"는 전제 조건을 달았다. 플라톤이 머릿속에 그렸던 철인왕은 지식을 사랑하고 지성과 충의를 겸비한 사람으로, 검소하고 소박한 삶을 실천하는 군주다. 자신의 부귀영화가 아니라 오로지 백성을 위한 '더 큰 선善'을 추구하는 어질고 사려 깊은 임금이다.

다소 위험하다고 생각될 수도 있는 사고실험思考實驗을 한번 해보자. 실로 플라톤이 이상 국가의 기본 요건으로 주장하는 것은 궁극적으로 어떤 견고한 틀로 짜인 체제가 아니라 덕목을 갖춘 인간형의 지배라는 것이다. 결국 민주주의든 과두제든 사회주의든, 관건은 지배하는 인간의 인격과 덕망이다. 민주주의라 할지라도 쓰레기 같은 인간들이 지배한다면 그런 민주주의는 쓰레기 같을 수밖에 없다. 미국도 반세기 동안 그나마 책임의식 강했던 사람들이 각부 각처의 요직에 포진하고 있었지만 불과 몇 년 만에 무너진 것은 결국 '인사가 만사'이기 때문이다. 그렇다면 군주제나 독재 자체가 필연적으로 나쁘다고 할 수는 없고, 또 그 반대로 민주주의가 반드시 좋다고 할 수도 없다. 어차피 교과서에서 배우는 진정한 민주주의는 존재할 수 없고, 지금 한국에서나 미국에서나 판치는 것은 금융과두제, 독점자본주의, 재벌 독재이지 않은가.

플라톤이 세상을 떠나고 500여 년 후 집권한 마르쿠스 아우렐리우스는 팍스 로마나의 마지막 황제였다. 서방에서는 아우렐리우스를 플라톤의 철인왕을 가장 이상적으로 구현한 인물로 본다. 그는 절대 군주로는 드물게 금욕과 절제를 실천했으며, 자기 것을 챙기기보다 백성에게 헌신하는 삶을 살았다. 스토아학파의 주요 인물이기도 한 그는 실제로 황제보다 철학자로 분류되는 경우가 많으며, 그가 자신만을 위해 기록해두었던 글을 묶은 『명상록Meditations』은 불후의 철학 저서로 널리 읽힌다. 로마사학자 마이클 그랜트는 로마 전성기의 4대 황제를 다룬 『안토니우스 왕조의 황제들The Antonines』이라는 저서에서 아우렐리우스에 대해 이렇게 썼다. "『명상록』이 보여주는 것처럼 그는 순전히 지성과 인격의 힘으로, 어떤 보상을 위해서가 아닌 선善 자체를 위한 선을 선망하고 그것에 도달한 가장 고결한 인물 중 하나였다." 또 다른 로마학자이자 『명상록』의 가장 권위 있는 역자 중 한 명인 그레고리 헤이스는 아우렐리우스 『명상록』의 핵심을 이렇게 정리했다.

> 명상록에서 답을 제시하고자 하는 질문은 주로 형이상학적이고 윤리적인 것이다. 우리는 왜 여기에 있는가? 우리는 삶을 어떻게 살아야 하는가? 우리는 어떻게 우리가 하는 일들이 옳다는 것을 보장할 수 있는가? 우리는 일상생활의 스트레스와 압박에

서 어떻게 스스로를 보호할 수 있는가? 우리는 고통과 불행에 어떻게 대처해야 하는가? 우리는 언젠가 우리가 존재하지 않는 날이 올 것이라는 것을 알면서 어떻게 살아가야 하는가?

이쯤이면 황제의 위대함보다 이런 인물이 과연 실존했을까 의심이 앞서고, 현실에서는 이루어질 수 없는 유토피아의 꿈에 지나지 않는다는 체념을 하게 된다. 하지만 그런 이상을 갈망하는 것은 건전한 시민의 본능이다.

유대인들은 유월절 만찬 때 언제 올지 모르는 손님을 위해 의자 하나를 비워두는 풍습이 있다. 유대인 특유 환대 문화의 상징이다. 토론토대 철학과 교수 마크 킹웰은 몇 년 전 『가디언』에 기고한 글에서 유월절 만찬의 빈 의자를 상기시키며, 모든 정쟁과 경선의 현장에 현실에는 존재하지 않는 철인왕을 기리는 차원에서 빈 의자를 두자고 제안했다. 그 빈 의자를 물끄러미 바라보며 지금 현실에는 그런 지도자가 없고 영영 다시는 나타나지 않더라도 최소한 그런 이상을 추구하는 마음을 일깨워주는 연습을 해야 한다는 얘기다.

2.
잡배들이 지배하면

지배 계급이 항상 원하는 것은 오로지 모든 혜택은 누리면서 책임은 일체 지지 않는 것이다.

- **마이클 파렌티**

도둑들

질 나쁜 인간들의 특징은 자신의 이익을 위해서라면 타인의 것을 빼앗거나 타인에게 피해를 주는 것도 불사한다는 것이다. 정상적인 은행 직원은 금고에 있는 돈을 자신이 책임지고 관리해야 하는 물건으로 보지만, 질 나쁜 은행 직원의 눈에는 그 돈이 잘하면 자기 주머니에 넣을 수도 있는 돈으로 보인다. 질 나쁜 인간들이 정부를 장악하면, 그 지향점은 거의 예외 없이 권력의 사유화이고, 그 귀결점은 도둑정치다. 사실 곰곰이 생각해보면 인간 사회의 꼭대기에 오르는 이들은 대체로 출세욕이 강하고, 부도덕하고, 무자비하고, 유난히 물욕의 지배를 받는 인간들인바, 문득 어쩌면 도둑정치가 오히려 보편적인 실상일지 모른다는 생각도 든다.

세계사에서 도둑정치의 사례는 수도 없이 많다. 근대사만 봐도 우간다의 이디 아민부터 짐바브웨의 로버트 무가베까지, 나이지리아의 굿럭 조너선부터 아이티의 장 클로드 뒤발리에까지, 페루의 알베르토 후지모리부터 인도네시아의 수하르토까지, 필리핀의 페르디난드 마르코스부터 말레이시아의 나집 라작(최근 부패 스캔들로 12년 형을 선고받았다)까지, 국고를 개인 현금인출기쯤으로 생각하는 도둑정치인들의 족적이 혁혁하다. 이 같은 사례가 많다 보니 많은 사람이 정치인들의 부정 축재에 대한 불감증에 빠졌고, 이제 웬만큼 해먹는 것에는 놀라지도 않는다.

그래도 최근 앙골라에 대한 기사를 보고 경악하지 않을 수 없었다. 『가디언』을 비롯한 전 세계 37개 언론사의 공동 탐사 취재를 토대로 BBC가 보도한 바에 따르면 전 대통령 딸인 이사벨 두스산투스는 아버지 조제 에두아르두 두스산투스가 대통령으로 재직할 당시 41개국에 400여 개 유령 회사를 설립하고 돈세탁과 각종 투자 사기로 10억 달러(약 1조 1,000억 원) 규모의 국고자금을 편취한 것으로 드러났다.[1] 앙골라는 유아 사망률이 세계 최고이며 국민의 30퍼센트가 하루 2달러(약 2,200원) 미만으로 먹고 살아야 할 만큼 찢어

1 이들 유령 회사 일부는 매킨지, 보스턴컨설팅, PwC 3개사의 회계 및 경영 자문 서비스를 받았다. 『뉴욕타임스』는 2020년 1월 25일 자 사설에서 이 같은 대형 해외 부정부패 사건에 약방의 감초처럼 끼는 미국 컨설팅 회사들의 부도덕성을 맹비난했다.

지게 가난한 나라다.

하지만 지금 지구상에서 가장 대단한 도둑정치는 러시아에서 벌어지고 있다. 러시아의 도둑정치는 국가 차원에서 조직적으로 자행된다. 『푸틴의 사람들Putin's People』 저자 캐서린 벨턴은 블라디미르 푸틴의 집권 이래 정착한 러시아의 정치 경제 체제를 'KGB 자본주의'라 이름하고, 고도의 정보력이 동원된 국가 차원의 인정사정없는 부정 축재 양상을 매우 구체적으로 기술한다. 지극히 단순하게 정리하자면, 구소련의 붕괴 시점에서 지금의 러시아에 이르기까지 구KGB 요원들과 러시아 조직범죄가 현 정부에 깊숙이 침투했고 러시아를 사실상 마피아형 행정부가 지배하는 국가로 만들었다는 것이 핵심이다. 벨턴이 기술하는 러시아 최근 30여 년의 역사는 푸틴의 부상과 밀접하게 엮여 있다. 푸틴과 그의 비호 아래서 번창하는 신흥 재벌들의 조직적 부정 축재의 배경에는 지금 전 세계적으로 정교하게 깔려 있는 돈세탁 네트워크가 있으며, 도널드 트럼프의 부동산 사업까지 깊숙이 얽혀 있음을 벨턴은 강력하게 시사한다. 그리고 이른바 올리가르히[2]라 불리는 신흥 재벌들의 사업 수익 상당 부분은 오랫동안 축적된 첩보, 일명 콤프로마트kompromat[3] 공작으로 그들의 운명을 손아귀에 쥐고 있는 푸틴에게 흘러 들어온

2 과두정치를 뜻하는 그리스어 '올리가르키아'를 러시아식 표기로 바꾼 것인데, 1991년 소련 해체 이후 러시아 등 구소련 국가들이 국영사업의 민영화를 추진하는 과정에서 정경유착이나 탈세를 통해 막대한 부를 축적한 신흥 재벌들의 독과점 행태를 두고 러시아 신문들이 과두정치와 비슷하다 해서 '올리가르히'라고 지칭하기 시작했다.

3 정적의 약점에 대한 자료를 수집하는 러시아의 정치적 전술

다. 온라인 매체 비즈니스 인사이더에 따르면 푸틴은 이제 단지 러시아 최고의 부자가 아니라 세계 최고의 부자라고 다수의 전문가가 평가한다.

러시아어를 모르지만, 언제부터인가 범죄 은어에서 차용된 표현들이 러시아어로서 일상에서 널리 통용되고 있다고 한다. 아마도 이와 무관하지 않게 러시아에서 통용되는 비즈니스 관습과 관행은 범죄계의 그것과 닮은 꼴이 많다. 산업 스파이 활동, 뇌물 수수, 그리고 계약 수주나 경쟁 업체를 견제하기 위해 정치인을 동원하는 일은 지금 러시아에서 매우 흔히 일어난다. 범죄와 비즈니스는 연결되어 있고 서로 얽혀 있다.[4]

벨턴의 책은 물론이고 수많은 보도를 통해 도달하게 되는 결론은, 러시아처럼 찬란한 문화를 자랑하는 나라가 이제는 이데올로기조차 없는, 정부의 묵인과 비호하에 오로지 돈을 위해서만 움직이는 범죄 조직들이 지배하는 도둑정치의 소굴이 되었다는 것이다. 이런 형국이 러시아의 내정 상황에 대한 우려를 넘어 가히 공포감까지 느끼게 하는 것은, 지금도 강대국으로서의 충분한 지정학적 여건을 갖추고 있는 러시아가 국제 무대에서 간섭 태세와 제국적 야욕을 아예 감추려 하지도 않는다는 사실 때문이다.

4 1995년에 나온 범죄 전문 저널리스트 스티븐 핸들먼의 책 『범죄자 동지: 러시아의 신흥 마피아(Comrade Criminal: Russia's New Mafiya)』에 상세히 기술되어 있다. 미국의 공영 방송 PBS는 이 책에 나오는 범죄 용어 해설 내용을 용어집의 형식으로 정리해 러시아 관련 특집 보도 사이트에 게재하기도 했다.
(https://www.pbs.org/wgbh/pages/frontline/shows/hockey/etc/glossary.html)

도둑질은 반드시 피해자가 있는 범죄다. 도둑정치의 뜻은 "피통치자들을 희생시키며 주로 지위와 사익을 추구하는 자들에 의한 통치"(메리엄 웹스터 사전), "지배자들이 권력을 이용해 자신들이 통치하는 나라의 국고와 자원을 도둑질하는 정부의 형태"(옥스포드 사전)다. 정치적 영향력을 동원해서 자신이나 특정 선거구 구성원의 축재를 돕는 변칙적 입법도 도둑정치의 양상이다. 한국에서는 국회의원 중 상당수가 재단 이사장을 겸임하고 있다고 들었다. 사실상 사학 재단의 운영자인 국회의원이 사학법 개정을 가로막고, 사학 재단의 권한을 일방적으로 강화하는 법안을 통과시키는 데 앞장서는 것도 도둑정치다. 도둑정치의 핵심은 몇몇 놈들의 사익을 위해 공익이 희생당한다는 것이다.

모리배들의 '권력 뷔페'

이념과 체제의 상관관계에 비추어 볼 때, 여러 면에서 신자유주의는 도둑정치의 합법적인 기반을 제공한다. 지금 다수의 언론인과 정치평론가는 도둑정치가 미국마저 좀먹는 상황을 우려하는데, 생각해보면 그건 신자유주의의 필연적 귀결일지도 모른다. 순진한 대중의 머릿속에서 민주주의와 무작정 동일시되는 자본주의는 산업혁명의 발원지인 미국을 중심으로 정교하게 다듬어진 과두제로 진화되었고, 최고의 인재들이 동원되어 그 합법적 약탈에 논리적, 기술적, 제도적 기반을 제공해준다. 이런 게임의 법칙에 쾌재를 부르는 부류는 다름 아닌 모리배형 인간들이다.

모리배형 인간은 투자 금융이나 사모펀드 같은 업종에 가장 많이 몰린다. 신자유주의의 썩은 중심부에는 제도적 돈놀이가 있다. 2008년의 금융 위기는 금융 산업과 증시가 일반 국민의 재무 건강 상태와 완전히 분리되어 있다는 사실을 만천하에 드러냈고, 2020년의 팬데믹이 가져온 경제 위기는 이를 재차 확인시켜주고 있다. 실직하고 퇴거당하는 사람의 숫자가 폭증하는 와중에도 다우존스 지수는 갈수록 오르기만 한다. 경제 위기 속에서 집을 빼앗기는 서민이 있으면 그 집을 '거저먹는' 투자자 군상이 있다. 신자유주의라는 이데올로기는 지난 반세기 동안 미국을 비롯한 전 세계 자본주의 사회 구성원들의 의식을 잠식했고, 사모펀드 등이 주도하는 금융 경제의 배를 불리기 위해 절대다수 서민이 겪고 있는 실물 경제를 희생시켜왔다. 실물 경제와 주식 시장 간의 괴리가 끊임없이 커질 수 있는 것은 모리배들이 권력을 쥐고 있기 때문이다. 이 시대의 모리배들은 자신들이 자신들을 위해 차린 잔칫상에서 '권력 뷔페'를 마음껏 즐기고 있다.

미국에서 부정 축재가 보기 드문 현상이었던 때도 있었지만 지금 미국이라는 나라는 은연중에 권부의 구석구석을 모리배들이 잠식하고 있는 나라가 되었다. 모리배 중 모리배인 도널드 트럼프가 대통령이 된 후 그 양상은 극도로 가속화되었다. 트럼프 행정부의 전형적인 국내 정책 운영 방식은, 특정 산업에 이해관계가 있는 사업가를 그 산업을 규제하는 부처의 각료급 자리에 앉힌 다음 그에게 은근슬쩍 해당 산업에 대한 규제를 해제하거나 무력화시키는 작업을 일임하는 것이다. 예컨대 2019년 연방 하원 감시 위원회 보고서에 따르면 트럼프와 관계가 있는 사설 핵산업 기업이 트럼프 행정부 각료들과 결탁해 국가 안보를 위한 사우디아라비아로의 핵기술 이전 금지 규제를 풀도록 공모해온 정황이 드러났다. 그리고 2019년 국방부 장관에 임명된 마크 에스퍼가 방산업체 레이시언의 로비스트 출신이라는 사실은 미국의 제3세계 국가 폭격과 기업의 수익이 맞물려 있는 군산 복합체의 민낯을 드러냈다. 조폭에게 경찰서장 자리를 맡기는 것이나 다름없는 상황이었지만, 정가에서는 공화당은 물론 민주당 쪽에서도 크게 경악하지 않았고 상원은 에스퍼의 임명 동의안을 찬성 90표, 반대 8표로 통과시켰다.

앞에서도 누차 말했지만 궁극적으로 어떤 제도의 '선악'과 공익성 여부는 그 심장부에 어떤 인간들이 자리하고 있는가 하는 것에 좌우된다. 미국에서나 한국에서나 지난 반세기 동안 권력과 체제의 중심을 간상奸商들과 잡배들이 차지하지 않았다면 명목상 제도들이 제 구실을 하고 지금보다 건강하고 공정한 나라가 되어 있었을 수 있다. 모리배들이 권부를 점하고 제도를 좌지우지하면 모리배적 가치관과 논리가 사회 전체를 지배한다. 장사치의 가치관과 보상체계에 함락된 문화는 간상들의 정치 진출과 권력 장악의 기름진 토양이 된다. 잡배가 돈맛을 보면 그 욕심이 한없이 늘어나 권력 쪽으로 눈을 돌리게 마련이다. 괴자금이 오가는 곳에는 반드시 권력형 모리배가 있다. '전쟁 모리배war profiteer'라는 섬뜩한 표현은 인명人命 위에 돈이 군림하는 모리배적 가치관이 국가를 움직이는 현실을 말해준다.

성공한 모리배들이 문화와 가치 체계를 풍미하면 단순하고 나약한 무리들은 자연스레 그들의 가치관을 추종하게 된다. 나아가 모리배들이 권력을 장악하면 국가의 가치가 그들의 가치 체계를 반영하게 되고, 이윽고 그런 부류의 인간들에게 유리하도록 법과 제도와 권력 구조가 바뀐다. 다시 촘스키를 인용하자면, 진정한 민주주의는 돈이 모든 것을 결정하는 자본주의 체제하에는 존재할 수 없다. 왜냐하면 돈을 더 많이 가진 자들에게 차별적 우위가 있으므로 그들이 자신의 입장과 어젠다를 홍보하고 원하면 정부 요직까지 얻는 것이 한없이 유리하기 때문이다.

민주자본주의란 이런 원리를 전제로 고찰되어야 한다. 미국 대법관을 지낸 루이스 브랜다이스는 "우리는 민주주의 국가, 아니면 엄청난 부가 소수에게 집중되는 국가 중 하나만 가질 수 있다"고 했다. 오늘날 미국과 한국에서는 주권이 돈에 있고 모든 권력이 돈에서 나오며 재벌이 괴물 같은 자금력을 휘두르면 해결 안 되는 것이 없다. 진정한 민주주의가 아닌 플루토노미의 전형이다.

1970년대 말부터 본격적으로 주류 세력의 의식을 잠식해온 지금 시대의 자유시장 논리는 도덕성이 완전히 배제된 순수 모리배의 논리에 기반을 둔다. 사실 18세기 애덤 스미스의 고전적 자유주의 철학에서처럼 인간 삶의 풍요로움의 정의와 공동선, 분배, 행복추구에 있어서 경제와 국가의 역할에 대한 거대 담론을 배경으로 자유시장 논리가 전개되었다면 제4차 산업혁명에 대처할 체제에 대한 의미 있는 이념 논쟁이 될 수 있었다. 불행하게도 지금의 경제체제는 인간적 가치가 배제되고 오로지 돈을 위한 돈이 국가와 사회의 기풍을 지배하는, 주도권이 한낱 장사치와 모리배들에게 넘어간 그들만의 권력 뷔페로 작동하고 있다.

엘리트 좋아하시네

브라운대 출신인 앤드루 양은 얼마 전 인터뷰에서 농반진반 "브라운대 출신들은 하버드대 출신들이 망가뜨린 것을 고쳐야 한다는 사명감을 느낀다"라고 말했다. 이후 아무 파장도 없었다. 전 세계적인 '엘리트' 대학에 대한 이런 말이 자연스럽게 회자될 수 있는 것은, 소위 엘리트라고 하는 지도자들의 무능함과 사악함을 보고 자란 요즘 세대의 냉소주의가 지배적이기 때문일 것이다. 앞에서도 언급한 플로리안 홈 같은 하버드대 출신의 메가급 사기범을 위시해서 부패한 인간들이 조작하고 개판으로 만든 금융 제도는 지구상의 거의 모든 시장 경제에 검은 그림자를 드리우고 있다. 지금 인간 사회의 상부층은 '스펙'만 좋을 뿐 인간의 기본은 갖추지 못한 출세주의자, 탐욕자로 득실거린다.

2009년 금융 위기를 부른 이후 지금까지도 난무하는 온갖 변태적 금융상품과 거래 수법은 대부분 하버드대, MIT, 와튼스쿨 등에서 배출한, 월가의 수재라고 하는 인간들의 머리에서 나온 것이다. 보수 논객 존 뉴하우스는 "미국인들이 하버드를 혐오하는 이유는 하버드가 대표한다고 하는 가치들, 즉 학문, 정직성, 그리고 본받을 가치가 있는 품행 등을 하버드 출신 자신들이 경멸하기 때문"이라고 했다.

『뉴리퍼블릭』은 2020년 6월 9일 ‘아메리칸 사이코American Psycho’라는 제목의 기사에서 하버드대 출신인 재레드 쿠시너를 “우리 시대 엘리트들의 자질을 완벽하게 구현한 화신”이라고 비꼬았다. 무능함과 무책임의 환상적인 조합이란 얘기다. 그런 쿠시너에게 2020년 초 코로나19에 대한 연방정부의 대응 총책임이라는 막중한 일이 주어졌는데, 그가 대통령의 사위라는 것 이외에 납득할 만한 다른 이유를 제시할 수 있는 사람은 아무도 없다. 트럼프 행정부가 코로나19 대응에 실패한 치명적인 이유는 팬데믹 발생 초기에 보수 싱크탱크의 우파 경제학자 케빈 해셋이 수준 미달의 모델링에 입각해서 5월 중순이면 코로나19가 “완전히 사라질 것”이라고 터무니없이 예측한 내용을 쿠시너가 연방정부의 대응에 반영시킨 것이다. 전염병학에 있어 문외한인 데다 믿을 만한 전문가 의견을 선별하고 수렴하는 능력조차 갖추지 못한 아둔패기에게 인구 3억 명에 대한 방역의 지휘탑이 맡겨졌던 것이다.

쿠시너가 하버드대에 입학할 당시의 정황은 『입학 허가의 비용The Price of Admission』이라는 책에 상세히 기술되어 있다. 부동산 재벌인 재레드의 부친 찰스 쿠시너는 1998년 하버드대에 250만 달러(약 28억 원)를 기부하기로 약속했고, 아들은 얼마 후 하버드대의 합격 통지서를 받는다. 저자 대니얼 골든에 따르면 재레드가 다니던 사립 고등학교의 교무실 관계자들은 재레드 쿠시너의 내신이나 SAT 점수 모두 시원치 않았다고 전했으며, 그의 하버드대 입학 소식에 모두들 경악했다. 교무실 관계자들이 유난히 실망했던 이유는 쿠시너보다 능력과 성적이 훨씬 우수했던 학생들은 오히려 하버드대에 합격하지 못했기 때문이다.

하버드대가 대표적으로 상징하는 '엘리트' 기관과 집단이 누리는 명성의 문제는 그 명성과 실재 간의 괴리다. 그들이 가진 명성과 권위로 '먹고 들어가는' 부분은 평등주의적 정서를 건드린다. 평등주의의 이상과 불평등의 현실이 항상 서로 대치해온 미국에서 '엘리트'에 대한 논쟁은 그 역사가 길다. 한때 엘리트는 '귀족'과 혼용되기도 했으나 지금은 뉘앙스가 많이 달라졌다. 명문 프렙스쿨과 아이비리그 출신이면 엘리트라는 수식어가 긍정적 의미로 따라다닌 시절이 있었지만 지난 반세기에 걸친 보수들의 득세와 함께 대체로 개방적이고 진보적 캠퍼스 문화를 지향하는 아이비리그 대학에 대한 보수들의 경멸이 사회 전반에서 통념화되어 이제 '엘리트'는 욕이나 마찬가지다. 보수들의 우격다짐 수준의 반지성적 성향을 떠나 많은 미국인 사이에는 전통적으로 대통령직에서부터 내각의 요직, 특히 외교와 경제 각료를 거의 모두 아이비리그 출신들이 차지해왔지만 그 결과는 쓸데없는 전쟁과 부자만을 위한 경제 정책이었다는 인식이 팽배해 있다. 엘리트라는 단어가 내포했던 지성과 명민함, 통찰력의 의미는 많이 퇴색되었다. 요즘 미국에서 엘리트라고 하면 보통 순전히 금권을 기반으로 영향력을 떨치는 세도가를 말한다. 이런 면에서 한국의 재벌가도 '엘리트'에 속한다고 할 수 있다.

플라톤은 영혼삼분설에서 영혼을 세 부분으로 구분했는데, 각 부분은 국가의 세 계급을 상징한다. 첫째는 지혜를 사랑하는 지배

계급, 둘째는 명예를 중시하는 군인 계급, 셋째는 인간의 원초적 욕망을 좇는 평민으로 국민 대다수를 차지하는 계급이다. 플라톤은 낭만적 귀족주의자였던바, 그의 낭만을 고민 없이 받아들인다면 지배 계급과 귀족, 엘리트를 대충 뭉뚱그려 생각할 수 있다. 그러나 지배 계급은 지혜를 사랑해야 지배할 자격이 있다는 영혼삼분설의 단서를 무시할 수 없다.

한국에서처럼 재벌을 '로열패밀리'라 칭하며 귀족처럼 받들기보다 그들이 자행하는 착취와 갑질, 기업 사유화, 노조 탄압 등 지혜를 사랑하는 것과는 상극인 짓거리를 토대로 그들의 인간으로서의 품계를 판단해야 한다. 그렇게 플라톤의 가치 서열을 본래 취지대로 적용한다면 대부분의 재벌은 원초적 욕망을 좇아 금전적으로만 크게 성공한 삼류 인간에 지나지 않음을 깨닫게 된다. 19세기 영국 시인 매튜 아놀드가 『교양과 무질서』에서 귀족 계급을 야만인이라 칭했다는 사실은 그때의 귀족이나 지금의 엘리트나 전반적으로 사회에 끼치는 해악은 매한가지임을 시사한다.

부역자들

엘리트든 귀족이든 재벌이든, 그들이 주도하는 사회가 이 모양 이 꼴이 된 것에 대한 책임은 반드시, 끝까지 물어야 한다. 그런데 국민의 이름으로 실행되는 정책과 제도에 대한 일반 국민의 책임은 얼마나 될까? 해석하기 나름이겠지만 여기서 논하고자 하는 일반 국민이란 사회의 소외계층과 지배계층 사이의 완충 지대에서 서식하며 흔히 '중산층'이라고 하는 모호하면서도 광범위한 계급에 속하는 평범한 사람들이다. 중산층은 대부분 공무원, 대기업 종사자, 기술자 등 일개 작은 구성원으로서 부와 권력의 언저리에서 일꾼 노릇을 한다.

과두제 기반의 신자유주의 시스템의 '오버클래스'라고 하는 지배계층은 거대한 단일 조직이 아니다. 그들이 장악하고 있는 정부와 정치는 무능과 부패의 온상이며 지배계층도 자기들끼리 싸우고 경쟁하고 서로 견제한다. 그럼에도 체제는 신기하게도 그들에게 한없이 유리하게 잘만 굴러간다. 외형적으로 미국의 의회나 한국의 국회는 정당끼리 첨예하게 대립하지만 그들은 서로 같은 부류다. 지킬 기득권이 너무도 많은 그들은 오히려 일반 국민들과 이질적인 관계에 있다.

지금 두 나라에서 서민들을 짓누르는 신자유주의적 과두제가 정권이 바뀌어도 대동소이하게 유지되는 것은 일반 국민의 순응적 침묵 내지는 협력이 있기 때문이다. 중산층으로 분류되는 일반 국민은 대체로 체제에 복종하는바, 공공연한 저항은 거의 볼 수 없다.

자급자족하는 지배계층은 없다. 나치들도 일꾼이 필요했다. 강제 수용소와 소각장에서 실무를 수행한 유능한 행정 요원들, VIP들을 위한 조리사, 건설 엔지니어, 그리고 가스 실험 과학자와 시체 운반 일꾼들이 있었다. 지금 시대의 폭압적 불평등 체제에도 인프라와 그것을 유지 관리하는 일꾼들이 필요하다. 그 어떤 독재도, 잡배들의 지배도 수많은 조장자가 없으면 지탱될 수 없다. 지금 당신의 평범한 삶은 어떤 자들의 사리사욕, 어떤 조직의 집단이기주의에 바쳐지고 있는가. 평범함을 알리바이 삼아 악에 가담하고 있는 자신의 모습을 생각해본 적 있는가.

어떻게 보면 질 나쁜 지배층에 대해 충분히 분개하지 않고 그저 순응하는 부류가 가장 많고도 가장 중요한 부류다. 소시오패스화한 기업들이 지배하는 세상의 구성원들은 기업 논리에 세뇌되어 집합적으로 소시오패스화되었다. 한나 아렌트는 이런 현상을 "악의 평범성"으로 규정했다. 유달리 소시오패스 경향이 없는 사람들도 회사에서 승진하기 위해, 혹은 동료들의 집단 압력 때문에 아주 평범하고 일상적인 동기에서 끔찍한 선택을 할 수 있다는 것이다. 자식을 서울에 있는 대학에 보내기 위해 월 수백만 원을 학원비로 쓰는 부모, 공기업 취업을 위해 공부하는 취업 준비생, 대기업에 취직해서 조직의 생리를 내면화하는 이들 모두 별다른 생각 없이 잔인한 시스템의 공범이 된다. 절대다수는 수동적으로 대세에 순응하는 단역일 뿐이다. 독일어로 글라이히샬퉁Gleichschaltung은 타협이라는 뜻이다. 아렌트는 사회악의 근원에는 일반인들의 이런 타협이 자리하고 있다고 했다. 대부분은 나쁜 사람이 아니지만 가족을 위해, 체면 때문에 별로 유별나지 않아 보이는 욕망을 좇다 보면 어느덧 악의 편에 서 있는 삶을 살게 되는 것이다. 그들은 적극적으로 시스템을 만든 장본인들이 아니며, 그저 최선을 다하며 살았을 뿐이다.

물론 여기서 선명한 구별이 요구되기는 한다. 일반 시민의 수동적 동조를 너무 강조하면 영리하고도 사악하게 직접 깊이 관여해서 체제와 제도를 구현하고 정착시키는 데 앞장선 조장자들의 책임을 간과하게 될 수 있다. 권력형 잡배들의 군림은 유능하고도 적극적인 부역자들이 있어야 유지된다. 어떤 권력 집단이든 믿을 만한 조신과 문지기와 행동 대원은 반드시 필요하다.

나치 시대의 게슈타포(비밀 국가 경찰) 관계자들의 의식구조를 일부 다룬 책 『나치 테러Nazi Terror』에서 저자 에릭 존슨은 게슈타포 요원들은 그들의 신뢰성으로 선택되었다고 설명한다. 그들의 신뢰성이란 나치 골수분자, 광기 어린 반유대주의자, 폭력까지 서슴지 않는 체제 신봉자로서 그들의 '성분'을 말한다. 그들은 게슈타포에 마지못해 스카우트당한 것이 아니라 적극 자원해서 충성했고 타인에 대한 권력 행사에 희열을 느끼는 유형의 인간들이었다.

미국에서나 한국에서나 불평등을 가속화하고 서민을 괴롭히는 악한 체제를 유지하는 공무원들이나 재벌의 부정 축재에 있어 고위 실무자 노릇을 하는 자들은 본질적으로 게슈타포와 다를 게 없다. 한국 사회를 두고 생각해보면 대기업 간부들, 제도권 언론인, 그리고 검찰과 국정원에 몸담고 있는 적지 않은 사람들을 떠올리게 된다. 이들은 모두 살벌한 경쟁을 뚫고 출세한 우수한 인재로, 그냥 수동적으로 명령에 따르기만 하는 사람들이 아니다. 신임을 얻어 책임을 맡아 조직을 수호하고, 권력에 적극적으로 충성하는 기질이 있으며, 어떻게든 기득권의 이익을 도모하는 데 헌신한다. 그리고 그것을 관철하기 위해 부패한 시스템의 조작과 실행을 기획하고 고안하는 능력을 지닌 사람들이다. 그들은 거짓과 조작, 은폐에 기꺼이 앞장서며, 견제받지 않는 권력의 편에 서서 능동적으로, 출세욕으로 행동하는 비범한 능력자들이다.

'지금은 나치 시대가 아니잖아'라고 대뜸 말하기 전에 우리의 삶을 지배하고 있는 체제의 폭압성을 과연 똑바로 보고 있는지 자문해봐야 한다. 물론 하버드대 교수 스티븐 핑커의 말대로 세상은 많이 개선되었고, 일반 국민이라고 하는 중산층의 주변에도 풍요가 널려 있다. 하지만 세상이 망해가도 개의치 않고 흥청망청대는 부류는 항상 있는 법이다. 제2차 세계대전 와중에도 나치 상류들은 호화 파티를 열었고, 수백만 명이 강제 수용소에서 죽어가는 와중에도 주류 독일인들은 극장에서 콘서트를 즐겼다. 이건 지금도 마찬가지다.

국가가 벌이는 정책과 제도는 누구를 보호하고 누구를 힘들게 하는 구조로 조작되어 있는가? 누가 부당하게 얻어진 기득권을 내려놓지 않으려고 끝까지 발악하고 있는가? 그리고 권력과 자본 시장의 꼭대기에 있는 자들의 양심 없는 행태가 여기까지 온 과정에 누가 적극적으로 가담했는가?

3.

미국의 참 나쁜 대통령

대통령직은 그 자리를 맡은 사람이 아무리 작은 사람이었어도 그를 더 크게 만들었고, 아무리 그릇이 큰 사람도 그 자리가 요구하는 것을 충족하기에는 부족한 사람으로 만들었다.
- 린든 존슨

미국의 역사는 혁명기(1763~1789), 남북전쟁 및 재건 시대(1860~1877), 산업·도금 시대(1876~1900) 등 여러 시대로 나뉜다. 제국주의 시대(1890~1920)는 미국·스페인 전쟁 끝에 1898년의 파리 조약으로 쿠바의 독립과 함께 푸에르토리코, 필리핀, 괌 등이 스페인으로부터 미국의 손에 들어온 시점을 포함하는 때다. 이 시기에 미국은 제국형 강대국으로 부상하기 시작했다. 이 장에서 나쁜 대통령으로 다루어지는 4명은 모두 미국이 강대국으로 부상한 이후의 대통령이다.

훤칠한 외모의 건달, 워런 하딩

제29대 대통령 워런 하딩은 오하이오주에서 신문 발행인을 하다가 주 상원의원, 부지사, 연방 상원의원을 거쳐 1920년 공화당 후보로 지명되었다. 하딩은 사실 일보다 포커와 사교 활동을 즐기고 특히 주색을 유난히 밝혔던 대통령으로 알려져 있다. 그럼에도 카리스마가 있었고 사람들과 잘 어울리는 데다 풍채가 좋아서 오하이오 정치판에 뛰어든 후 일찍이 공화당 지도부의 호감을 샀다. 무엇보다도 가장 큰 '장점'은 자기 주관이 뚜렷하지 않은 것이어서 공화당 보스들이 마음대로 주무를 수 있는 후보로 뽑았다는 것이 정설이다(참고로 오하이오주에서 공화당 정치는 그 뿌리가 깊다. 링컨 이래 150여 년 동안 미국 대통령 선거에서 오하이오주를 이기지 않고 공화당 후보가 당선된 적이 없다).

실제로 하딩은 전혀 준비가 안 된 대통령이었다. 그가 세제 개혁안을 놓고 했다는 말은 유명하다. "이 세금 문제는 도통 갈피를 잡을 수 없네. 한쪽 얘기를 들어보면 그쪽이 옳다는 생각이 들다가도 맙소사, 또 다른 쪽 얘기를 들어보면 그쪽 말도 일리가 있다고 생각되는걸." 이 같은 일화를 들어 다수의 미국 대통령사史 전문가들은 하딩이 '노No'라고 하지 못하는 의지박약자였고, 종국에는 그것이 그의 치명적인 결함이었다고 평가한다.

그렇게 '순응적인' 사람을 대통령으로 만드는 데 성공한 공화당은 의회에서 세율 인하, 고율 관세, 이민 제한 등 당이 원하는 법안들을 줄줄이 통과시키고 일사천리로 대통령의 서명을 받아냈다. 무엇보다도 당에서 원하는 각료들을 무조건 임명한 것은 하딩 임기의 가장 큰 화근이 되었다. 그가 내무부 장관으로 임명한 앨버트 폴은 취임 후 해군이 소유한 와이오밍과 캘리포니아의 광물권을 2명의 석유업자에게 은밀하게 임대해주었다. 이른바 '티포트돔Teapot Dome 스캔들'이다. 폴 장관은 10만 달러(지금 돈으로 150만 달러, 약 16억 5,500만 원)의 뇌물을 수수한 혐의로 유죄 판결을 받았고, 그 후 관련 사건에서 배심원 매수 혐의에 대한 유죄 판결로 6개월 형을 선고받아 미국 역사상 최초로 실형을 선고받은 장관이 되었다.

역사수정주의에 대한 의욕이 넘치는 미국의 보수 세력은 최근 들어 보수 싱크탱크 허드슨 연구소 등을 동원해서 하딩에 대한 평가를 끌어올리려 시도하고 있다. 보수 연구원들은 『뉴욕타임스』를 비롯한 여러 매체를 통해 다소 작위적으로 하딩과 로널드 레이건 대통령의 유사한 면들을 부각시키려 한다. 이를테면 하딩의 "낙관적인 태도"가 레이건의 유명한 "미국의 아침Morning in America"을 연상케 한다는 식이다. 하지만 그것은 도리어 심각한 문제들이 산재해 있는 국내외의 현실을 외면하고 국민에게 만사형통만 되풀이했던 레이건 특유의 무심함을 부각시킬 뿐이다.

레이건에 대해서는 뒤에 자세히 얘기하겠지만, 하딩과 관련해서 분명히 해둘 부분이 하나 있다. 그가 대통령 평가 순위에 비해 인간성은 괜찮은 사람이었다는 것이다. 하딩은 보수였지만 다소 개방적인 인종관을 가졌던 것으로 전해지며, 1921년 성탄절에 반란선동죄로 장기 복역 중이었던 노동조합 운동가 유진 데브스의 형을 감형해 "그가 가족과 크리스마스를 지낸 수 있도록" 즉시 석방 조치하기도 했다(이 대목에서 레이건이 1980년 8월 파업에 들어간 연방정부 소속 항공 관제사 1만 명을 해고하고 노조와의 전쟁을 선포한 사실을 떠올리지 않을 수 없다). 실제로 하딩은 사회복지에 평생 깊은 적개심을 품고 살았던 레이건에 비해서는 훨씬 인간적인 사람이었다는 것이 여러 자료를 통해 드러난다. 그는 분명 대통령감이 아니었고 미국 정당 머신party machine의 얼굴마담에 불과했지만, 근대 미국 정치에서 타락의 원흉으로 여겨질 만큼 악덕한 인물은 아니었다.

대신 하딩이 남긴 한 가지 유산은, 아무리 내용이 없는 인물이라도 무늬만 좋으면 일단 지도자로 추대될 수 있는 전례다. 그는 정당에서 시키는 대로, 짜인 각본대로 움직이는 꼭두각시형 정치인의 원조다. 말콤 글래드웰은 『블링크』에서 미국 역사상 최악의 대통령 중 하나로 평가받는 하딩이 대통령이 된 것은 단지 훤칠한 외모와 배후 조종자들 덕분이었다고 주장한다. 그리고 외모에 근거해서 순간적으로 경솔한 판단을 내리는 현상을 "워런 하딩 오류Warren Harding Error"라고 칭했다. 내용이 없고 깊은 지식이나 이해가 부족하고 논리와 지성의 실전 경험이 없는 자의 배우나 다름없는 '퍼포먼스'는 오늘날 미국 정치의 핵심적 요소로 자리 잡고 있다. 하딩은 이런 면에서 레이건의 예고편이었다.

비호감 인간의 '잡범형' 정치, 리처드 닉슨

제37대 대통령 리처드 닉슨에 대한 당대 인사들의 평가는 가혹했다.

- **드와이트 아이젠하워**(제34대 대통령): (닉슨이 아이젠하워의 부통령으로서 기여한 것이 무엇인가 묻는 기자의 질문에) "일주일만 주시면 한 가지 생각날지도 모르겠네요."
- **해리 트루먼**(제33대 대통령): "리처드 닉슨은 못된 거짓말쟁이, 개자식이다."
- **린든 존슨**(제36대 대통령): "그는 첫 아홉 바퀴는 제일 빨리 달리다가 갑자기 획 돌아서 거꾸로 달리는 스페인 말馬 같다. 두고 보시라, 막판에 가서는 뭔가 그르칠 것이다. 항상 그래왔으니까."
- **배리 골드워터**(1964년 공화당 대통령 후보): "그는 내가 살면서 만난 사람 중에 가장 정직하지 못한 사람이었다."
- **데이비드 프로스트**: (퇴임한 닉슨과의 인터뷰 후에) "닉슨은 진실과 어긋난 관계에 있었다."

이 같은 평가는 물론 개인감정이 섞여 있다는 것을 염두에 둬야 한다. 그리고 사적 감정을 떠나 순전히 정책의 실적 차원에서 대통령으로서 닉슨의 업적은 그 어느 대통령과 마찬가지로 긍정적인 것과 부정적인 것이 혼재한다고 하는 것이 가장 솔직한 평가일 것이다. 긍정적이었다고 인정할 수 있는 정책으로는 중국에 대한 개방 정책과 미소 전략무기제한협정SALT 1, 연방 환경보호국 창설과 청정수법Clean Water Act 제정, 그리고 저소득층 노인들을 위한 연방

생활보조금SSI 프로그램 도입 등을 꼽을 수 있다. 부정적인 것으로는 금본위제 포기를 비롯해서 1970년대의 심각한 인플레를 부추긴 경제 정책, 그리고 물론 기만적이고 가히 범죄적이었던 베트남전 정전 협상 방해 공작과 확전이 있다.[5] 베트남에서 닉슨이 지시한 비밀 폭격과 국민에 대한 그의 거짓말은 대다수 미국 국민이 정부에 깊은 불신을 품기 시작한 계기가 되었다. 하지만 베트남전을 놓고 닉슨 정권을 '범죄형' 정권이었다고 하면 불필요한 혼란이 생긴다. 20세기 들어 미국의 역대 정부 모두 국내와 세계 무대에서 국가 차원의 대형 범죄로부터 자유롭지 않고, 베트남전의 경우 그 책임론은 존슨과 케네디 정부까지, 더 거슬러 올라가면 심지어 아이젠하워와 트루먼까지 거론해야 하기 때문이다.

이에 20세기 들어 등장한 미국의 첫 '잡범형' 권력이라고 하는 것이 닉슨을 보다 정확히 규정하는 것이라고 본다. 닉슨 행정부는 권력 유지만을 위해 참으로 지저분한 거짓말, 부정 행위, 공작 정치를 일삼았고, 워터게이트는 그 정점이었다. 실제로 워터게이트 사건의 상징적인 표현은 '삼류 절도 사건'이었다. 근대 미국 정치의 풍토를 흐려놓은 대표적인 인물 닉슨의 권모술수는 잡스럽고 비열했으며 쩨쩨했다. 그의 집권 아래, 그리고 집권 이래, 미국 정치, 특히 보수들의 정치 풍토는 명백하게 부정직하고 불공정해졌다. 닉슨

5 John A. Farrell, "Nixon's Vietnam Treachery, 『The New York Times』, 2016.12.31. (www.nytimes.com/2016/12/31/opinion/sunday/nixons-vietnam-treachery.html)

은 정치적 우위를 점하기 위해 수단, 방법을 가리지 않는 비열한 계략을 노골적으로 동원했다. 특히 닉슨 아래 '법과 질서'를 강조하는 등 인종차별적 정책을 공공연히 내세우지는 않지만 백인들만을 향해 그렇게 암시를 주는 이른바 '개 호각dog whistle'[6] 메시지가 정교하게 다듬어졌는데, 이는 남부의 보수적 백인들을 공략하는 닉슨의 '남부 전략Southern Strategy'의 일환이었다(도널드 트럼프 역시 2016년에 자신이 "법과 질서의 후보"라고 자임한 바 있으며, 지금도 인종차별을 규탄하는 대규모 시위를 향해 문제의 본질은 외면한 채 법과 질서만을 강조한다).

닉슨이 남긴 또 하나 큰 유산은 특히 보수 진영에서 유난히 두드러지는 권력욕과 열등감의 불행한 조합이다. 사실 복고주의 성향이 날로 심해지는 현대 보수 진영은 끊임없이 진보하고 변화하는 세상의 현실을 받아들이지 못하고, 심지어는 자신의 세계관에 부합하지 않으면 객관적 사실조차 받아들이는 것을 거부하는 자들의 분노와 좌절감, 자격지심과 열등감의 총집합이라고 할 수 있다. 1968년 민주당에서는 가장 유력했던 로버트 케네디가 암살된 후에 치러진 대선에서 닉슨이 승리하고 프랭클린 루스벨트 대통령부터 36년 동안 초당파 차원에서 이어졌던 이른바 '뉴딜 연합'은 주류에서 밀려난다. 그리고 그동안 권력의 변방에서만 맴돌던 극우 세력이 다시 활개를 치기 시작했다. 언론인 잭 비티는 1989년 다큐멘터리 감독 데이비드 호프만과의 인터뷰에서 일선 기자로 활약했던 1970

6 정치에서 특정 집단만 이해할 수 있도록 의도된 이차적 의미를 갖는 표현이나 서술 - 메리엄 웹스터 사전

년대를 회상하며 "닉슨은 세련미나 매력은 없지만 단지 스태미나와 끈기로 목적을 달성하는 '비호감 인간jerk'의 전형"이라고 말했다. 선입견에 기반을 둔 호불호의 표현처럼 들릴 수도 있지만, 비티는 대부분의 문화인이 동감할 수 있는 닉슨의 부자연스럽고 투상스러운 면뿐만 아니라, 역사적 기록으로 남아 있는 그의 부도덕함, 증오심, 기만성, 그리고 인색함 등을 '비호감 인간'이라고 표현한 것이었다. 닉슨은 열등감에서 비롯된 증오심을 품고 살아가며 이길 수 있다면 반칙을 써도 좋다는 근성을 가진, 양심의 가책 따위에는 구애받지 않는 무리들을 대표하는 인물이었다는 얘기다.

매사에 여유와 아량, 포용을 강조했던 존 F. 케네디와는 너무나 대조적으로, 닉슨 이후부터 부상한 극우 세력의 정치 양상은 국민을 위한 새로운 비전보다 자격지심과 울분과 피해망상으로 가득 찬 복수극의 성격이 강하다. 닉슨이 집권했던 5년 반은 현실과 도덕적 당위성 측면에서 투명한 논리로는 도저히 이길 수 없는 이념으로 무장한 현대 극우 세력이 국가와 국민을 위해 노력하기보다 방해와 파괴를 목적으로 하는 네거티브 정치 노선을 와락 끌어안은 시기였다. 비티는 닉슨의 당선이 그동안 위축되어 있던 보수들이 '이상주의는 그만해라, 케네디의 정신적 고양 따위 작작 해라, 이젠 우리 차례다'라고 선언하는 순간이었으며, 그것이 단연코 복고주의적이었다고 평가했다.

여기서 닉슨이 주는 교훈은, 대통령은 정책과 능력도 중요하지만 그보다 국민들에게 가닿는 그의 통치 성격이나 인격이 더 지대한 영향력을 갖는다는 것이다. 미국에서 잡범형 인간이 꼭대기까지 오를 수 있는 토양은 닉슨 무렵에 다져졌다. 그 토양에서 자란 열매는 지금 악의로 가득 찬 극우 집권 세력의 통치 양상에 여실히 나타난다.

지금까지도 극우 집권 세력과 닉슨과의 직접적 연결 고리들이 남아 있다. 2020년 7월 증인 매수 등의 혐의로 40개월 실형을 받았다가 트럼프의 특별 감형으로 풀려나고 12월에는 아예 사면을 받은 로저 스톤은 거의 50년 전에 닉슨 공작원으로 활동했던 인물이며, 트럼프와는 40년 지기다(스톤의 등에는 닉슨의 얼굴이 문신으로 새겨져 있다). 그리고 트럼프가 젊었을 때 그의 가족 변호사였던 로이 콘은 1950년대 미국판 종북몰이 날조에 깊숙이 관여한 것으로 악명이 높다. 콘과 스톤은 1980년 레이건의 대통령 선거 캠프에서 함께 일했다. 이 모두 오늘날 미국 극우 세력의 퇴폐적 정치 풍토와 역사를 이해하는 데 있어 간과하면 안 되는 참고 사항이다.

신자유주의의 얼굴마담, 로널드 레이건

로널드 레이건이 대통령으로 재임하는 동안에는 내내 정치 인형극이 펼쳐졌다. 백악관 비서실에서 각본을 짜고 보도를 통제하고 할리우드 시나리오를 방불케 할 정도로 치밀하게 연출한 덕에 레이건은 '강한 지도자'의 환상을 투영하는 훌륭한 허수아비 노릇을 할 수 있었다. '핸들러handler'는 원래 개나 말 따위의 조련사를 뜻하는 단어인데 이때부터 정치 세계에서 어떤 후보자나 권력자를 배후에서 관리하는 사람들을 지칭하는 말로 통용되기 시작했다. 백악관 '할리우드 프로덕션'의 핵심은 '화면발을 잘 받는' 행정부 수반 역役을 내세워 국민을 안심시키는 것이었다. 그동안 '무대 뒤' 밀실에서는 방산 산업을 위시한 특별 이익 집단과 로비스트가 은밀히 움직였다. 물론 국민의 뜻과는 전혀 상관없이 말이다. 레이건 행정부의 국정 운영은 지금도 수준급 우민 정책을 골자로 하는 공화당 정치의 표본으로 여겨진다.

레이건 주연의 시니컬한 정치쇼는 인형극이었다 할지라도 세상을 바꿔놓았다. 규제라면 무조건 싫어하는 시장주의자들이 레이건을 자본주의, 아니 신자유주의의 얼굴마담으로 내세워 세상을 바꿔놓았다는 역사적 사실은 지금의 폭압적 현실에 고스란히 남아 있다. 미국 공화당은 레이건 이래 지난 반세기 동안 일종의 행정적 허무주의를 끌어안는 당으로 변질해왔다. 요컨대, 자신들이 몸담고 있는 정부의 기능을 무력화시키고 급기야는 정부 조직을 적극적으로 해체하려고 안간힘을 쓰는 집단으로 탈바꿈한 지 오래다. 트럼프 행정부는 이런 공화당 DNA의 '슈퍼 변종' 기질을 갖고 있었다. 국무부, 농무부, 교육부, 환경보호청 등을 포함한 핵심 부처의 주요 행정직을 공석으로 방치하는가 하면, 규제 및 감시 기관장 자리에는 산업 규제와 감시 체계를 무력화 또는 파괴시킬 목적으로 산업 이해 관계자들을 앉힌 것이다. 현대 공화당 세력의 계략은 정부를 고사枯死시켜 국민이 정부에 환멸을 느끼도록 함으로써 그들의 목표인 정부 행정 조직 해체를 용이하게 하는 것이다. 환경 규제, 사회 보장, 푸드스탬프(저소득층 식비 지원 제도), 소비자 보호 등을 모두 폐지하거나 그 예산을 대폭 삭감하는 것이 그들의 지상과제다.

레이건이 방방곡곡 유세장에서 뇌까렸던 "세상에서 가장 무서운 말은 '나는 정부 직원이고, 도와드리러 왔습니다'라는 말입니다"라는 대사는 많은 사람을 열광시켰다. 궁극적으로, 상당수 국민에게 너무도 설득력 있는 신자유주의 얼굴마담으로서 레이건만큼 단체행동권, 범국민적 공동체 의식, 그리고 정부 자체에 대한 미국인의 믿음을 약화시킨 리더는 일찍이 없었다. 미국은 물론 전 세계적으로 그 여파가 컸다. 혹자는 레이건이 자유지상주의를 주류화시키고 미국 최초의 '반정부 정부'를 설립한 장본인이라고 하기도 한다.

레이건의 집권 8년 동안 시행된 신자유주의 정책을 하나씩 꼽아보면 그 정책이 1970년대 초반까지 거의 반세기 동안 서민 지향적으로 진행되었던 뉴딜과 위대한 사회의 성과를 지난 30~40년 동안 어떻게 허물어뜨렸는지 되새겨볼 수 있다.

– **부자와 기업 감세**: 1930년대부터 1970년대 초반까지 소득 격차가 줄고 중산층의 생활 수준이 전례 없이 향상되었다. 1970년대 중반 경기 후퇴로 중산층의 도약이 주춤하는 사이, 레이건은 부자들과 기업의 세율을 대폭 인하하는 '낙수효과' 경제 정책을 시행했다. 최고 소득세율을 절반 이상 인하하자 부자들에게 돌아가는 국부의 비율이 급격하게 늘어났고, 중산층 근로자들의 임금이 정체되었다. 낙수효과는 당시에도 없었고, 지금도 없다. 레이건 이후 1퍼센트는 무섭게 번창했고 중산층은 거덜 났다.

– **노조 세력 약화**: 앞에서 얘기했듯 레이건은 관제사 노조(PATCO) 파업에 1만

명 전격 해고로 대응했다. 이로써 미국 항공 시스템은 수년간 불안정해졌고, 자유주의자들의 가장 큰 적인 노동자 조직이 줄줄이 약화되는 기반이 형성되었다(예컨대 레이거니즘을 신봉하는 스콧 워커 위스콘신 주지사는 몇 년 전 레이건의 PATCO 대량 해고를 전례 삼아 공공노조의 단체협약권을 박탈하는 데 성공했다). 레이건은 또 전국노동관계위원회(NLRB)에 반노조 인사들을 임명해 근로자 권리와 조직화 능력을 정책적으로 약화시켰다. 그 결과, 직업 안정성이 사라지고 비정규직만 널려 있는 '긱 경제(gig economy)' 세상이 열렸다.

– **규제 완화**: 무한 자유시장을 지향했던 레이건 경제팀은 공익을 보호하는 정부의 규제 임무와 역할 자체를 인정하지 않았다. 그러한 '철학'에서 비롯된 금융 규제 완화 일변도 정책은 저축대부조합 위기, 닷컴버블 붕괴, 그리고 2008년의 금융 위기를 낳았다.

– **화이트칼라 범죄에 대한 관용 정책**: 1980년대 화이트칼라 범죄가 범람했지만 레이건 행정부는 단속을 꺼렸다. 기업 사냥꾼들이 크고 작은 기업들을 집어삼키는 과정에 시장 조작 등 온갖 위험한 편법과 탈법 수단이 동원되었지만 처벌은 거의 없었다. 레이건 이전에는 월가의 악당들을 처벌과 규제를 통해 어느 정도 다스림으로써 경제 위기를 미연에 방지했는데, 레이건 시절의 월가는 '면책특권 특별 구역'이나 마찬가지였다.

– **사회복지와의 전쟁**: 레이건은 기업을 위한 복지는 열렬히 지지하면서 서민을 위한 복지와 빈민 구제 프로그램은 본능적으로 결사반대했다. 레이건 행정부가 서민 복지 프로그램을 반대하기 위해 펼친 프로파간다는 인종차별의 성격

이 강했으며 그가 연설에 들고 나온, 지원 프로그램 사기로 캐딜락을 타고 다닌다는 '복지의 여왕(welfare queen)' 이야기는 날조였다. 이런 프로파간다는 백인들의 의식을 잠식해서 현실과 달리 복지 수혜자 대부분이 유색 인종이며 부랑배나 마약 중독자라는 인식을 심어주었다.

민주당 하원의원을 지낸 바니 프랭크는 "정부란 우리 모두가 함께하는 일들을 일컫는 말일 뿐이다"라고 했다. 이것은 뉴딜 시대를 지배했던 정부에 대한 시민들의 보편적인 인식이었다. 레이거니즘이 워싱턴을 점령하기 전까지 미국은 그나마 어느 정도 양심 있는 지도자들과 대공황의 트라우마에 따른 긴장의 여운으로 한동안 견고한 사회복지 정책과 누진세제(아이젠하워 시절 최고 90퍼센트, 카터 시절에는 70퍼센트였다) 등을 유지했었다.

레이건과 그의 후예들은 바니 프랭크가 말한 긍정적이고 공익 우선적인 비전을 상대로 지난 30여 년간 전쟁을 벌여왔다. 그 결과 정부에 대한 신뢰도가 형편없이 추락했으며, 중산층이 추락하고 빈부 격차는 극심한, 폐허화된 시민 경제가 남았다. 그 폐허 위에 공동체 의식 자체를 찾아보기 힘든 이기적이고 자멸적인 자본주의가 우뚝 서 있다.

영혼 없는 야욕가, 빌 클린턴

레이건이 신자유주의에 시동을 걸었다면, 클린턴은 그 '정신'을 계승해 제도적 장치의 정교화, 고착화 작업을 한 인물이다. 객관적 사실만 보면 클린턴 임기 동안 CEO들의 연봉이 치솟았으며, 대형 기업에 대한 정부 보조금이 급격히 늘어나고 세금 우대 적용 범위가 확대되었다. 클린턴은 1992년 레이건의 신자유주의 유산을 타파하겠다는 식의 미사여구를 내세웠는데, 당선된 후 진보적 수사학은 들어가고 신자유주의적 복지개혁법안(1996)에 서명했으며 1997년 예산 타협에서도 대부분을 공화당에 양보했다. 그리고 영부인 힐러리 클린턴을 앞세워 추진한, 자신의 진보 정책의 핵심이었던 의료 개혁에도 실패하고 복지 프로그램 주도권을 다시 각 주정부에게 넘겨주기까지 했다. 레이건이 반쯤 죽여놓은 뉴딜 프로그램을 클린턴이 확인 사살했다 해도 크게 틀린 말이 아니다.

'삼각화 전략'이라는 표현은 클린턴 시절에 생겨난 정치 용어다. 모사꾼으로 정평이 나 있던 딕 모리스라는 참모가 처음 만들어냈는데, 무슨 대단한 함수를 풀어가는 정치 고수의 능력을 말하는 것 같지만, 미국 정치계에서는 진보적 제스처를 취하면서 동시에 기득권 지향적, 기업 친화적인 클린턴 스타일의 영혼 없는 정치를 뜻한다. 오늘날 삼각화 전략이 거의 예외 없이 부정적인 반응을 일으키다 보니 지금은 재포장해서 '제3의 길Third Way'이라는 표현을 쓰는데, 이름만 다를 뿐 '그 나물에 그 밥'이다. 실제로 힐러리 클린턴의 강경 지지파들로 구성되어 있는 조직이 이 표현을 간판으로 내걸고 정치 해법을 제시하는 민주당 기득권 세력의 한 부분으로 활동하고 있다. 그들이 제시하는 정치적 해법의 핵심은 중도 좌파의 정부도 시장을 최대한 수용하는 정책을 펴야 한다는 것이다. 이는 월가의 투기성 활동을 강력히 제재하기 위해 프랭클린 루스벨트 대통령 시절에 제정된 장치들을 폐지하는 것을 의미하며, 공공의 문제에 대한 해결책들이 민간 부문에서 나와야 한다는 이념에 동조하는 것이다. 이름은 다르지만 삼각화 전략과 영혼이 같은 정치라는 얘기다.

결국 빌 클린턴은 20세기 들어서부터 미국의 근로자들 편에 줄곧 서왔던 민주당에서 배출된 인물임에도 불구하고 권력을 시장에 기꺼이 넘겨줬다. 상·하원 모두 민주당이 장악하고 있었던 첫 번째 임기 중에도 클린턴은 반트러스트법 집행에 소극적인 태도를 보였으며, 기업들이 노조를 집요하게 공격하는 것을 모른 체하고 월가에 우호적인 정책으로 일관했다. 왜 그랬을까? 그건 클린턴 첫 임기 때 노동부 장관을 지냈던 로버트 라이크(현 버클리대 공공정책학과 교수)가 2020년 출간한 『제도: 누가 조작했고, 어떻게 고칠 것인가 System: Who Rigged It, How We Fix It』에서 말하는 것처럼, 클린턴이 "공화당과 마찬가지로 대기업, 월가, 그리고 대부호들이 돈줄인 선거자금 구유에서 마시고 있었기 때문"이다(라이크는 클린턴 각료 중 몇 안 되는 진보 인사였으며, 지금 미국에서 가장 양심적인 진보 지식인 중 한 명으로 꼽힌다).

클린턴은 어떤 신념에 따라 행동하기보다 대세가 흐르는 방향을 귀신처럼 감지하고 그에 따라 움직였다. 그는 일찍이 신자유주의자 레이건을 지지하는 보수들의 반정부 정서와 추세에 편승하고 영합하는 것이 집권을 유지할 수 있는 길이라고 판단했다. 설령 시장근본주의자가 아니었더라도 클린턴이 대통령직에 있을 때 미국 시장

근본주의는 확연히 득세의 궤적을 보였다. 불과 4년 전에 "서민을 먼저 생각합니다Putting People First"라는 진보적 슬로건을 내세워 당선되었던 대통령이 1996년 연두 교서에서는 "큰 정부의 시대는 이제 끝났습니다"라고 선언한다. 클린턴 시절 금융 산업에 대한 규제 완화로 금융은 날로 지대 추출 위주의 산업으로 발전했고, 정상적인 기업보다 이른바 '재무 레버리지'를 이용한 투자 수단만 판치는 시대가 초래되었다. 경제학자 마이클 미로폴은 1998년에 출간된 『투항: 클린턴 행정부는 어떻게 레이건 혁명을 완성시켰나Surrender: How the Clinton Administration Completed the Reagan Revolution』라는 책에서 "클린턴 행정부가 남긴 유산이란 경제에 있어 금융 부문의 선출되지 않은 집단에 비굴하게 투항한 것이다"라고 했다.

레이건 - 아버지 부시 - 클린턴 - 아들 부시로 이어진 공화 - 공화 - 민주 - 공화 정권의 역사를 돌아보면, 유일하게 민주당이었던 클린턴은 공화당의 신자유주의 정책 노선에 저항은커녕 오히려 그 노선을 견고화시켰다. 레이건부터 아들 부시까지의 기간 동안 워싱턴에서 볼 수 있었던 정책 싸움이라는 것은 대체로 자유주의 경제학의 큰 틀 속에서 소극적인 예산과 세율, 부채 경감의 속도와 정도를 놓고 벌어진 것으로 우파와 중도 우파 간의 나눠 먹기식 타협의 연속일 뿐이었다.

여기까지는 정책의 이야기다. 빌 클린턴의 더 결정적인 유산은, 그나마 진보적 요소들을 미미하게나마 포용하는 민주당을 완전히 무력화시키는 게 목적인 공화당 강경파의 프로파간다 작업에 그가 엄청난 소재를 제공했다는 것이다. 미국 우파들에게 한때 중요했던 인격과 품행에 있어 그는 모두 낙제점이었다. 거기에 물욕이 남편의 그것을 훨씬 능가하는 힐러리까지 남편의 임기 중에 합세했고, 임기 후에는 연설 사례비, 클린턴 재단 후원금으로 국내는 물론 해외 정부, 기업들로부터 돈을 엄청나게 긁어모았다.[7] 클린턴 재단이 해외 정부와 기업들로부터 거둬들인 돈은 수많은 미국인의 머릿속에 스캔들로 자리하고 있다. 그래서 2016년 대선에서 트럼프는 수도 없이 "사기꾼 힐러리crooked Hillary"를 뇌까렸고 이게 제대로 먹혀 힐러리가 패배한 가장 큰 이유가 되었다(힐러리에 대한 보수 진영의 부정적이고 감정적인 평가는 그 뿌리가 깊다. 『뉴욕타임스』의 보수 논객 윌리엄 새파이어가 1996년 1월 8일 자 칼럼에서 힐러리 클린턴을 "선천적 거짓말쟁이"라고 부른 것은 당대의 유명한 사건이었다).

간단히 말하면, 클린턴 내외는 진보 행세를 하는 정치인들의 가증스러움을 대표하는 얼굴이 되었다. 결국 현대 미국 정치에서 진보적 가치에 대한 결정적인 배신은 빌 클린턴으로 거슬러 올라가며, 진보 정치의 시도는 지금까지도 클린턴 부부가 몸을 담갔던 탁한 물과 그들이 아직도 드리우고 있는 그늘로부터 자유롭지 못하다. 보수들이 민주당을 공격할 때 클린턴 부부의 이름을 아직까지도 우려먹는 이유다.

7 『포브스』 2016년 11월 8일 자 보도에 따르면 클린턴 부부는 2001년 빌 클린턴 퇴임 후 15년 사이에 연설료, 인세, 자문료 등으로 도합 2억 4,000만 달러(약 2,650억 원)를 벌었다.

4.
지금, 미국

지금 미국의 정부와 국민 사이에는 엄청난 이해의 충돌이 있고, 항상 그래왔다.
- 하워드 진

가난한 부국

미국인의 중간소득은 6만 달러(약 6,600만 원)다. 하지만 일반 서민 대부분은 급한 상황에서 단돈 400달러(약 44만 원)를 마련하기가 힘들고,[8] 3분의 1은 주택과 식량, 건강에 필요한 돈이 항상 모자란다. 지난 2020년 5월 브루킹스 연구소가 발표한 연구 결과에 따

8 출처: 연방준비제도 이사회
(https://www.federalreserve.gov/publications/2019-economic-well-being-of-us-households-in-2018-dealing-with-unexpected-expenses.htm)

르면 미국 어린이 5명 중 한 명은 영양 섭취가 충분하지 못하다. 최저임금을 받는 근로자는 미국 어디서도 침실 2개짜리 아파트의 집세를 감당할 수 없다. 전국적으로는 시간당 17달러 90센트(약 2만 원)를 벌어야 주거 비용으로 소득의 30퍼센트 이상을 지출하지 않고 자그마한 침실 한 개짜리 아파트에서 겨우 살 수 있다. 현재 한 가족의 평균 의료보험료는 연간 2만 8,000달러(약 3,000만 원)로 미국인 중간소득의 거의 절반 금액이다. 2017년 유엔 특별조사위원회가 발표한 보고서[9]를 보면 미국의 빈곤 문제는 인권 침해 문제로 볼 수밖에 없을 정도로 빈부 격차가 처참한 수준이다. 현재 미국의 지니계수(39)는 러시아(38.4)나 베네수엘라(38.38)와 맞먹는다.[10]

미국인은 평균 소득이 비교적 높으므로 미국은 명목상 부국에 속한다. 하지만 미국에서 일반 서민의 소득이 보장해주는 생활 수준은 매우 열악하다. 일반 서민의 소득으로는 대부분 기본 의식주만 해결하기도 힘들다. 이미 언급한 살인적 의료비를 가까스로 해결한다 해도 그다음에는 만만치 않은 교육비와 차량 및 교통비, 통신비가 기다리고 있다. 미국의 일반 서민은 대부분 여차하면 빈곤에 빠질 수밖에 없는 벼랑 끝 생활을 한다.

미국과 국민소득 수준이 비슷한 캐나다와 유럽의 다른 선진국들은 서민들에게 필요한 기본 서비스는 정부에서 저렴하게 제공하

9 「Report of the Special Rapporteur on Extreme Poverty and Human Rights on His Mission to the United States of America」

10 2017년 OECD 자료. 1위는 이스라엘(17.9%), 3위는 한국(17.4%)이었다.

거나, 서민에게 지나친 부담이 되지 않도록 정부가 규제한다. 의료, 노약자 보호, 교육 등을 국가에서 제공하고 관리할 때 그 결과가 대체로 국민 복지에 있어 긍정적임을 수많은 사례를 통해 확인할 수 있다. 미국의 평균수명은 세계 38위다. 평균수명이 가장 높은 상위 10개 국가 모두 보편적 건강보험 체계를 갖고 있다는 사실이 미국의 주도권을 쥐고 있는 자유시장주의자들에게는 마이동풍이다.

미국의 역설은 국민소득이 비교적 높고 소비재 물가도 대부분 국가에 비해 저렴한 나라에서 가구당 부채 비율은 현저히 높고 OECD 국가 중 빈곤율이 2위라는 사실이다.[11] 언뜻 수수께끼 같지만, 현실을 따져보면 오히려 그렇지 않은 게 더 이상하다. 미국은 오래전 서민이 기본적인 품위를 유지하면서 생활하는 데 있어 가장 중요한 것들과 관련된 산업들, 즉 주택, 교육, 교통, 금융, 의료에 대한 규제를 거의 모두 풀었고 그중 대부분을 지대 추출과 수익 극대화의 기회만 노리는 민간 부문에 넘겨버렸다. 국가가 지원하고 보호해줘도 모자랄 것들이 개개인의 능력과 재량에 맡겨진 결과는 기본 의식주 및 의료의 짐승 같은 상품화, 조금이라도 수완이 달리면 의식주와 건강 모두 제대로 보장받지 못하는 삶을 살며 부채만 쌓아가는 현실이다.

그뿐인가. 미국의 18~64세 인구 중 5,300만 명이 현재 '저임금 근로자'로 분류된다. 전체 경제 활동 인구의 44퍼센트를 차지하는

11 2017년 OECD 자료. 1위는 이스라엘(17.9%), 3위는 한국(17.4%)이었다.

숫자다. 미국 근로자의 거의 절반이 직장을 다녀도 자신의 노력만으로는 생계를 유지하기가 힘들다는 얘기다. 이들의 시간당 임금은 10달러 22센트(약 1만 1,300원)이며, 중간 연소득은 1만 8,000달러(약 2,000만 원)다. 절대다수가 아르바이트를 하는 학생이나 막 사회에 나온 직장 초년병이 아니라 한창 경제 활동을 해야 하는 중·장년층으로 대부분 가정을 꾸려 나가야 하는 나이다.[12]

지금 미국은 모든 근로자를 비정규직으로 만드는 헤지펀드와 기업 사냥꾼들의 가치관이 지배하는 흉측한 사회의 모습을 하고 있다. 오로지 차익거래만을 추구하는 헤지펀드 업계 종사자들이 어떤 사람들인지 안다면, 그런 종류의 인간에게 국민의 안녕을 보장하는 건강한 사회의 주도권을 맡길 정상인은 아무도 없을 것이다. 하지만 미국은 바로 그런 것이 정상화된 나라다. 1980년대부터 "탐욕은 좋은 것이다Greed is good"라는 가치관이 수많은 젊은이의 의식을 잠식하기 시작했고, 그 후 불과 한 세대에 걸쳐 미국 지배계층의 근본 자체가 바뀌었다.

미국의 우선순위와 가치관이 그렇게 전도되자 팬데믹 초기에 기본 의료 물자 공급이 무섭게 달렸을 때 1달러짜리 마스크를 암시장에서 구하고 간호사들이 가운 대신 쓰레기봉투를 뒤집어써야 하는 상황이 닥쳐왔다. 이런 상황이 다시 주기적으로 발생하지 않으리라는 보장이 없다. 증시가 치솟고 국부國富가 늘어나는 것이 무슨

12 2019년 브루킹스 연구소가 발표한 연구 결과

의미가 있을까? 그 엄청난 부를 일부 극소수 탐욕자들이 죄다 처먹고, 대다수 국민은 생활고에서 헤어나지 못하며 기본 건강 관리조차 힘든 불안감에 시달린다면? 이게 바로 극도로 사악해진 자본주의, 사회다윈주의, 그리고 각자도생의 조합으로 가난한 부국으로 전락해 있는 미국의 현주소다.

팬데믹과 신자유주의의 본색

국가란 무엇이고, 국가를 이루는 가장 중요한 요소인 국민에게는 어떤 가치들이 우선인가? '국민'을 위한 정의란 무엇이며, 정부가 국민을 보살펴야 하는 책임은 어디부터 어디까지인가? 국가의 정의와 역할에 대해 팬데믹이 부각시킨 근본적인 물음이다. 지금 미국은 이 두 가지 질문에 국가다운 답을 제시하지 못하는 무책임한 국가임이 적나라하게 드러났다. 몇 년 전 한국 국민들이 외치던 "이게 나라냐"는 지금 미국을 두고 하는 얘기가 되었다.

가장 큰 문제는 국민의 목숨을 실질적으로 위협하는, 공공성이 거의 전무한 의료 체계다. 살인적인 의료비와 낮은 의료보험 가입률이라는 후진국적 문제는 팬데믹의 강타로 그 처절한 민낯을 드러냈다. 팬데믹은 정부가 짊어져야 할 몫을 시장의 짐승들에게 먹이로 내던진 미국의 체제가 얼마나 비정상적인지를 깨닫게 해주었다. 문화평론가 스티븐 마치는 2020년 3월 『워싱턴포스트』에 기고한 글에서 미국은 "기업들이 권력은 갖고 있으나 책임은 지지 않는,

반은 민주주의, 반은 과두제인 국가"라고 했다.

이건 공공의 문제를 민영화하면 해결된다는 아둔한 경제인적 사고방식이 집권 세력의 세계관을 장악하고 있을 때 필연적으로 찾아오는 결과다. 미국에서 마스크와 인공호흡기 공급이 턱없이 부족한 결정적인 이유는 의료 용품과 장비를 대중용으로 보급하는 것이 수익성이 높지 않기 때문이다. 인간의 수명이 최대한 늘어날 수 있도록 노력하는 것이 선善이라고 생각한다면(그 반대를 주장하는 인구억제주의는 일단 논외로 하자), 윤리적인 사회에서는 그 노력이 의미 있게 전개되어야 한다. 지금 지구상에서 이러한 노력과 그 대가가 미국만큼 돈과 강한 연관성을 가진 나라도 없다.

코로나19가 처음 팬데믹으로 규정되었을 때 미국과 영국이 봉쇄 조치를 단행하는 데 가장 늑장을 부린 나라들이었다는 사실은 우연의 일치가 아니다. 미국과 영국은 신자유주의의 양대 기둥이기 때문이다. 이들 국가가 봉쇄 조치를 질질 끈 이유는, 국민의 건강을 최우선 목표로 하는 봉쇄 조치라는 예외 상태로 인해 경제 활동, 물류, 금융 시장이 타격을 입을 뿐만 아니라 연방정부에 부하가 걸리기 때문이다. 사실 미국의 연방정부는 트럼프의 지휘하에 지난 3년여 동안 질병통제예방센터CDC 예산 대폭 삭감 등 준비 태세를 약화시키는 정부 거덜 내기 작업을 미친 듯이 해온 터다. 연방정부의 낌새가 심상치 않자 일부 주지사는 독자적으로 봉쇄 조치를 단행하고 해외로부터 직접 마스크 등 관련 물자를 구매하기에 나섰다. 팬데믹 초기에는 재레드 쿠시너의 지시로 연방 집행관들이 주정부로 들어가는 마스크를 중간에서 가로채는 일도 있었다. 문제의 본질은 민간 부문의 이윤 추구와 정부의 공익 보장 사이의 충돌이다. 공공사업마저 민영화된 지 오래고, 모리배들이 포진하고 있는 연방정부는 공익을 보장할 사명감이나 의욕을 느끼지 못한다.

미·영 자본주의는 모두 극우에서 중도 정도까지 범위에 드는 정당들이 지난 40여 년간 추구해온 시스템으로, 이들 국가의 지배층은 정부와 자국예외주의에 뿌리를 두고 국제 관계와 정부의 공익성 기능을 해체하는 작업을 꾸준히 벌여왔다. 신자유주의 세력이 다년간 약화시킨 정부의 공중보건 시스템은 그 어떤 사전 경보가 있었다 하더라도 급작스레 닥쳐온 팬데믹에 신속하게 대응할 수 없었고 수많은 국민의 생명을 희생시킬 수밖에 없는 상태로 방치되어왔다. 미국과 영국의 정치 경제 모델이란 민영화, 자유화와 함께 근로자 권리의 박탈로 주기적인 위기에 노출될 수밖에 없는 구조다. 그러면서 닷컴버블 붕괴와 금융 위기, 그리고 이번 팬데믹 대응 실패 같은 대형 위기가 찾아올 때마다 마치 예측도 할 수 없었던 일회성 사건으로 치부하려 한다.

미국의 경우 코로나19 감염이 다시 늘어나고 있다는 명백한 증거에도 불구하고 국가 차원의 예외 상태를 인정하는 조치를 끝까지 피하려는 속셈은 국민의 생명보다 다우존스 지수를 더 중시하는 신자유주의자들의 천박한 가치 체계를 웅변한다. 미연방정부는 초기에 수주 동안 바이러스의 심각성을 무시하는 태도로 일관하다가 3월 중순에 가서야 비로소 긴급사태를 제한적으로 선포하고 생활 속 거리 두기 지침을 발표했다. 하지만 미 정부가 마침내 이런 조치를 취한 것은 날로 늘어나는 감염, 사망자 수 때문이 아니라 증시가 수차례 역대급 폭락을 거듭한 데 있어 증시밖에 모르는 대통령이 깜짝 놀랐기 때문이었다. 사람이 죽어 나가는 것은 방관할 수 있어도 바이러스가 증시에 미치는 영향은 좌시할 수 없었던 것이다. 그리고 또 한 가지, 바이러스가 걷잡을 수 없이 퍼지면서 시민사회가 공포에 휩싸인 와중에 정부가 우선적으로 단행한 조치는 무엇이었을까. 그건 거리 두기나 바이러스 검사 시스템의 개선과 확대가 아니라, 바로 연방준비은행이 금융 위기를 미연에 방지한답시고 대형 은행들에 단기 대출로 1조 5000억 달러(약 1,650조 원)의 자금을 풀어주는 것이었다.

지금 미국 사회에서 판치는 전도된 가치들은 개인의 부에 기반을 둔 사회의 당연한 귀결이다. 촘스키는 "그 가치란 탐욕, 즉 타인에게 피해를 주더라도 개인의 이익을 극대화하려는 욕망이다. 하나의 작은 사회가 그러한 원리로 작동한다면 추잡하긴 하지만 존속될 수는 있을 것이다. 하지만 글로벌 사회가 그런 원리로 작동한다면 그 사회는 엄청난 파멸의 길을 갈 수밖에 없다"[13]고 했다. 팬데믹은 탐욕이라는 원리로 작동하는 신자유주의 국가로서 미국의 본색을 확연히 드러냈고, 그 본색은 이제 국가의 존속 능력에 대한 회의마저 갖게 한다.

13 촘스키의 저서 『아메리칸 드림을 위한 진혼가(Requiem for the American Dream)』를 토대로 만든 같은 제목의 다큐멘터리(2015)에 나오는 촘스키와의 인터뷰

현장에서 바라보는 강대국의 쇠망

1974년 미국에 처음 왔을 때 제럴드 포드가 대통령이었다. 그 후 카터, 레이건, 아버지 부시, 클린턴, 아들 부시, 오바마… 그리고 지난 4년간 국정을 쑥대밭으로 만든 제45대 대통령에까지 이르렀다. 미국의 위상은 아들 부시의 임기 동안 다소 불안했지만 오바마 때 국가 신뢰도가 다시 회복되었다. 솔직히 아들 부시의 임기를 포함해서 그때까지 족히 40년 동안은 단 한 번도 미국이라는 나라의 존망 자체를 걱정해본 적이 없었다. 그런데 미국의 국가 평판은 2016년 이후 급락했고, 『포브스』 보도에 따르면 2019년 국가평판지수Reputation Index가 GDP 기준으로 조사한 55개 상위 국가들 가운데 36위로 추락해 있다. 미국은 지금 체제의 깊숙한 여러 곳에서 암덩어리들이 발견되고 정부와 지배층에 대한 일반 국민의 분노가 심상치 않아 혁명 내지는 내전의 기운이 감돈다. 게다가 정쟁을 폭력과 반칙으로 해결하려는 극우들이 공화당이라는 정당을 완전히 장악한 상태다(이 대목에서 미국은 민간인만 거의 4억 정의 총기를 소유[14]하고 있는 나라라는 사실을 상기할 필요가 있다).

영원한 제국이란 없고, 강대국은 언젠가 몰락하게 되어 있다. 트럼프가 재집권에 실패했고 '정상인' 조 바이든이 대통령에 당선되었지만, 그가 취임한 후에 미국이 정상 국가의 모습을 쉽게 되찾을

14 스위스의 총기 감시 사이트 '스몰 암스 서베이(Small Arms Survey)' 통계, 2017.

수 있을 것이라는 보장은 없다. 2020년 대선 이후 미국은 평화로운 정권 이양마저 불확실했던 전대미문의 위기를 겪었다. 이 상황은 정치 전문가들 사이에서는 상당 부분 예견된 것이었다. 전직 정부 관료와 행정학 전문가 67명으로 구성된 '정권 인수인계의 견고성 프로젝트Transition Integrity Project'는 2020 여름 '무법자 트럼프'를 가정한 대선 후 두 달 반 동안의 각종 돌발 상황을 예측하는 '워게임'을 실시했는데, 그 결과 인위적인 정부 기능 마비부터 국고 약탈까지 참으로 섬뜩한 시나리오들이 전개된 바 있다. 그리고 이런 시나리오들은 대체로 적중했다.

지금까지 인생의 8할을 미국에 살면서 미국의 허점을 수도 없이 보아왔지만, 이 나라에 대한 적지 않은 실망은 견고한 체제, 점잖은 상류, 그리고 소박한 서민들이 다소 상쇄해주었다. 그럼에도 대학을 졸업하고 사회생활을 시작한 후부터는 이 나라가 서민을 제대로 보살피지 않는 나라라는 것을 체험적으로 알게 된 것이 사실이다. 1980년대 후반에 직장생활을 하면서, 그 무렵부터 막 창궐하기 시작한 인수합병, 차익 거래, 증권가의 기형적 비대화, 그리고 타인의 돈으로 돈을 번다는 해괴한 개념의 일상화가 눈에 밟히기 시작했다. 뒤돌아보면 귀에 이어폰을 꽂고 홀로 도심을 뛰는 고소득자 '여피'들의 모습은 이 나라의 승자들이 어떻게 나라를 이끌어 나갈 것인가, 이에 대한 상징이었다.

곰곰이 생각해보면 최소한 내가 사회에 진출한 이후부터는 그것이 미국의 본색이었기에 전혀 놀랄 일이 아니었다. 미국은 외형상으로 그럴싸했고 첫 흑인 대통령이 당선될 때까지 엄청난 발전을 거듭한 강대국처럼 보였으나 그건 허상에 불과했다. 뿌리 깊은 인종주의, 진보와 보수 간의 골 깊은 불화, 미친 자본주의가 낳은 가히 절망적인 빈부 격차가 존재했다. 무엇보다도 후자의 두 가지, 즉 미친 자본주의와 빈부 격차가 지금 미국을 점차적인 쇠퇴가 아닌 급격한 몰락 쪽으로 끌어당기고 있다. 현장에서 보는 관점으로 이 두 가지 문제가 근본적으로 해결되지 않는다면 미국은 설사 다우 지수가 4만을 돌파하더라도 몰락이 더욱 가속될 것이라고 본다.

버니 샌더스는 2020년 4월 19일 『뉴욕타임스』에 기고한 글에서 미국 사회의 기반이 무너지고 있다고 했다. "팬데믹이 부른 경제 붕괴가 불평등하게 미치는 충격은 우리 시스템에 대해 당연하다고 여기던 것들을 다시금 생각하게 만들고 있다"는 기고문의 대목은 샌더스가 그동안 수도 없이 해왔던 얘기다. 나는 미국 맞벌이 부부들이 풍요까지는 아니더라도 안정된 생활을 영위하던 시절을 기억한다. 지금은 살인적인 건강보험료를 일단 제외하더라도, 웬만한 맞벌이 수입으로는 기본 의식주조차 안정적으로 유지하기 힘들다. 미국인 10명 중 4명이 긴급한 상황에 400달러(약 44만 원)를 마련하지 못한다는 통계의 표면 밑에는 팬데믹급 재앙 따위는 아예 감안되지도 않은 거대한 빙산이 있다. 미국의 취약국가지수Fragile States Index는 현재 아랍에미리트UAE와 우루과이보다도 높은 수준이다(최저는 14.6인 핀란드, 최고는 112.4인 예멘이다). 2019년 지수(38.0)로 따지면 미국은 10년 사이에 세계를 통틀어 열두 번째로 가장 심하게 취약해진 나라다.

이미 미국의 '바나나공화국화'는 흔히 거론되는 주제다. 일찍이

2013년 『애틀랜틱』에서 이 주제로 장문의 글을 게재한 바 있는데 이젠 다수 주류 언론에 공공연하게 언급되고 있다. 『뉴요커』는 관련 기사를 2020년 초에만 두 차례 실었으며, 그 외 지난 1년여 사이에 『뉴욕타임스』(2019. 10. 29.), 『포브스』(2020. 2. 12.), 『필라델피아 인콰이어러』(2020. 2. 13.), 『워싱턴포스트』(2020. 2. 13.) 등이 미국의 바나나공화국화를 정색하고 경고했다. 또 경제학자 조셉 스티글리츠는 『가디언』(2020. 4. 22.)에서 "미국의 코로나19 대응이 제3세계 수준이다"라고 했다.

이제는 심지어 미국을 일컬어 '실패한 국가'라고 하는 말도 심심찮게 나오고 있다.

실패한 국가

지성과 교양이 시정잡배 수준인 도널드 트럼프가 2018년 공식 석상에서 일부 아프리카 국가들을 '똥통 국가'라고 지칭했다는 보도가 나왔을 때, 그것이 머지않아 업보로 되돌아올 것이라는 생각을 했다. 미국이라는 나라의 기반이 이미 흔들리고 있는 상태에서 미국 내 산재해 있는 대형 난제들이 심각한 리더십의 부재로 더욱 악화되고 있었고, 무엇보다 트럼프는 자신에게 내재해 있는 문제들을 타인에게 전가하는 투사投射의 명수이기 때문이다. 아니나 다를까 지금 미국은 어느덧 팬데믹과 경제 위기의 설상가상 난국에 제대로 대응하지 못하는 '똥통 국가'의 모습을 여실히 드러내고 있다.

그렇다고 모든 것이 지난 4년간 백악관을 점거해온 개망나니 하나 때문만은 아니다. 팬데믹 이전에도 미국의 사회 경제적 양극화는 위험 수위를 넘은 지 오래다. 그 와중에도 오랫동안 그나마 탄탄한 제도의 힘으로 굴러가는 나라의 모양새를 보였던 것은, 적어도 다수 지도자의 신중한 태도, 정치적으로 올바른 언행, 그리고 무엇보다도 법치주의에 대한 대다수 국민의 신뢰와 존중이 있었기 때문이다. 명목상으로나마 민주주의를 지탱하는 견고해 보이는 장치들이 있었고, 그것을 받들기 위해 신의 성실의 자세로 임하는 지도자들이 있었다. 하지만 그것이 영속적인 것처럼 보인 것은 착시 현상이었다.

모든 법률과 제도와 장치의 견고성은 사회적으로 합의된 규범을 전제로 하며, 그것을 운영하는 사람들의 성실함, 책임감, 진실성의 수준에 달려 있다. 미국은 헌법을 무척이나 중요시하는 나라 같지만, 그 헌법을 어떤 가치관을 영위하는 인간들이 어떤 속셈으로 해석하는가에 따라 그 원리와 원칙의 결이 바뀐다(가장 대표적인 것이 무기소장권을 규정하는 수정헌법 제2조다). 미국은 헌법이 그렇게도 위풍당당하고 그것을 온 국민이 받드는 나라처럼 보였지만, 지금처럼 집권 세력이 작당하고 작심해서 파괴하면 대책이 없다는 현실이 엄습해오고 있다.

『애틀랜틱』 칼럼니스트 데릭 톰슨은 "미국은 실패한 국가처럼 행동하고 있다"라는 제목의 칼럼(2020. 3. 14.)에서 팬데믹을 국가 기능의 시험이라 전제하면서 미국 정부가 팬데믹 대응에 있어 그 위험을 정확하게 평가하고, 국민에게 정확하고 유용한 정보를 알리고, 재원을 동원해 국민 안전에 필요한 도구와 대책을 제공하는 것 등 가장 기초적인 역할에 있어 그 어느 한 가지 면에서도 제 구실을 한 것이 없다며 "미국이 아직 망한 것은 아니지만, 정부는 실패했다"고 단언했다. 또 『가디언』(2020. 5. 4.)은 지금 미국의 상황이 "바이마르 공화국 말기와 흡사하다"고까지 했으며, 『워싱턴포스트』(2020. 3. 25.)는 미국의 팬데믹 상황을 대영 제국의 몰락을 고한 수에즈 운하 사건과 비교하는 글을 게재했다. 블룸버그 통신(2020. 6. 29.)도 코로나19가 미국이 몰락하는 모습을 만천하에 드러내고 있다는 칼럼을 실었다.

20세기 초반부터 강력한 대통령제로 운영되어온 미국은 이제 여기까지 이르렀다. 지난 50년 동안의 규제 완화, 빈부 격차 심화, 경제의 금융화로 인한 미국의 사양길은 이제 프랭클린 루스벨트와 같은 비전을 가진 강력한 지도자가 다시 나타나더라도 바로잡기 힘들 수렁에 빠져 있다. 많은 사람이 제45대 대통령이 가장 큰 문제인 것처럼 말하지만, 뿌리는 그보다 훨씬 깊다. 오바마의 8년은 대체로 최초 흑인 대통령이 나왔다는 카타르시스와 상징적 제스처들을 보여줬을 뿐, 서민의 목을 죄는 금융자본가들의 헤게모니를 타파하지 못했다. 개혁을 외쳤지만 재벌의 벽을 넘지 못한 한국의 노무현처럼, 본질적으로 중도주의였던 오바마도 시대가 요구하는 혁명적 변화를 담아내지 못했다. 삶의 근본적인 열악함에 대한 국민의 원성은 여전했고, 서민의 분노가 가득한 커다란 공백을 최악의 인간형이 메꾸었다.

일평생 탈법과 반칙으로 살아온 사람이 대통령이 되고 나서, 최소한 제도적으로 최악의 상황만은 피할 수 있을 것이라는 미국 특유의 자신감이 흔들리고 있다. 정교한 제도와 신사적 얼굴로 대외적으로나마 견고한 것처럼 보일 수 있었던 미국의 힘이 덜 떨어진 인간이 대통령이 되면서 극심한 균열과 약점을 나타내기 시작하더니, 코로나19가 덮치자 총체적 난국이 되어 빈부 격차, 인종 분리, 취약한 보건 시스템이 적나라하게 드러났다. 그런데 팬데믹으로 서민들이 신음하는 와중에도 업계들과 내통하는 관료들은 구조기금을 정치자금 기부자들에게 몰아주기 바쁘다. 팬데믹이 들이닥치기 이전에도 이미 금융 규제와 환경 규제들이 은밀하게 풀리고, 행정부의 부패가 난무하고, 불안한 상황에서 서민들이 위험에 노출되도록 방치되고 있었다. 역대 대통령 그 누구보다도 특출 나게 부패하고 타락한 트럼프가 그 과정을 더욱 부각시켰을 뿐이다.

강대국의 지도자 한 명이 위험한 존재가 될 수 있다는 것은 자명한 사실이다. 그리고 언뜻 오바마에서 트럼프로 바뀌면서 정말 삽시간에 세상이 뒤집힌 것처럼 보인다. 하지만 트럼프는 병 자체가 아니라 병의 두드러진 증상일 뿐이다. 미국이 앓고 있는 병은 오랜 시간에 걸쳐 복합적으로 진행되고 심화된 것이다. 국가를 집에 비유한다면, 흰개미가 수년에 걸쳐 갉아먹고 약화시킨 골조를 당나귀 한 마리가 들어와 좌충우돌하니 그나마 간신히 서 있던 기둥들이 여기저기서 무너지기 시작한 것이다.

조 바이든 취임 후에도 미국은 정치와 사회 분열이 극심해진 상황에서 그동안 약탈형 지배계층에 의해 희생되어온 공중보건, 서민경제, 환경 문제가 겹친 위기로부터 헤어나지 못할 가능성이 크다.

그리고 지난 1월 6일 폭도들의 의회 난입이 말해주듯 트럼프의 대선 불복이 공공연하게 정착시키고 있는 파괴적인 정치 환경은 분명 그 위기의 가중 요인이 될 것이다. 『뉴욕타임스』의 폴 크루그먼은 최근 '미국은 실패한 국가가 되어가고 있는가?'라는 제목의 칼럼(2020. 11. 5.)에서 이렇게 말했다. "만약 미국 수준으로 정치가 제대로 기능하지 못하는 해외 국가를 바라보고 있었다면, 우리는 아마도 그 나라가 실패한 국가가 될 위기에 처해 있다고 여길 것이다. 실패한 국가란 정부가 더는 통제력을 효과적으로 행사하지 못하는 나라를 말한다."

Kakistocracy 3부

잡놈의 탄생

1. 백악관에 입성한 '슈퍼 악당' 아메리칸 사이코 | 부패 3관왕 | 커맨더 인 치트: 최고 속임수 사령관 | 그에게 고마운 이유

2. 잡놈의 의식구조 자격지심과 황금만능주의 | 무조건 이겨야 하는 상스러움 | 현재쾌락형 인간 | 정신병리와 리더십

3. 잡놈 지배의 토양 니힐리즘 | 사기(詐欺)의 시대 | '트럼피즘'의 저변화

4. 대중의 잡놈화 일차원적 인간의 자발적 순응 | '대량 중독 사회'와 검은 거울 | 페이스북의 천박한 근본 | 우리 안의 잡놈

1.
백악관에 입성한 '슈퍼 악당'

> 나는 대부분의 사람은 그들이 저지르는 최악의 행동만큼 나쁘지는 않다고 진심으로 믿는다. 하지만 구제가 불가능하고 악한 사람도 있다고 생각한다. 스콧 펙은 그런 사람들을 '거짓의 사람들'이라 칭했다. 그들은 트럼프처럼 양심이 전혀 없는 사람들이어서, 거의 전적으로 악하다. 트럼프는 내가 만난 사람 중에서 가장 전적으로 악하고, 또 자신감이 없는 인간이다.
> – **토니 슈워츠**(편집자 주: 트럼프의 저서 『거래의 기술』의 대필 작가)

아메리칸 사이코

1991년에 나온 브렛 이스턴 엘리스의 소설 『아메리칸 사이코』는 1980년대 후반 금융가를 중심으로 형성된 지배층의 살인적인 탐욕과 무심함을 극단적으로 풍자한 작품이다. 한 가지 흥미로운 사실은, 이 책의 사이코패스 주인공(패트릭 베이트먼)이 1980년대에 미국을 강타한 물질주의 문화를 대표하는 인물이었던 도널드 트럼프를 우상시했다는 것이다. 책에서 베이트먼은 트럼프의 이름을 수십 차례 언급한다(소설보다 더 유명한 같은 제목의 영화에서는 트럼프의 이름이 거의 언급되지 않는다). 트럼프는 이렇게 살인마의 우상으로 벌써 30년 전 문학 작품에까지 등장했다.

내가 이 장에서 풀어놓고자 하는 것은 '슈퍼 악당' 내지는 '반反영웅'에 대한 일종의 '오리진 스토리'다. 정말 근본이 악한 사람들은 많이 없다고 하지만, 양심의 가책 없이 탐나는 것을 닥치는 대로 먹어치우는 괴물 같은 악당들은 분명히 존재한다. 악인은 어떻게 만들어지는가? 그런 인간의 본성과 근본, 성장 과정, 가치관에 대한 물음으로 시작해서, 가정교육을 포함한 사회의 책임, 규명하고 대항해야 할 사회악과 악성 이념과 조직들, 그리고 교육 제도의 개혁을 비롯한 체계적 대안들이 제시되어야 한다. 나아가 대부분 열등감과 보상 심리에 뿌리가 있는 악의와 파괴적인 행동은 정신병리의 차원에서 고찰되어야 한다. 무엇보다 그런 인간이 사회 꼭대기까지 점하는 것이 가능해진 사회의 동기 부여와 보상 체계에 접근해서 웬만해서는 잡스러운 인간들이 지도자로 부상할 수 없도록 여러 장치를 마련하고, 그러기 위한 인식의 전환과 사회 문화 환경 조성, 이념과 고정 관념의 토대를 제공하는 교육의 혁명까지 논의되어야 한다.

이 장에서 트럼프의 비인간성, 악의, 추잡스러운 세계관, 패륜, 부패 등을 정확히 기술하기 위해 쓰는 구체적 용어는 다소 모욕적이고 저속하기까지 하다. 하지만 그 모든 표현은 그가 대통령에 당선된 후는 물론 그보다 훨씬 전부터 수많은 유수 정치평론가, 대통령사 권위자, 주류 언론인 등이 다양한 매체와 공식 석상을 통해 이미 한 얘기를 그와 대동소이한 표현으로 옮긴 것뿐이다. 이를테면 이 장의 핵심 키워드인 '잡놈'의 경우, 동일한 말로 '천박한 사람' 또는 '속물'을 뜻하는 'vulgarian'이라는 단어를 30년 전 『스파이』의 기자가 트럼프에 붙여줬다. 또 '사기꾼con man'은 『워싱턴포스트』에서 『뉴스위크』까지, 정치 전문 매체 『폴리티코』에서 심리학 전문 잡지 『사이콜로지 투데이』까지 여러 매체에서 쓰였다. 영어로 'trump con man(트럼프 사기꾼)'을 구글 검색창에 입력하면 1억 2,800만 건의 결과가 나온다(2020년 12월 현재). 트럼프가 사기꾼이라는 것은 트럼프 대학과 트럼프 재단의 사기 및 공금 유용 혐의에 대한 실제 사건의 액면상 결과만으로도 이미 객관적으로 입증된바, 그가 사기꾼임을 인정하지 않으려면 오래전에 이미 사실로 확인, 검증되고 널리 받아들여진 것을 부정하기로 작심해야만 가능하다.

내가 이 책에서 트럼프에 대해 쓰는 그 어느 표현도 간단히 검색만 해보면 그와 거의 비슷한 표현을 주요 매체의 칼럼이나 기고문, 수없이 많은 방송 클립에서 찾을 수 있다. 이처럼 트럼프는 아주 특출 나게 잡스러운 범죄형 인간이라는 것이 대체로 객관적 사고 능력을 가진 이들의 판단이다. 다만 주류 언론의 속성상 원색적인 표현을 가급적 삼가는 것뿐이다.

트럼프가 돈에 미친 범죄형 인간이며, 잡스러운 인성 요소의 만물상이라는 사실은 그에 대한 대통령사 전문가들의 평가에도 나타난다. 2018년 시에나칼리지 연구소가 발표한 대통령 순위에서 트럼프는 역대 대통령 44명[1] 중 종합 42위였고, 청렴성과 지능 부문에서는 꼴찌였다. 출신 배경(집안, 교육, 경험)도 마찬가지였다. 후버

1 트럼프는 제45대 대통령이지만, 그로버 클리블랜드가 두 번의 임기(1885~1889, 1893~1897)를 나누어 수행했기 때문에 미국의 역대 대통령 수는 44명이다.

연구소 선임 연구원인 잭 골드스미스 하버드 법대 교수는 2019년 10월 『애틀랜틱』에 기고한 칼럼에서 트럼프가 "역대 대통령들이 지녔던 최악의 특성, 즉 앤드루 잭슨의 성질, 밀러드 필모어의 편협성, 제임스 뷰캐넌의 무능함과 앙심, 시어도어 루스벨트의 과대망상증, 리처드 닉슨의 피해망상, 불안증, 법에 대한 무관심, 그리고 빌 클린턴의 무절제함과 반사적인 부정직함 등을 짜깁기한 프랑켄슈타인 괴물"이라고 요약했다.

이 대목에서 미국과 영국의 주요 언론, 정치평론가, 유명 인사가 공개적으로 한 말만 열 가지 정도 나열해보자.

- **위협적인 존재**menace: 『뉴요커』
- **최고 사기꾼**grifter in chief: 『네이션』
- **사기꾼**con artist: 2016년 공화당 예선 유세장에서 공화당 상원의원 마코 루비오
- **약장수**snake oil salesman: 『에스콰이어』
- **상습범죄자**career criminal: 선거 전략 전문가 제임스 카빌
- **슈퍼 악당**super-villain: 『가디언』
- **괴물**monster: 『워싱턴포스트』 칼럼니스트 제니퍼 루빈
- **천박하고 게으른 무식쟁이**shallow, lazy ignoramus: 보수 논객 앤 콜터
- **병적 거짓말쟁이**pathological liar: 민주당 상원의원 버니 샌더스, 공화당 상원의원 테드 크루즈 외 다수
- **쓰레기 같은 인간**scumbag: 전 백악관 수석 전략가 스티브 배넌
- **공공의 적**enemy of the state: 『뉴리퍼블릭』

- **고삐 풀린 미치광이**lunatic unbound: 『뉴욕타임스』 칼럼니스트 로저 코헨

이 밖에도 같은 취지의 새로운 모욕적 표현이 미국의 주류 언론에서 매일 쏟아져 나온다.

트럼프의 조카 메리 트럼프는 최근에 펴낸 『너무 과한데 만족을 모르는』에서 트럼프가 나르시시스트이자 소시오패스라며 이를 그가 "역기능 장애를 겪는" 가정에서 자라며 당한 "트라우마, 방임, 학대"의 탓으로 설명했다. 임상심리학 박사인 메리 트럼프는 책에서 비극이라고 볼 수밖에 없는 도널드 트럼프의 가족사를 열거하고, 삼촌에게서 드러난 병적 측면으로 나르시시즘, 반사회적 인격 장애sociopathy, 학습 장애를 꼽았다. '슈퍼 악당' 도널드 트럼프의 '오리진 스토리'는 그가 자라난 가정 환경에서 결정적인 단서를 찾을 수 있는 것이다.

부패 3관왕

미국 대통령이 스캔들에 휘말린 경우는 여러 번 있다. 20세기만 살펴보면 돈과 직접적으로 관련된 대통령 스캔들은 없었다. 레이건은 이란·콘트라 사건에서 정부자금을 의회 몰래 빼돌려 반군을 지원했지만 레이건이 직접 돈을 챙겼다는 의혹은 없었다. 클린턴은 인턴과 놀아났다가 탄핵 재판까지 받음으로써 현직 대통령

의 섹스 스캔들을 남겼다. 임기가 너무도 평탄해 보여 '사건 없는 오바마No Drama Obama'라는 별명이 붙었던 오바마도 국세청IRS을 사주해서 극우 단체들에 대한 편향적 수사를 했다는 권력 남용 공세를 받았다.

하지만 도널드 트럼프가 등장하기 전까지 첫 임기를 채우기도 전에 돈, 권력, 섹스 세 가지 부문에서 모두 권력형 부패 스캔들에 휘말렸던 미국 대통령은 이제껏 없었다.

트럼프는 당선 전에 20여 건의 성추행에 연루되어 있었고, 섹스 스캔들과 관련해서 이른바 '입막음 돈'으로 공금을 유용한 혐의까지 있었다. 여기에 대통령직을 이용해서 워싱턴에 있는 자신의 호텔 매출을 올리고, 마이애미에 있는 자신의 골프 클럽에서 세계정상회담을 유치하려 하는 등 대통령직을 이용한 사익 추구 행위를 명시적으로 금지하는 헌법의 보수報酬 조항을 위반하지 않고 한 주 넘기기가 힘든 대통령이었다.

그리고 무엇보다도 미국을 바나나공화국을 방불케 할 만큼 권력을 남용했다. 자신의 정치적 요구를 거부한 FBI 국장을 해고하고, 특별 검사 조사에 훼방을 놓았으며, 권력 감시직 요직자들을 줄줄이 해고하는 등 미국 역사에 길이 남을 사건들을 헤아리기 힘들 정도로 많이 일으켰다. 아무튼 트럼프는 돈과 섹스와 권력 남용 등 대통령이 저지를 수 있는 3대 부패를 모두 섭렵한 유일한 미국 대통령이다.

재는 것도 많고 겁도 많은 민주당은 결국 우크라이나 사건과 관련된 권력 남용과 의회 방해 2개 항목만을 실제 탄핵 사유로 채택했다(우크라이나 사건은 닉슨의 워터게이트 사건보다도 훨씬 위험한 권력 남용으로 널리 인식되고 있다). 그러나 민주당의 정치적 계산을 떠나 수많은 법률가의 의견대로라면 탄핵 사유를 제공하는 트럼프의 부패 정도와 범위는 물론 그보다 훨씬 심각하다. 실제로 『뉴욕타임스』 칼럼니스트 데이비드 레온하트는 하원에서 탄핵 사유가 최종으로 채택되기 전 2019년 12월 8일 자 칼럼에서 헌법에 근거해 트럼프에게 적용되어야 할 탄핵 사유는 사법 방해, 의회 모독, 권력 남용, 사법 행정의 손상, 보수 수증, 선거 부정, 사면권 남용, 대통령직과 중대하게 상반되는 행동 등 여덟 가지[2]여야 한다고 조목조목 구체적인 설명을 곁들여 주장했다. 물론 역사에 남을 항목은 두 가지뿐이다.

여기까지는 대통령 취임 이후만의 얘기다. 그러나 사실 트럼프의 참으로 잡스러운 이력을 안다면 그가 취임 후 저지른 모든 짓에 전혀 놀랄 이유가 없다. 성폭행 혐의 이외에 수십 가지 스캔들 중 몇 가지만 꼽아보자.[3]

2 1. Obstruction of justice; 2. Contempt of Congress; 3. Abuse of Power; 4. Impairing the Administration of Justice; 5. Acceptance of Emoluments; 6. Corruption of Elections; 7. Abuse of Pardons; 8. Conduct Grossly Incompatible with the Presidency

3 『Atlantic』, 2016. 4.
(http://www.theatlantic.com/politics/archive/2016/04/donald-trump-scandals/474726/)

– **주거 차별**: 미 법무부는 1973~1975년 도널드 트럼프와 부친 프레드가 뉴욕에서 운영했던 39개 아파트 건물에 대해 트럼프 부자(父子)를 주거 차별 혐의로 고발했다. 흑인에게는 아파트 임대를 거부했기 때문이다.
– **마피아와의 관계**: 트럼프는 1970년대부터 뉴욕과 애틀랜틱시티에서 마피아와 다수의 변칙적 부동산 거래를 한 것으로 널리 보도된 바 있다.
– **트럼프 유니버시티 사기**: 부동산 강좌 사기 혐의로 집단 소송에 걸렸던 사건으로, 대통령에 당선된 직후 피해자들에게 2,500만 달러(약 276억 원)를 지불하기로 합의하고 마무리되었다.
– **불법체류자 고용**: 트럼프는 1980년 맨해튼의 트럼프타워 시공 당시 정상 임금 지불을 피하기 위해 불법체류 폴란드인 200명을 고용한 혐의에 대해 유죄 판결을 받았다(1991년). 이와 같이 한때 불법체류자를 고용했던 트럼프가 대통령에 출마하면서 이민자 차별 정책을 들고 나온 것이다.
– **반트러스트법 위반**: 트럼프는 1986년 애틀랜틱시티에 있는 2개의 카지노 회사와 적대적 인수합병을 시도하다가 반트러스트법 위반으로 고발당했고 연방거래위원회로부터 75만 달러(약 8억 원)의 벌금형 처분을 받았다.
– **트럼프 재단**: 트럼프 재단은 공금 유용을 비롯한 각종 불법 행위에 대한 의혹으로 뉴욕주 검찰총장의 수사를 받다가 2018년 말 해체되었으며, 트럼프는 2019년 재단의 공금 유용과 관련된 합의금으로 8개 자선 단체에 총 200만 달러(약 22억 원)를 물어내야 했다.

WPP그룹 산하 정치 컨설팅 회사인 펜, 쇼엔 앤드 벌랜드 출신 홍보 컨설턴트 클리프 섹터는 2018년 유튜브 채널 '머조리티 리포트' 인터뷰에서 트럼프의 패덕한 인생을 이렇게 정리했다.

트럼프는 기본적으로 범죄 집단의 수장이나 마찬가지입니다. … 이 사람이 벌써 오래전에 감옥에 가지 않았다는 것은 말도 안 됩니다. 이 사람이 합법적으로 행동한다면 그건 단지 그 순간에 그것이 더 쉬운 방법이기 때문이거나, 아니면 어쩌다가 우연히 그렇게 하는 것뿐입니다. … 법에 따라 '그건 불법이니 안 하겠다' 하는 것은 트럼프에게 스쳐 가지도 않는 생각입니다. 그에게서 우리가 보는 것은 '가능해? 그렇게 하면 돈이 돼? 그래? 그럼 그렇게 하자'입니다. 그에게 합법이니 불법이니 하는 개념은 없습니다. 단지 치워버려야 하는 장애물이 있을 뿐입니다.

커맨더 인 치트: 최고 속임수 사령관

『뉴욕타임스』의 프랭크 브루니는 2020년 7월 25일 칼럼에 이렇게 썼다. "도널드 트럼프가 거짓말을 한다고 지적하는 것은 이제 흥미롭지도 않고 거기에 별다른 뉴스 가치도 없다. 그런 흥미는 오래전에 사라졌다. 그는 대통령직에 오르는 과정에서 거짓말을 했고, 취임식 참석 인원에 대해서도 거짓말을 했다. 취임사도 거대한 거짓말덩어리였다. 그리고 그의 거짓말은 거기서부터 계속 커져가기만 했다."

나는 1980년대 중반부터 『뉴욕타임스』를 주의 깊게 읽기 시작했다. 당파를 막론하고 이 신문이 미국 대통령에 대해 이처럼 극단적인, 가히 체념 수준의 글을 실은 경우는 기억에 없다. 아이러니컬한 것은 오바마 시절까지만 해도 대통령이 공식 석상에서 거짓말을 했다는 의혹만 있어도 심각한 이슈로 여겨졌고, 트럼프가 취임한 후 『뉴욕타임스』를 포함한 주류 언론은 한동안 '거짓말'이라는 단어 자체를 꺼렸다는 것이다. 그러다가 대통령의 거짓말이 전대미문 국정 위기급 문제라는 것이 자명해지자 주류 매체들은 뒤늦게 '거짓말'이라는 단어를 쓰기 시작했고, 『뉴욕타임스』는 3년 반 전 일요판 한 면에 트럼프가 당시까지 공식 석상에서만 한 거짓말로 가득 채운 특집 기사를 싣기까지 했다.[4] 다른 건 몰라도 그 시각적 효과는 실로 대단했다.

주류 언론에서 트럼프의 대통령 임기 자체를 거짓말의 도가니로 보도한 사례는 이제 헤아릴 수 없을 정도로 많다. 『워싱턴포스트』의 팩트체크 전담 기자들이 2020년 6월에 펴낸 『진실에 대한 도널드 트럼프의 맹공Donald Trump and His Assault on Truth』에 따르면 트럼프가 임기 첫 3년 동안 내뱉은 거짓말 또는 진실을 호도하는 발언은 16,241건으로 하루에 15건 꼴이다(2020년 7월 13일 자에서 『워싱턴포스트』는 이 숫자를 2만 건으로 업데이트했다). 공동 저자 살바도르 리조와 멕 켈리는 소위 트럼프 어법이란 "끊임없이 이어지고, 과장하고, 만들어내고, 허풍스럽고, 의도적으로 충격을 주고, 악의적이고, 모순되고, 의심스럽고, 기만적인 주장의 연속"이라고 표현했다.

『뉴요커』는 2020년 5월 29일 자에서 트럼프가 "미국 역사상 가

4 Trump's Lies, 2017. 6. 25.

장 부정직한 대통령"이라고 단언했다. 『뉴욕타임스』의 로저 코헨은 2020년 4월 17일, "트럼프의 천재성은 현실을 무시하고 혼돈과 산란함을 휘저어 사람들을 흥분시킴으로써 또 다른 현실을 만들어내는 것"이라고 했다. 간단히 말해 트럼프는 길거리에서 흔히 보는 야바위꾼과 다름없다는 얘기다. 또 코헨의 『뉴욕타임스』 동료인 찰스 블로는 '거짓말을 하는 것은 트럼프의 초능력이다'라는 제목의 글(2020. 4. 26.)에서 "도널드 트럼프의 거짓말들을 단지 기벽으로 보는 것은 어리석은 짓이다. 그의 거짓말들은 실로 그의 대통령직과 공적 모습의 의도된 기능이다"라고 썼다. 이처럼 트럼프와 거짓말은 이제 미국의 공론장에서 일체 불가분의 유기적 통일체로 인식되기에 이르렀다.

골프를 같이 치면 그 사람이 어떤 사람인지 알 수 있다고 했다. 2019년에 나온 『커맨더 인 치트』의 저자 릭 라일리 전 『스포츠 일러스트레이티드』 칼럼니스트는 골프를 통해 트럼프의 인간성을 읽어낸다. 아니나 다를까, 결론은 같다. 트럼프의 병적 기만성은 골프장에서도 쉬지 않는다. 라일리가 책에서 기술하는 트럼프의 골프 관련 거짓말과 속임수는 클럽 토너먼트에서 18차례 우승했다고 주장한다든지, 자신의 핸디캡이 말도 안 되는 2.8이라고 한다든지,[5]

5 오라일리에 따르면 메이저 챔피언십을 18회 차지한 잭 니클라스(80세)도 지금은 핸디캡이 3.5다. 참고로 트럼프는 스코어를 실시간으로 거의 기록하지 않는데, 그 이유는 추후에 자기 스코어를 마음대로 바꾸기 위한 것이라는 게 정설이라고 한다. 트럼프와 여러 번 골프를 친 적이 있는 오라일리는 트럼프의 핸디캡이 "기껏 해봐야 10 정도일 것"이라고 했다.

듣도 보도 못한 칩인 기미chip-in gimme를 챙긴다든지 하는 것으로, 웬만한 잡배 골퍼의 허풍과 반칙의 차원을 뛰어넘어 신사적으로 골프를 치는 사람이라면 입이 쩍 벌어지게 만드는 정신병리적 기만성을 드러낸다. 라일리에 따르면 트럼프는 공을 습관적으로 러프에서 페어웨이로 발로 차 내 캐디들이 그에게 '펠레'라는 별명을 붙여주었다고 한다. 라일리는 지난해 온라인 매체 복스와 인터뷰에서 "이 사람은 마피아의 회계사처럼 속임수를 일삼는다"라고 말했다.

물론 골프장 설계와 시공 등과 관련된 비용을 상습적으로 떼어먹는 이야기를 빼놓을 수 없다. 그중 트럼프가 2006년에 준공된 트럼프 웨스트체스터 골프장 건설 당시 클럽하우스를 설계한 앤드루 테소로에게 지불할 잔액 14만 달러(약 1억 5,000만 원) 중 10만 달러(약 1억 1,000만 원)가 넘는 금액을 떼어먹은 이야기는 널리 알려진 실화다(이 이야기는 2016년 힐러리 클린턴 진영에서 선거 캠페인용 비디오로 제작해서 유포했고, 페이스북에서 최근까지 5,200만 뷰를 기록했다[6]). 맨해튼에 거주하는 앤드루 테소로는 내가 개인적으로 아는 사람이다. 이 책을 준비하면서 최근 통화했을 때, 그는 당시 사건을 회상하면서 다소 고조된 흥분을 다스리며 이렇게 말했다. "트럼프는 매사에 있어서 상대방으로부터 최대한 많은 것을 얻어내기 위해 속임수를 쓰지 않으면 자신이 최선을 다하지 않았다고 생각하는 사람입니다.

6 https://www.facebook.com/100006878355409/posts/2592062037699716/?extid=wJ8Umk9ueaccB2bc&d=n

그는 속임수를 쓰지 않고는 못 배기는 사람입니다. 속임수는 그의 DNA에 새겨져 있어요."

여기서 문득 깨닫게 되는 것은 트럼프에게는 대부분의 정상인처럼 자아의 성취감이나 스스로에 대한 자부심이 중요한 게 아니라, 오로지 자신이 이겼다고 생각하고, 승자로 기억되고, 이겼다는 기록을 남기는 것만이 중요하다는 사실이다. 어린 시절 가치관 형성 과정에서 거짓과 속임수가 체질화된 것임에 틀림없다. 트럼프의 딸 이방카는 트럼프 집안의 이러한 내력을 확인시켜주듯, 스물아홉 나이에 출간한 자신의 책 『트럼프 카드The Trump Card』(2009)에서 이렇게 말했다. "인식은 현실보다 중요한 것이다. 만약 어떤 사람이 무언가를 사실로 인식한다면, 그건 실제로 그것이 사실이라는 것보다 더 중요하다."

그에게 고마운 이유

아난드 기리다라다스는 2019년 11월 하버드대 케네디스쿨에서 가진 인터뷰에서 트럼프가 대통령이 된 것에 감사하는 마음을 갖고 있다며, 그 이유를 이렇게 설명했다.

> 트럼프는 우리가 암에 걸렸다는 것을 깨닫게 해주었다고 생각합니다. … 그가 우리 사회의 가장 추악한 여러 가지 경향을 현란하게 드러낸 것을 고맙게 생각합니다. 그는 돈을 숭배하는 문화

의 나쁜 것들의 화신입니다.

돈을 숭배하는 사회의 추악한 경향이란, 돈을 숭배하는 사회에서 물질적으로 성공한 사람들이 무조건 존경의 대상이 되고 또 그들을 지도자로 모시는 것을 말한다. 최악의 인간들에게 가장 후한 물질적 보상이 돌아가고 그들에게 권력을 내맡기는 사회가 카키스토크라시가 되는 것은 시간문제다. 아마도 관건은 시민들이 사회공동체 차원에서 나라가 망하기 전에 그것을 깨닫느냐, 아니면 벌써 가망이 없는 지경까지 갔느냐, 하는 것이다. 미국은 트럼프 집권 후 이제까지 음지에서 암약하던 부패가 버젓이 대낮의 노상강도처럼 날뛰기 시작하면서, 이제까지 그다지 관심도 없었고 이런 문제에 민감하지도 않았던 사람들마저 악덕 정치의 심각성을 인지하는 분위기다.

이제 미국의 불평등, 인종차별, 기업발 부패는 지도자의 감언이설, 수려한 문장이나 능변으로 포장될 수 있는 성질이 아니다. 오바마는 상징성을 가진 대통령이었으나 현실을 바꾸지 못했다. 오바마는 체제 개혁에 소극적이었고 주류 백인들의 기득권과 싸우기보다 그들과 사이좋게 지내는 쪽을 택했다. 그럼에도 악질 인종차별주의자들은 타협과 절충으로 일관했던 오바마가 시도한 앙상한 개혁마저 반대하며 들고 일어났다. 최초의 흑인 대통령에 대한 증오가 원동력을 제공한 이른바 티파티 운동Tea Party Movement이었다. 내가 여기서 45년 이상 살며 얻은 경험으로 판단하건대, 전체 백인(미국인의 약 65%)의 절반 정도는 미국의 주도권을 '우리'가 절대 빼앗길 수 없다는 인종관을 적극적으로 끌어안거나 최소한 그런 인종관에 유의미한 반대를 하지 않으며, 이는 대체로 트럼프의 콘크리트 지지층인 30~35퍼센트인 것으로 보면 된다. 트럼프가 이룩한 업적이 있다고 한다면, 이제까지 적당히 포장되었던 그러한 악성 인종주의를 뿌리째 드러나게 만든 동시에 그와 같은 금권정치가들이 이 사회를 어떻게 휘두르고 있는지를 일상의 인식 속에 심어주었다는 것이다.

그러한 깨달음에는 두 가지 측면이 있다. 하나는 금전적 성공, 즉 부자가 된 사람의 본보기와 지도력을 바라보는 시각이다. 자본주의 사회의 프로파간다는 돈을 많이 번 사람은 무조건 성공의 모델이 되는 것처럼 착각하게 만든다. 기리다라다스의 표현대로 우리 사회에 암처럼 퍼진 부의 숭배는 사회의 무의식 속에 자리해서 부자는 특별한 사람이라는 생각을 갖게 한다. 나아가 사회는 큰 부자가 된 사람들이 각종 분야에서 전문가일 것처럼 착각하고 그들에게 건강, 교육, 복지 등에 대한 나라의 정책을 맡기는 것을 자연스럽게 여기고, 이와 함께 그들이 돈으로 끊임없이 세력을 확장해 나가는 것을 수동적으로 받아들인다.

아울러 트럼프의 대통령 집권은 이런 자들이 무슨 짓을 해도 처벌받지 않는다는 망국적 현실을 뼈저리게 느끼게 해주었다. 과거의 무수한 사기, 성추행 혐의에도 대통령 자리에까지 오른 것은 트럼프 한 인간의 모습보다 사회의 거대한 상벌 메커니즘을 통해 해석해야 한다. 곰곰이 생각해보면, 트럼프처럼 낮은 품계의 인물이 대권까지 쥐게 된 것은 미국의 부자들, 그리고 특정 인종이 그동안 엄청난 범죄를 저질러도 처벌받지 않고 오히려 승승장구해왔다는 현실을 만천하에 드러낸 것과 다름없다. 철학자 코넬 웨스트의 표현대로 미국은 "범속한 백인들이 높은 자리를 차지해온 긴 역사"가 있는 터다.

2016년 버니 샌더스의 열성 지지자였던 배우 수잔 서랜던은 힐러리가 샌더스를 따돌리고 민주당 대선 후보로 확정된 이후 텔레비전 인터뷰에서 "도널드 트럼프가 당선되면 혁명을 앞당길 것"이라는 의미심장한 말을 했다. 트럼프가 미국의 국론을 치유 불가능하게 분열시켜 극단적인 변화를 초래할 수밖에 없을 것이라는 얘기였다. 지금은 그 말의 선견지명을 외면할 수 없다. 트럼프는 너무도 자명하게 사회에 해악이 되는 탐욕자들이 버젓이 판치는 세상의 현실을 일깨웠다.

무엇보다도 트럼프는 현상 유지에 대한 수동적이고 안일한 사고에서 우리를 흔들어 깨웠다. 미국인 상당수는 끝까지 그를 정통성을 가진 대통령으로 받아들이지 않았다. 그러나 그가 반나절이 멀다 하고 규범과 정통성을 때려 부수는 모습을 지켜보다 보면 이제까지 순진한 국민이 오랫동안 당연시했던 규범과 정통성 자체가 하나의 거대한 허상이 아니었을까, 성찰하게 된다.

트럼프는 이제 단임 대통령이 되었지만 바이든 취임 후에도 본질적으로는 기득권 신자본주의 세력에 우호적인 인물이 미국의 수장인 것은 마찬가지다. 미국은 아직도 심각한 병을 앓고 있는 환자다. 대신 과다 출혈로 회생 불능이 되기 전에 일단 출혈은 막았고 이제 제대로 손을 쓰면 어쩌면 치료가 가능할지도 모르는 상황으로 약간 수습이 되었을 뿐이다. 한 가지 분명한 사실은, 트럼프가 가져온 트라우마는 미국에 있어서 남북전쟁과 대공황만큼이나 깊은 성찰의 계기가 되고 있다는 것이다.

2.
잡놈의 의식구조

남보다 빠르게 행동하라. 남보다 영리하라. 아니면 속임수를 써라.

– 영화 「마진콜」 중

자격지심과 황금만능주의

이 책의 핵심 키워드 중 하나인 '잡놈'은 나에게 마음과 몸가짐이 천박한 사람을 뜻한다. '카키스토크라시', 즉 최악의 인간들에 의한 지배와 '잡놈'이라는 표현은 밀접히 연관되어 있다. 그런 지배 체제는 결국 잡놈 내지는 잡배들이 권력을 장악했을 때의 결과이기 때문이다. 내가 어떤 사람들을 '잡놈'이라고 하는 것은 그들의 신분이나 계급을 따지자는 것이 아니라, 시민성의 중요한 예측변수인 내면의 품계를 정확하게 기술하기 위해서다. 소위 미천한 직업에 종사하는 사람들 중에 고귀한 인격의 소유자가 많듯이, 허울 좋은 부자 중에 잡놈들이 널려 있다. 물론 아무리 점잖고 고상한 사람이라 할지라도 자신도 모르게 순간적으로 떳떳하지 못한 행동을 하거나 하찮은 가치를 좇을 때가 있다. 누구든 조금씩은 잡놈의 요소를 지니고 있는 것이다. 결국 '내 안의 잡놈'이 얼마나 내 삶을 지배하느냐, 이것이 관건이다.

어쨌거나 사람 마음을 지배하는 내면의 품계는 분명히 존재한다. 내면의 품계가 이끄는 일상적 가치의 판단과 선택은 인격의 모양새를 형성하고, 나아가 한 인간의 운명을 좌우한다. 한 인간 내면의 계급은 순간순간 그의 판단과 선택의 이력으로 가늠할 수 있다. 보는 눈이 있는 사람에게는 '내면의 신분'이 보이게 마련이다.

내면의 품계가 낮은 사람의 특징은 그의 삶에서 물질주의가 가장 큰 비중을 차지한다는 것이다. 황금만능주의에 감화되어 사는 사람들은 매사 가치가 아닌 가격을 따진다. 크고 작은 물건부터 타인과의 관계, 직업, 심지어 문화와 예술에 이르기까지 돈으로 환산되는 가치만을 찾는다. 내가 족히 30년 동안 유심히 관찰해온 도널드 트럼프는 자신이 부자라고 떠벌리지만 '돈돈돈' 하는 그에게서 진정한 부자의 여유라고는 손톱만큼도 찾아볼 수 없다. 그는 항공사, 카지노, 영리 대학, 생수와 스테이크까지 돈이 된다고 생각하면 물불 가리지 않고 팔아먹으려 하는 잡스러운 가치관을 가진 인간이다. 심지어 자선사업이랍시고 운영하던 트럼프 재단도 역시나 사익이 목적이었던 사기로 밝혀졌다. 여러 면에서 그는 돈을 위해 무엇이든 집어삼키고 하나같이 수상쩍은 재단을 운영하는 한국의 재벌 족속들과 닮은 꼴이다.

황금만능주의는 지극히 단순하고 저급한 세계관이지만 이 시대 수많은 사람의 상상을 압도한다. 황금만능주의는 인간과 사회의 가치보다 돈과 물건을 중시한다는 면에서 잡배의 가치관이다. 그런 가치관의 계도를 받는 자들 중 다수가 상당한 재물을 모아 거느리고, 진정한 상류가 아님에도 돈이 지배하는 세상에서는 상류 행세를 한다. 트럼프의 '성공'은 황금만능주의가 제대로 먹히는 사회에서만 가능한 일이었다. 트럼프에 있어서 모든 가치 판단의 기준은 돈과 돈을 상징하는 것들이다. 그의 저급한 세계관은 특히 나라가 정치·사회적으로 총체적 위기에 빠져 있는 가운데 그가 오로지 다우존스 지수에만 집착해왔다는 데서 여실히 드러난다. 지금까지도 수백, 수천 만 명이 그를 추종하고 있다는 것은 부와 성공의 외형적인 상징에 매료되어 있는 무리들이 그토록 많다는 얘기다.

사실 돈으로만 모든 가치를 판단하는 사람은, 아무리 부자라 해도 마음 한복판에는 물신을 숭배하는 촌스러움과 인격의 내용으로 경쟁할 자신이 없는 자격지심이 자리하고 있는 사람이다. 내가 말하는 촌스러움이란 옛 시골 사람들에게서 풍기던 정겨운 순박함이 아니라 부의 상징에 대한 갈망과 돈이 사람의 가치를 말해준다고 생각하는 '찌질한' 가치관이다. 미국 작가 프랜 리보위츠는 트럼프의 부자관을 "가난한 사람이 갖고 있는 부자의 개념"이라고 했다. 『포춘』 선정 500대 기업, 『포브스』의 미국 400대 부자 같은 순위 따위에 최상의 가치를 두는 인간들은 그 사다리를 오르기 위해 무슨 짓이라도 할 수 있는 사람들이다. 10억 달러와 20억 달러의 차이란 단지 숫자에 불과하지만 돈밖에 모르는 잡배들은 그 차이에 목숨을 건다. 트럼프는 1982년 『포브스』의 미국 400대 부자 명단에 오르기 위한 수작의 일환으로 『포브스』 기자에게 전화를 걸어 존 배런이라는 가상의 트럼프그룹The Trump Organization 임원을 사칭, 코맹맹이 목소리로 엄청나게 부풀린 자산 정보를 제공한 적도 있다. 이 얘기는 여러 매체에서 보도된 유명한 일화다.

트럼프는 또 대통령 취임 직후 자신의 "브랜드가 그 어느 때보다도 핫hot하다"며 천박하기 짝이 없는 말을 하기도 했다. 대통령이 된 후에도 트럼프와 그 집안의 돈에 대한 집착은 한결같다. 천성적으로 경제적 불안감과 강박증에서 헤어나지 못하는 것이다. 자라난 환경과 뇌 구조상, 그 방법과 과정이야 어떻든 강대국의 최고 권좌에까지 오르고 이제 팔순을 바라보는 나이에 아직까지도 돈밖에 믿을 것이 없다는 단세포적 신념으로 가득 차 있다는 얘기다. 사실 트럼프 같은 지도자의 가장 큰 위험성은 대통령직마저 수익 모델과 마케팅 차원에서 바라보는 비천한 세계관에서 비롯된다. 그 세계관이 대통령의 권력을 사익 추구에 써먹으려는 모든 발상의 원천이기 때문이다. 이런 탐욕자에게는 사회 공동체는 물론 국가도 관심사가 되지 못하며, 인류의 미래 따위는 안중에도 없다.

이처럼 타인에게, 사회에, 국가에, 지구에 피해를 주더라도 돈을 긁어모아야 한다는 강박증에서 헤어나지 못하는 정신병리학 수준의 속물이 지난 4년 동안 미국의 대통령 행세를 해왔다. 이런 자에게 나라를 맡겨서는 안 되지만 어쩌다가 여기까지 왔다. 돈밖에 모르는 인간의 세계관 속에서는 한 폭의 그림도, 나무 한 그루도, 사람의 목숨도 금전화하지 못한다면 가치가 없다. 그런 인간은 경제적 가치와 인간적 가치를 혼동하는, 인간 사회에 해로운 존재다.

1987년에 나온 『거래의 기술』 집필을 위해 트럼프와 수백 시간에 걸쳐 인터뷰를 진행하고 온갖 상황에서 그와 시간을 함께했던 대필 작가 토니 슈워츠는 '트럼프 전문가'로 널리 각광받는 사람이다. 그는 얼마 전 텔레비전 인터뷰에서 자신의 눈에 비친 도널드 트럼프의 병적인 자격지심을 이렇게 정리했다.

> 남자들이 특히 많이 앓는 병, 특히 내심 자신들이 뭔가 부족하다는 생각을 하며 자란 남자 중 거의 대부분이 앓는 병이 있습니다. 가정에서 사랑받지 못하고 인정받지 못했던 것을 돈과 권력, 명성을 통해 외부에서 얻으려는 병입니다. 트럼프가 하는 행동의 핵심에는 이 병이 있습니다.[7]

무조건 이겨야 하는 상스러움

트럼프 스토리는 간단히 말해 리얼리티쇼의 본산지인 미국에서 유독 가능한 천박하고 촌스러운 출세주의자의 이야기다. 트럼프는 항상 아웃사이더였다. 단, '주류'라고 하는 사람들의 위선과 가증스러움에 도전하는, 어떤 존엄성을 지닌 진정한 의미의 아웃사

7 MSNBC 「The Beat with Ari Melber」, 2020. 9. 30.

이더가 아니라, 상류층 사교계에 끼고 싶어도 지성이나 기지機智가 모자라 끼지 못하고, 그것을 눈치채지 못한 채 무조건 돈만 많으면 상류라고 생각하는 그런 촌스러운 아웃사이더란 얘기다.

뉴욕의 계보 있는 상류들이 '변두리'로 여기는 퀸즈에서 자란 트럼프는 일찍부터 주류 사교계의 중심지인 맨해튼에 진출하려 안간힘을 썼다. 하지만 마침내 맨해튼에서 플라자호텔을 매입하고 트럼프타워를 지은 후에도 그는 주류 사교계에 끼지 못했다. 부친 덕에 돈은 어릴 때부터 많았지만 매너나 언변, 어휘력, 사고방식 등은 모두 가방끈 짧고 교양과 세련미 없는 '상놈'임을 감출 수 없는 수준이었다. 그는 귀족 행세를 하고 싶었으나 지성과 감성의 알맹이가 없었다. 트럼프의 부친 프레드 트럼프는 1885년 무직 청년으로 미국에 이민 와서 자수성가했지만 계보는 초라한 사람이었다. 그가 부동산으로 돈을 많이 벌었지만 노골적 인종차별을 일삼은 악덕 건물주였다는 것을 모르는 사람은 없다. 사실 계보란 경제적으로 어느 정도 수준에 도달하면 배타적인 사교계에서도 덕망이나 올바른 행실을 통해 어느 정도 극복할 수 있는 법이지만, 도널드 트럼프의 문제는 그에게서 미국 상류층이 중시하는 귀인성 비슷한 것을 전혀 찾아볼 수 없었다는 것이다.

트럼프의 삶을 들여다보면 순간적으로 연민마저 스쳐가는 상스러움이 자리하고 있다. 그는 진정한 '승자'가 무엇인지에 대한 오해를 갖고 살아온 사람이다. 그가 갖고 있는 부자관은 촌놈의 부자관이다. 그리고 그는 지식이나 지성이 무엇인지도 도통 알지 못한다. 그는 자신이 '대단한 천재'라고 수도 없이 얘기했는데, 그가 생각하는 '똑똑한 사람'의 개념은 일체의 배움 없이 살아온 자의 미천한 사고를 드러낼 뿐이다. 그는 자신이 대단한 실력으로 와튼 경영대학원에 들어간 것처럼 얘기하지만, 실제로는 뉴욕 포덤대에 다니다가 입학사정관과 친구였던 형(프레드 트럼프 2세)의 '빽'으로 전학했다(뿐만 아니라, 당시 트럼프를 인터뷰했던 입학사정관에 따르면 트럼프가 전학한 1960년대에는 와튼 입학률이 50퍼센트 이상이었고, 전학생 입학률은 그보다도 높았다). 나는 뉴욕에 살면서 청소년 시절 때부터 40여 년 동안 심심찮게 트럼프의 소식을 접했다. 처음에는 특별한 관심을 가지지 않았지만, 그에 대한 소식을 신문과 방송에서 볼 때마다 그가 대단한 보상 심리와 열등감, 지위 불안의 화신이라는 것쯤은 느낄 수 있었다.

트럼프의 아버지는 트럼프에게 어릴 때부터 '너는 킬러(살상 본능이 있는 승자)가 되어야 한다'는 말을 끊임없이 주입시켰다고 한다. 그런데 문제는 공정하게 승자가 될 수 있는 능력이 트럼프에게 없었다는 것이다. 모든 얘기를 종합해보면 그는 뛰어난 두뇌의 소유자도 아니었고(조카 메리 트럼프는 최근 펴낸 저서에서 삼촌에게 '학습장애'가 있었다고 썼다) 덕망이나 인간미나 설득력으로 사람의 마음을 움직이는 재능이 있었다는 정황도 전무하다. 단지 무조건 이겨야만 한다는 단세포적 강박 관념의 지배 아래 타인의 것을 빼앗고, 상처를 주고, 모든 룰과 도의 따위를 엎어버리면서 '승자'를 자처하는 '반칙왕'의 인생을 살아왔다.

트럼프의 미국 대통령 당선은 자신의 본분이나 소명에 대한 성찰은 일체 없이 어떻게든 이겨야 하고 부자가 되어 떵떵거리며 살아야만 한다는 강박증을 가진 인간들이 판치고 있음을 일깨워준 사건이었다. 그런 인간들은 '승리'라는 목표만을 향해 돌진하면서 타인에게 피해를 주더라도 절대로 지지 않기 위해 반칙과 거짓말과 조작을 일삼는다.

오로지 결과만이 중요하고 과정은 중요하지 않은 인생의 중심에는 의연하지 못한 영혼이 있다. 머릿속에 들어 있는 '승자'의 정의가 심각하게 왜곡되어 있는 이런 이들은 진정한 승자의 의연함, 아량, 여유, 감정 이입, 책임감, 절제, 원칙 등의 내면화를 가능케 하는 인성적 역량이 성장 과정에서 제대로 발달하지 못했기에 모두가 '승자와 패자'로 갈리는 극도로 단순한 패러다임에서 헤어나지 못한다. 사실 열등감으로 가득 찬 촌놈들이 가끔 이기는 것이 무슨 대수겠냐마는, 그런 촌놈들이 권력을 잡았을 때는 문제가 생긴다. 건강한 사회에 있어 촌놈과 잡배들의 위험성은 그들의 보상 심리 속에 내재한다. 독재나 권위주의의 뿌리에는 보복심과 보상 심리가 자리하고 있는 경우가 많다.

특히 정치적 보복은 이런 보상 심리의 연장선에 있다. 트럼프의 경우 진정한 상류사회에 끼어본 적이 없기에 『뉴욕타임스』를 비롯한 이른바 '엘리트'들에 대한 적개심과 보복심이 대단하다. 인종주의자라는 개연성이 농후한 트럼프가 전임자 오바마가 누렸던 인기를 항상 시기해왔음은 널리 알려진 사실이다. 그는 2011년 오바마의 '출생지 문제'라는 음모론을 날조해서 오바마의 대통령 자격에 대한 의혹을 제기한 장본인이다. 그리고 그가 시행한 거의 모든 정책은 오바마의 업적으로 여겨지는 정책을 아예 뒤집거나 무효화하려는 '청개구리 정책'이라고 보면 된다. 오바마케어 폐지 시도부터 불법체류자 구제 프로그램인 다카DACA의 무용지물화, 파리협정과 이란과의 핵 협정 탈퇴, 그리고 각종 환경 및 금융 규제 완화와 폐지 등은 모두 오바마가 성취한 것들을 뒤엎는 것이 주된 목적이었다. 심지어 대북 정책까지도 오바마의 '전략적 인내' 정책을 한 방에 깨부수고 한반도에서 오바마도 이루지 못한 '한 건'을 손쉽게 이룰 수 있다는 촌스러운 발상에서 나온 것이었다.

현재쾌락형 인간

미국의 케이블 방송 MSNBC의 아침 프로그램을 진행하는 조 스카보로 전 공화당 소속 연방 하원의원은 언젠가 도널드 트럼프를 '데이트레이더'라고 지칭했다. 살아가는 방식이 주식 시장의 단기매매꾼과 같다는 것이다. 데이트레이더라고 불리는 사람에게 장기적인 안목이나 언젠가 돌아올 대가를 기다리는 끈기 따위는 가치가 없다. 그런 자에게 인간 만사는 매 순간이 '거래'의 연속이어서 그때그때 당장 눈에 보이는 이익만 좇는다. 트럼프는 평생 단기 차익과 즉각적인 만족만을 추구하며 살아온 인간이다.

심리학에서는 이런 유형의 인간을 현재쾌락형present hedonist이라고 한다. 어린아이들은 모두 지금 이 순간의 쾌락을 추구한다. 당장 재미있는 것을 해야 하고, 먹고 싶은 것을 먹어야 하고, 주사를 맞는 것 같은 고통스러운 일은 무조건 피해야 한다. 하지만 정상인은 철이 들면서 그런 성향이 현실에 맞게 조율된다. 현재쾌락형 인간이란 성인이 된 후에도 즉각적인 만족만을 찾는, 호모 사피엔스 특유의 전뇌前腦 발달 현상인 미래지향future-orientation이 없는 장애인을 말한다. 심리학자 필립 짐바도[8]는 2017년 온라인 매체 살롱과의 인터뷰에서 트럼프가 "절제를 모르는 현재쾌락형 인간"이라고 했다. 그의 설명인즉 현재쾌락형 인간들은 행동지향적으로, 우선 행동한 다음 생각을 하는 반면 미래지향적 인간(정상인)들은 먼저 생각한 다음에 행동을 할지 결정한다는 것이다.

미래지향적 사고는 한 나라를 이끄는 지도자의 기본적 자질에 속한다. 사회와 국가의 존속에 있어 미래를 내다보는 것처럼 중요한 것은 없다. 미국은 제일 처음 달나라에 인간을 보내고 태양계 바깥으로 탐사정을 내보내는 등 한때 원대한 비전을 가진 나라였다. 항공우주국NASA, 해양대기청NOAA, 그리고 74년 전 설립된 전염병센터Communicable Disease Center로 시작한 질병통제센터CDC 등 당장 손에 잡히는 이익이 없더라도 미래에 대비하는 부처들에 막대한 예산을 투입했던 나라다. 하지만 최근 CDC의 예산 삭감과 정치도구화에서 보듯이 미국은 이제 오로지 당장의 손익만 계산하는 잡배들이 국가와 인류의 미래를 좌우하는 결정들을 내리는 나라가 되었다.

지난 4년간 미국 권부의 구석구석을 장악해온 모리배 집단의

8 1971년 스탠포드 감옥 실험을 설계하고 진행한 연구 책임자로 유명하다.

수괴는 물론 트럼프다. 트럼프는 개인의 욕망과 공익을 아주 기본적인 수준에서도 분간하고 분리하지 못하는 심각한 장애를 갖고 있다. 그는 취임하자마자 수질 관련 허가 기준 완화부터 초과 근무 수당과 인터넷 도박에 이르기까지 부동산, 건설, 엔터테인먼트, 숙박업, 도박, 골프 등 자신과 친밀한 관계를 맺고 있는 산업에 혜택을 주는 각종 정책을 시행했다. 자신과 친분이 있는 이들 업계 관계자들을 각료로 임명하는 등 정경유착의 의도를 아예 감추려 하지도 않았다. 자신의 골프장에서 주말마다 골프를 치며 경호팀과 백악관 관계자가 정부 돈을 쓰게 하고, 심지어 자신이 소유하는 골프장의 숙박 시설을 비밀경호국Secret Service에 바가지요금으로 임대하는 등 정부 예산에 버젓이 '빨대'를 꽂았다. 2020년 2월 7일 『워싱턴포스트』 보도에 따르면 2017년 1월~2018년 4월 경호처에서만 자그마치 47만 1,000달러(약 5억 원)가 트럼프 소유 회사들에 지급된 것으로 집계됐다. 국민의 시선을 의식해서라도 노골적인 사익 추구를 삼가는 최소한의 만족 지연 능력도 없는 것이다.

그리고 대통령이라는 사람이 악의적인 충동질에 불과한 트위터 메시지를 하루에도 수십 건, 때로는 100건 이상 올리는 가히 경이로운 수준의 잡스러움은 그것이 과연 현실인지 꿈인지 의심스러울 정도다. 그런 행태는 한편으로 철없는 인간의 촐싹거림의 극치로 치부하고 무시해버릴 수도 있지만, 또 다른 한편으로는 이런 자가 핵무기 발사권을 가지고 있었다는 사실에 대한 공포를 자아낸다.

어쩌면 이 같은 인간들은 인간의 삶이란 "고독하고, 가난하고,

비천하고, 짧다"고 생각한 토머스 홉스의 "만인의 만인에 대한 투쟁"을 내면화하고 "챙길 수 있을 때 챙겨야 한다"는 깨달음의 경지에 도달한 것일지도 모른다. 그렇다면 그들은 세상에 대한 두려움과 타인에 대한 불신의 지배를 받는 것이며, 아울러 자신의 지위가 견고하지 못하다는 불안감에 사로잡혀 있다는 얘기다.

지금 미국에서나 한국에서나 이런 유형의 수많은 인간이 정부의 고위직과 기업의 임원 자리를 차지하고 있음을 우리는 안다. 이들은 눈앞에 보이는 사익만을 좇고 원대한 비전이 없기에 후대에 어떤 세상을 물려줄 것인가는 생각하지 않는다. 지금 당장의 사익을 위해서라면 공동체든 환경이든 망가지는 것을 아랑곳하지 않는다. 이런 자들이 생활 화학 제품의 안전성이나 핵 재처리 등 핵시설의 위험에 대해 정직하리라고 믿는가. 이제까지 대형 담배업체 및 석유업체, 그리고 몬산토 같은 농화학 제품 생산업체 등이 눈앞의 이익 때문에 인명과 환경을 희생시킨 사례들을 수도 없이 봐왔음에도 말이다.

현재쾌락형 인간이 지배하는 세상에는 단기적 수익과 실적만 있을 뿐이다. 원대하고 장기적인 비전과 전 세계적 차원의 해결책이 요구되는 핵에너지, 기후 변화, 위험천만한 인공지능 등의 문제가 지금 대체로 이 같은 인간들에게 맡겨지고 있다는 현실이 암울하기만 하다.

정신병리와 리더십

이 책에서 '잡놈'이라 표현하는 인간들의 가장 두드러지는 특징은 공감 능력과 죄책감이 없다는 것이다. 심리학에서는 공감 능력과 죄책감이 없는 사람들을 '소시오패스'로 규정한다. 그렇다면 우리말에서 통속적으로 행실이 유난히 반사회적인 사람을 표현하는 잡놈이란 결국 소시오패스와 동의어로 생각할 수 있다는 얘기가 된다. 아무튼 잡놈이라 하든 소시오패스라 하든, 현대 사회의 지도자 중에 그런 유형의 인간이 참으로 많다는 사실이 갈수록 분명해지고 있다.

『직장으로 간 사이코패스』는 리더십과 정신병리의 상관관계를 설득력 있게 제기한 책이다. 이 책에서 기술하는 연구 결과에 따르면 대기업의 고위 간부직, 특히 CEO들 중에 사회병질 양상을 보이는 사람들이 의외로 많으며, 그 유병률(4퍼센트)이 일반 대중(1퍼센트)에 비해 훨씬 높은 것으로 나타났다. 이 책의 공동 저자 로버트 헤어는 특히 천문학적 단위의 자본이 움직이고 기업형 사행심이 지배하는 금융 중심가에서는 그 유병률이 10퍼센트 이상일 수도 있다고 단언했다.

소시오패스와 함께 가장 자주 제기되는 병명은 악성 자기애malignant narcissism다. 이 표현은 사회심리학자 에리히 프롬이 1964년 악惡의 대명사로 처음 썼는데, 정신과적 진단명으로는 1984년 정신분석가 오토 컨버그가 발표한 논문에 처음 등장했다. 이 정신병은 일반 자기애나 흔히 말하는 자기도취self-absorption와 차원이 다른 심각한 병리로 극단적인 자기애, 반사회적 행동, 죄책감의 부재, 거대 자신감grandiosity, 권력 추구, 공격성, 가학증 등의 혼합적 심리 증후군으로 규정된다. 캐나다의 범죄학 전문가 알렉산더 애브더너는 『위장된 공격성Camouflaged Aggression』이라는 책에서 악성 자기애 환자들의 특징은 가정과 조직에서 파탄적 행동을 일삼고, 상종하는 사람들을 비인간적으로 대하는 것이라고 했다. 지금은 도널드 트럼프의 정신 상태를 주제로 다루는 기사에서 이 병명이 종종 언급된다.

임상심리학에 '경고의 의무duty to warn'라는 것이 있다. 이 분야 종사자들은 어떤 대상에서 문제가 관찰될 경우 위험에 노출될 수 있는 사람들의 안전을 위해 그 사실을 알려야 하는 의무가 있다는 것이다. 실제로 캘리포니아주립대에서 그런 의무를 소홀히 했다며 손해 배상 판결을 내린 캘리포니아주 대법원의 판례도 있다. 2019년 12월 하원에서 트럼프에 대한 탄핵 심리를 앞두고 그의 정신 건강 상태가 급속히 쇠퇴하고 있다는 편지를 심리학자와 정신 건강 전문가 350명이 서명해 의회에 제출한 것은 이러한 경고의 의무의 취지에서였다. 이에 앞서 하버드대 심리학 교수 대니얼 길버트는 트럼프가 "터키의 경제를 완전히 파괴하고 말살시킬 것"이라는 트윗을 올린 것에 대해 "이건 정신 건강을 이유로 강제 입원이 필요한 경우"라고 말하기도 했다.

『도널드 트럼프라는 위험한 사례』는 이 같은 경고의 의무의 취지가 담긴 책으로, 저명 심리학자와 정신과 의사 27명이 트럼프의 언행을 임상심리학적으로 분석하는 글을 엮어 출간한 것이다(2년 후 증보판에서는 전문가 글이 37개 꼭지로 늘어났다). 이 책에서 심리학 전문가들이 트럼프를 보는 시각의 공통점은 이 사람의 소시오패스 성향, 사이코패스 성향, 악성 자기애, 현재쾌락성으로 인해 국가 안보가 위협받고 있으며, 직접 진단하지 않았더라도 모든 정황을 종합해서 분석한 임상심리 전문가 입장에서 경종을 울리는 것이 마땅하다는 것이다. 이 책의 편집인인 예일대 출신 (한국계) 심리학자 밴디 리는 워싱턴 정가를 전문적으로 다루는 온라인 매체 DC리포트에 기고한 '개입해야 할 때가 왔다It's Time For an Intervention'는 제목의 글(2019. 12. 24.)에서 이렇게 말했다. "미국 CIA는 외국 지도자들에 대한 심리학적 프로파일링을 수행하는 정신의학자들을 고용한다. 우리의 지도자 역시 이와 마찬가지로 보다 심도 있게 이해할 수 있다면 유익할 것이다. 특히 우리의 안전이 그에 대한 정확한 이해와 관리에 달려 있기에 말이다."

심리학자들이 이같이 평가하는 자가 백악관에까지 입성했다는 사실보다 위험한 것은 물론 없겠으나, 지금 제4차 산업혁명의 핵심적인 기술을 개발하고 보급하는 실리콘밸리 CEO들에 대한 우려도 만만치 않다. 지금 시대에 거의 모두가 인식하고 있는 이 문제에 대해 실리콘밸리의 벤처 투자가 브라이언 스톨은 흥미로운 이야기를 했다. 2017년 3월 사우스바이사우스웨스트SXSW 축제에서 '실리콘밸리의 사이코패스들'이라는 주제의 토론에 참석해 기업의 리더십에 소시오패스들이 많은 이유는 투자자들이 본전을 생각하기 때문이라고 주장한 것이다. "투자자로서 창업자에게 돈을 투자하면 창업자를 보호하게 되어 있습니다. 모든 것이 그 사람에게 달려 있기 때문이죠. 그가 나와 같은 배를 탔기 때문에 그의 행동을 모른 체하는 겁니다." 자본이 지배하는 사회의 현실 속에서, 이 말은 자본과 사회 병리의 상관관계를 다시금 상기시킨다.

3.
잡놈 지배의 토양

정의가 실현되지 못할 때, 가난이 강요될 때, 무지가 만연할 때, 그리고 어느 한 계급이 사회가 자신들을 조직적으로 억압하고, 약탈하고, 모멸감을 주기 위한 음모를 꾸미고 있다는 느낌을 받을 때, 사람도 재산도 안전하지 못하다.
- 프레더릭 더글러스

니힐리즘

미국 현지에는 2016년 트럼프가 제45대 대통령에 당선되었다는 사실에 경악한 것은 물론 지난 4년 내내 그 결과를 받아들이기를 아예 거부해온 사람이 수두룩하다. 국민이 아무리 우매하다 해도 어떻게 이런 인간이 초강대국이라는 미국의 국가 원수 자리에까지 올라갈 수 있었는지, 수많은 사람이 오랫동안 밤잠을 설쳤다. 실제 트럼프 자신도 전혀 당선을 기대하지 않았다는 것이 지배적인 분석이다. 트럼프의 대선 도전은 애초 마케팅과 브랜드를 키우는 것이 목적이었다는 것이다. 또 2016년에는 트럼프가 낙선하면 방송 네트워크를 차릴 것이라는 소문이 있었고, 2020년 대선 이후에 그런 얘기가 다시 구체적으로 보도되고 있다.

아무튼 2016년 대선에서 수많은 미국인의 선택을 설명해주는 키워드가 있다면 그것은 정치는 물론 국가 자체에 대한 니힐리즘(허무주의)이다. 지금 미국은 수많은 서민에게 자포자기를 권하는 국가다. 기득권과 지배층이 제 구실을 하지 못할 때의 사회 경제적 토양과 페이스북, 트위터 같은 가상의 공간에서 난무하는 프로파간다 등 선동적 환경과 조건이 모두 한꺼번에 환상적으로 겹쳐 2016년 11월의 결과를 낳았다고 봐야 한다.

그리고 그때 민주당에서 내세운 후보가 어떤 사람이었는지도 분명히 기억해둘 필요가 있다. 한국에서는 잘 모를 수도 있는데, 힐러리 클린턴은 현지 가까이서 보는 많은 사람에게 참으로 가증스러운 인간형이었다. 진보와 무소속 유권자 중 "힐러리는 절대 안 돼 Never Hillary"라는 정서가 무시 못 할 비율을 차지했고, 종국에는 그것이 힐러리의 결정적인 패인이었다. 당시(그리고 지금도) 힐러리라는 후보가 철저하게 부패한 비호감, 밉상인 민주당 기득권 후보라는 인식이 팽배했다는 것은 절대 간과할 수 없는 사실이다. 수많은 무소속 유권자가 힐러리를 영어권에서 쓰는 표현으로 '연성 부패soft corruption'라고 하는 간접적, 우회적 정경유착의 얼굴로 인식했고 결국 투표를 포기하거나 에라 모르겠다며 트럼프에게 표를 던졌다.

트럼프에게 결정적인 선거인단을 건네준 위스콘신, 펜실베이니아, 미시간 등 3개 경합주에서의 표차는 통틀어 7만 표로 모두 1퍼센트 미만의 결과였다. 모두 신자유주의 아웃소싱에 가장 큰 피해를 입었다고 할 수 있는 주다(조 바이든은 이번 대선에서 이 3개 주를 도합 25만 표 이상으로 이겼다). 앤드루 양의 분석에 따르면 이른바 러스트 벨트rust belt, 백인 근로계층의 고장인 미시간, 오하이오, 펜실베이니아, 위스콘신, 미주리 등의 경합주에서 생산직 일자리 400만 개가 자동화로 사라졌다. 선거구 데이터를 보면 생산용 로봇 도입의 증가와 2012년 대선에 비해 트럼프 쪽으로 표가 이동한 비율 간에 직접적인 상관관계가 있었다. 근소한 차이로나마 트럼프 같은 괴물이 대통령에 당선될 수 있었던 것은 근로계층의 분노와 환멸 끝에 찾아온 니힐리즘이 반영되었기 때문이라는 분석이다.

아이러니컬한 것은 트럼프 당선의 가장 직접적인 원인은 최초의 흑인 대통령으로 미국에 희망을 가져온 듯했던 오바마였다는 것이다. 여전히 백인우월주의를 내려놓지 못하는 적지 않은 백인들의 무조건적 혐오감은 일단 논외로 하더라도, 오바마에 대한 기대가 컸던 만큼 실망이 크게 작용했다는 것을 무시할 수 없다. 오바마는 2008년 반기득권 아웃사이더로 '희망'을 내세웠지만, 당선된 후에는 거의 전적으로 기득권을 보호하는 정치를 했다. 힐러리 수준의 가증스러운 위선은 없었다 하더라도 오바마는 기득권의 현상 유지 논리를 큰 틀에서 대체로 수용했다. 다수의 백인을 포함한 국민이 혁명적 변화를 기대하며 그에게 8년이라는 기회를 주었지만 그는 시대가 요구하는 대변혁을 이끌 혁명적 인물이 되지 못했던 것이다. 흑인인 코넬 웨스트 교수는 "가슴 아픈 진실은 버락 오바마가 없었다면 도널드 트럼프도 없었을 것이며, 신자유주의 정책이 없었다면 신파시즘의 득세도 없었을 것이라는 것"이라고

했다.[9]

린든 존슨 대통령은 미국의 인종주의 정치와 관련해서 유명한 말을 남겼다. "최하층의 백인에게 자신이 가장 성공한 흑인보다 낫다고 납득시킬 수 있으면, 그는 자신의 주머니가 털리는 것도 모를 것이다."[10] 이 말을 뒤집어서 생각해보면, 자신들의 처지가 비참하다고 느끼는 최하층의 백인들은 다른 인종에게 인색해지고 그들에게 화풀이를 하게 된다는 깨달음에 도달한다. 미국 '최하층의 백인'들은 오바마의 8년 임기 동안 자신들의 삶이 괜찮다고 생각할 만한 경제적 발전과 불평등의 개선을 느끼지 못했다. 오바마 역시 서민을 외면한 신자유주의 정책에서 자유롭지 못했고, 그 정책의 직접적인 피해자인 최하층 백인들의 분노가 2016년 대선에서 '결정적 표발'이 되었다. 교육 수준이 가장 낮고, 사고가 편협하고, 입지가 불안한 백인들은 그 분노의 표출구를 트럼프의 인종주의 정치에서 찾은 것이다(물론 오로지 기득권 유지를 위해 트럼프에게 기꺼이 표를 준 백인 중상류층도 상당히 많았다. 한국계 미국인들을 포함해서 낮은 세율을 가장 중요하게 생각하는 소수계 고소득자 중에도 그런 사람들이 적지 않았다. 하지만 그들은 어차피 경제밖에 모르는 '무조건 공화당' 표였고 부동표로 볼 수 없다).

"미국을 다시 위대하게MAGA"라는 구호에 담겨 있는, 과거에 대

9 코넬 웨스트, 『인종 문제(Race Matters)』 25주년판 서문

10 "If you can convince the lowest white man he's better than the best colored man, he won't notice you're picking his pocket."
- 존슨의 대통령 시절 보좌관이었던 빌 모이어스에게 한 말로 전해짐

한 막연한 향수와 인종주의에 기반을 두는 복고주의는 비참한 불평등이 고착화한 경제적 환경에서 당위성을 얻었다. 트럼프를 지지한 그들은 인종주의 혐의를 극구 부인하며 지금의 썩은 체제를 뒤엎기 위해서는 극단적 선택 이외에 다른 방법이 없었다고 한다. 여기서 다시금 상기해야 하는 것은, 트럼프라는 인간은 이 시대의 거대한 사회 병폐 증상에 불과하다는 사실이다. 괴물 같은 자본의 횡포, 대규모 민영화, 그리고 갈수록 빈약해지는 사회안전망에 대한 서민의 불안감이 그와 같은 인간이 대통령 자리에 오를 수 있는 니힐리즘의 토양을 제공했다. 트럼프는 여러 면에서 물질주의, 개인주의, 미국예외주의의 조합인 현대 미국 대중의 근본을 대표하는, 천박한 나르시시즘의 극단적인 표본일 뿐이다.

곰곰이 생각해보면 재난이나 재앙, 즉 태풍, 지진, 팬데믹 등이 없이는 이데올로기, 가치관 등 근본적인 문제들이 좀처럼 성찰의 대상이 되지 않는다. 최악의 인간들에 의한 지배도 사회를 파괴하는 재앙이다. 도널드 트럼프가 재앙을 몰고 온 태풍이라면, 신자유주의 이념을 바탕으로 극심한 불평등을 초래한 변태적 자본주의는 지난 반세기 동안 기후 조건을 조성해준 바다다. 트럼프라는 인물은 그 바다로부터 이무기처럼 솟아오른 상징적인 괴물이다.

사기(詐欺)의 시대

현대 사회는 오랫동안 가히 병적인 수준의 기대와 욕망을 키워왔다. 천민자본주의의 허상이 심어주는 일확천금과 인생 역전의 환상은 수많은 이의 사행심을 끊임없이 충동질한다. 한국의 보물선, 옵티머스, 라임펀드 등의 사건과 미국의 테라노스와 버나드 메이도프 폰지사기 사건들의 공통점은 어떻게 해서라도 큰돈을 '한 방에' 벌어야 한다는 강박의 지배를 받는 '대형 사기의 수요자들'이 있었다는 것이다.

기대와 욕망의 수위가 높아지면서 부정과 편법에 대한 내성耐性이 강해졌다. 부당한 방법을 동원해서라도 남의 것을 빼앗겠다는 심보, 과장을 넘어 사기성이 농후한 자기선전, 그리고 물론 이 시대를 풍미하고 있는 가짜뉴스와 허위 정보의 범람, 이 모두가 변태적 각자도생을 강요하는 사회에 적응한 인간의 모습일지도 모르겠지만, 어쨌든 지금은 '사기의 보편화' 시대, 불신이 만연하고 사회적 거래 비용이 치솟는 와중에 유난히 간 큰 사기꾼들이 크게 먹는 시대다. 일리노이주 녹스칼리지의 팀 캐서 교수는 이렇게 말한다. "우리의 자본주의 형태는 물질주의적 가치들을 장려하는데, 연구에 따르면 물질주의에 취한 사람들은 비윤리적인 비즈니스 행동을 자행하고 자신들의 목적을 달성하기 위해 사람들을 조종하려 할 가능성이 더 크다."[11]

물질주의적 가치만을 좇는 사회는 자연적으로 발생하는 것이 아니라 제도와 기관을 동원해서 물질주의를 고취시키려는 지배층의

11 『Monitor on Psychology』, 2009. 1.

선택의 결과로 생겨난다. 역사 속의 독재, 전체주의 국가들은 거의 예외 없이 거대한 거짓말big lie을 기용해왔다. 대부분 이데올로기의 형태를 띤 대국민 사기, 프로파간다는 국가가 국민을 상대로 일방적으로 퍼뜨린다. 하지만 정보에 대한 자유로운 접근이 가능한 듯한 명목상의 민주자본주의 국가에서도 거대한 거짓말들은 대중의 삶에 스며 있다. 그중 지금 온 국민이 무의식중에 동의하고 참여하고 있는 금융 시스템 자체가 이 시대의 각종 제도적 술책과 프로파간다 동원으로 정당화되는 거대하고 체계적인 사기라는 것을 음미해볼 필요가 있다. 이를테면 모든 헤지펀드는 자세히 들여다보면 본질적으로 폰지사기의 경계선을 넘나드는 요소를 지닌다. 그 양상에 대한 전문적인 탐구는 이 책의 한계를 벗어나지만, 어느 정도의 호기심과 성의가 있는 사람이라면 누구든 쉽게 접근할 수 있는 방대한 자료가 존재한다. 금융에 있어서는 문외한이라 할지라도 2008년 미국발 금융 위기의 막후 술책들을 그린 「빅쇼트」나 「마진콜」 같은 영화와 당시 상황의 배경과 주역들의 선택을 보여주는 다수의 다큐멘터리를 열린 마음으로 본 사람이라면 금융자본주의 체제가 근본적으로 대형 사기범들에게 유리하도록 조작되어 있다는 결론에 도달하지 않을 수 없다.

금융자본주의의 타락은 세계 금융의 중심가 맨해튼에서 90분 떨어진 커네티컷주 그리니치의 변천사를 통해 단편적으로나마 고찰해봄 직하다. 그리니치는 지금 맨해튼 금융가에서 떼돈을 버는 부자들이 많이 살고 있는 '베드타운'이지만, 한때는 미국 '올드머니'의 정서와 전통이 물씬 풍겼던 곳이다.[12] 지금은 그리니치 일대의 '골드코스트'[13] 지역이 '뉴머니', 즉 졸부 정서가 지배하는 헤지펀드와 신세대 금융 모리배들의 터전으로 바뀌었다.

이처럼 전통 깊고 점잖은 부자들의 정서가 지배하는 곳으로 알려져 있던 동네가 2008년에 찾아온 금융 재앙의 씨앗을 품고 있다는 징후는 오래전부터 감지됐다. 1999년까지는 뉴욕증권거래소의 세칙상 골드만삭스 같은 증권회사들이 개인 합자회사의 형태로만 영업할 수 있었는데, 그때까지만 해도 월가에서 돈을 번 부자들은 은퇴할 때 자신의 보유 지분을 다음 세대에 고스란히 넘겨주는 것이 예사였다. 부자들이 어느 정도 수준의 성공을 달성하면 행복하게 은퇴하는 것이 당연한 것으로 여겨지던 시절이 있었던 것이다. 그런데 레이건이 몰고 온 신자유주의 바람과 함께 증권회사의 영업 행위에 대한 각종 규제가 풀리고 대형 은행과 증권사들이 증시에 상장되면서 기풍이 완전히 바뀌었다. 투자자들은 저마다 높은 수익을 기대했고 금융업자들의 투자 행태는 갈수록 모험적으로 치달았다. 헤지펀드를 비롯한 투자 전문 회사들은 단기 횡재를 노리는 습관이 체질화되어 막대한 규모의 베팅을 일삼기 시작했다. 그리고 뉴욕과 커네티컷의 금융업자들은 쌓이고 또 쌓이는 자본으로

12 제41대 대통령 조지 H. W. 부시의 부친인 프레스콧 부시도 그리니치에서 유지로 오래 살았고 묘지도 여기에 있다. 예나 지금이나 미국 최고의 부촌에 속하며, 이 지역의 가구당 평균 연소득은 줄잡아 30만 달러(약 3억 3,000만 원) 안팎이다.

13 '골드코스트'는 커네티컷주의 남서부 해안 지역을 일컫는 말이다. 미국 드라마 「빌리언스」의 배경이다.

더 많은 직원을 고용하고 일반 소비자에게 좋은 상품과 서비스를 더 많이 제공하는 건설적인 노력을 하기보다 닥치는 대로 돈을 자신들의 주머니에 쓸어 넣기 바빴다. 사회에서 만들어지는 부가가치는 갈수록 자본 쪽으로만 쏠리고, 사람과 노동에 대한 투자는 피폐했다.

자본의 타락으로 불안정해진 사회에서 진행된 비정상의 정상화에 대한 불감증은 모리배들의 집권을 불렀다. 이 시대 최고 부자들이 억대 사기, 탈세를 저지르는 상황에 사람들이 웬만해서는 경악하지도 않는 풍토 속에서 수많은 국민이 트럼프를 그다지 나쁘지만은 않은, 참신하고 능력 있는 비즈니스맨이라고 생각했다. 어쩌면 트럼프가 그렇게도 인기를 누릴 수 있었던 것은 부자들이 사기를 치며 승승장구하는 시대의 당연한 귀결일지도 모른다. 전 백악관 수석 전략가 스티브 배넌이 사기 혐의로 2020년 8월에 체포된 것은 트럼프의 보좌관이 범죄자로 판명 난 여러 사건 중 가장 최근의 것에 불과하다. 트럼프의 최측근만 꼽아도 전 캠페인 매니저 폴 매너포트(세금 사기, 금융 사기로 유죄 판결을 받음), 선거 자문 로저 스톤(법집행 방해, 허위 진술로 유죄 판결을 받음), 개인 변호사 마이클 코헨(선거자금법 위반 및 연방의회 위증죄를 인정함), 전 국가안보보좌관 마이클 플린(연방수사국 위증죄를 인정함), 전 고문 릭 게이츠(수사관에 대한 위증죄를 인정함) 등 무슨 마피아 집단을 연상케 한다(트럼프는 퇴임 한달 전인 2020년 12월 23일 이 중 매너포트, 스톤, 플린 등을 사면해주었다).

수많은 사람이 트럼프와 그 똘마니들의 무법성과 사기성에 다소 무디어져 있는 것이 작금의 현실이다. 그 핵심에는 금융가의 거대한 제도적 사기에 편승해서 벼락부자가 된 이들이 은연중에 퍼뜨려온 가치관, 즉 중요한 것은 돈뿐이며 시민 정신이나 공익 따위는 '루저'들의 관심사라는 '철학'이 있다. 불로소득에 제도적으로 관대한 사회는 부도덕한 자본가들에게 광범위한 운신의 폭을 제공한다. 그리고 그 귀결은 권력과 법이 동원되어 합법적 조작이 횡행할 수 있도록 비호해주는 사기의 시대다. 다시 말하면, 합법적 조작에 기반을 두는 이 시대 금융자본주의의 요체는 대형 자본이 움직이는 데 있어서는 사기마저 제도적으로 용인되는 정치적 환경이다.

'트럼피즘'의 저변화

지난 4년간 미국 권부의 중심을 수선스럽게도 점해온 트럼프의 원맨쇼 결과, 미국 사회 전반에서 진실성, 정직성, 품위가 심각하게 추락하고 있는 현실을 부정할 수 없는 경지에 이르렀다. 이를 배경으로 통용되기 시작한 '트럼피즘'이라는 신조어는 그 정의가 아직 확실하게 정립되지 않았지만 긍정적인 표현은 분명 아니다.

한편으로는 미국우선주의, 국제 사회에서의 이탈과 거래적인 외교 정책 등 아주 너그럽게 봐서 정치적 노선이나 사상 차원의 '독트린'으로 접근하는 정의가 있다. 그러나 내가 주목하는 트럼피즘의 양상은 국민의 롤모델이 되는 인간으로서 지도자의 모습과 인성이다(사실 생각해보면 원칙도 이념도 없는 그의 정치 독트린 역시 매한 가지로 그의 인성이 좌우한 것이다). 트럼프가 이끌어온 미국 행정부와 세계 무대에서 미국의 꼬락서니는 그의 인성을 반영한다. 인성적 차원의 의미에서 트럼피즘의 본질이란 즉각적인 만족의 추구, 자기 통제력의 부재, 감성의 부재, 타인에 대한 무관심, 자기선전, 파렴치함, 외모지상주의와 외형상 성공의 추구, 탐욕, 병적인 부정직함, 나르시시즘 등이다. 트럼피즘의 한복판에는 끊임없이 가상의 현실을 날조해야 하는, 실제 사실이나 현실과는 동떨어진 무의미한 스펙터클이 자리하고 있다. 이런 인간이 4년 동안 핵무기 6,000기를 보유한 나라의 대통령 행세를 했다.

트럼프는 오늘날 미국 대중문화의 수준과 양상을 대변하는 리얼리티 텔레비전의 화신이다. 공교롭게도 실패한 사업가에서 정치가로서 그가 부상할 수 있었던 결정적인 수단이 「어프렌티스」라는 리얼리티쇼였다. 리얼리티쇼의 허구가 순진한 대중의 머릿속에 트럼프의 전설을 심어준 것이다. 트럼프는 2004년 「어프렌티스」의 첫 에피소드가 방영될 때까지만 해도 미국 연예계에서 등급이 'D급'이었다. 이런 별 볼 일 없는 실패한 사업가를 당시 최고 시청률을 기록했던 리얼리티쇼 「서바이버」의 프로듀서였던 마크 버넷이 전격 캐스팅해서 회생시킨 것이다. NBC에서 방영된 「어프렌티스」는 한물간 동네 마피아들과 상종하고 이미 여러 사업체를 파산시켰던 트럼프를 명민한 사업 감각을 가진 미국판 성공의 아이콘으로 둔갑시키기 위해서 교묘한 짜깁기와 실제 상황과 전혀 상관없는 '리액션샷' 등 온갖 환상적인 편집 기술을 동원했다(『뉴요커』 보도에 따르면 버넷은 방송에 나간 한 시간짜리 에피소드 하나를 만들기 위해 300시간 이상을 촬영했다고 자랑했다). 물론 뉴욕에서 오래 산 사람 중에 트럼프가 질이 한참 떨어지는 삼류 인간임을 모르는 사람은 거의 없었다. 하지만 맨해튼 등에서 흔히 볼 수 있는 기업 문화의 실체를 잘 모르는 수많은 시골 사람은 「어프렌티스」에 나오는 화려한 장면들을 보고 그 위에 군림하는, 세상에서 가장 성공한 결단력 있는 억만장자로 트럼프를 인식하기에 이르렀다. 트럼프의 이력을 누구보다도 잘 아는 맨해튼의 금융계 인사들은 그의 성공 이미지가 전적으로 가짜라는 것을 알았고, 제작팀도 이 쇼가 삐딱한 농담이 듬뿍 섞인 새로운 방식의 작품이라고 자연스럽게 생각했겠지만, 일반인은 그 아이러니를 인식하지 못하고 날조된 성공의 이미지를 진지하게 받아들였다.

「어프렌티스」라는 본질적으로 허구인 리얼리티쇼 없이 트럼프가 지금 대통령이 될 수 있었다고 믿는 사람은 아무도 없다. 트럼피즘이란 상업 미디어 회사들이 대중을 상대로 치밀하게 기획된 허구를 퍼뜨림으로써 감성이 둔화되고 사고가 단순화된 저급한 시민들을 대량 생산해낸 직접적인 결과다. 리얼리티쇼의 범람은 트럼피즘에 이르기까지의 습관 형성 약물gateway drug이었던 것이다. 트럼피즘의 보편화는 돈밖에 모르는 지배층이 온갖 잡스러운 콘텐츠를 통해 수많은 사람의 마음을 탐욕과 기만성이 지배하도록 조장한 사회를 반영한다.

트럼프라는 인간의 본질에 대해 『뉴욕타임스』의 로저 코헨은 '도넛'이라는 개념을 제시한다. "이 사람의 인생 한복판에는 정직성, 인간성, 품위, 도덕, 존엄성 등이 형성되지 못한 구멍이 있다"는 것이다. 진정한 가치의 부재 속에서 삶의 한복판에 자리하고 있는 공허함, 즉 채워지지 않는 욕구, 불안감, 열등감을 달래기 위해 외형적인 것에서 모든 의미를 찾아야 하는 인생을 사는 인간들은 현실이 자신에게 한없이 불안하고 불리하기에 승자 행세라도 해야 한다.

다시 앞에서 얘기한 독트린의 차원에서, 현실 정치에서 한국 국민의 실제 운명을 좌우하는 트럼피즘, 알맹이는 없고 쇼맨십만 있었던 미국 대통령의 대북 리얼리티쇼의 의미 역시 깊이 생각해볼 필요가 있다. 북미정상회담이라는 트럼프식 리얼리티쇼의 각본에 휘말려 한반도 전체가 들썩거렸지만, 트럼프의 나르시시즘을 주물러준 것 이외에 무슨 의미가 있었던가. 한반도의 운명이 걸려 있는 남북 관계마저 알맹이의 부재가 핵심인 트럼피즘에 들러리를 선 것뿐이 아니었던가.

한반도의 앞날을 트럼프나 앞으로 또 나올지도 모르는 트럼프형 지도자의 단기매매 차익을 위한 졸卒로 희생시키지 않으려면, 트럼피즘의 본질을 직시하는 것에서부터 시작해야 한다. 정책의 큰 그림에서 분석해 트럼피즘을 모종의 독트린의 관점에서 보자고 한다면 더욱 그렇다. 트럼프의 외교 정책에 무슨 심오한 뜻이나 철학이 있다고 생각했던 사람에게 해주고 싶은 말은, 그의 독트린이 하나 있다면 '미국우선주의'가 아니라 '트럼프우선주의'라는 것이다. 이것 하나만 명심한다면 트럼프와 앞으로 또 나올지도 모르는 트럼프 같은 지도자의 모든 언행과 정책이 설명된다.

4.

대중의 잡놈화

포스트모던 시대의 나르시스가 자신의 거울 뒤에 있는 사회의 폐허를 인지한 것은 시간이 제법 흐른 뒤였다.

– **파울 페르하에허**

경망스러운 사회는 그 경망스러움이 파괴하는 것을 통해서만 극적인 의미를 가질 수 있다. 그런 사회가 함의하는 비극은 사람과 이상의 존엄을 짓밟는 그 힘에 있다.

– **이디스 워튼**

일차원적 인간의 자발적 순응

트럼피즘의 저변에는 의식이 잠든, 책임감도 공동체 의식도 없이 자아도취의 진공 속에서 떠다니는 '잡놈화'된 대중이 있다. 민주주의 사회가 유지되기 위해서 반드시 사회의 주축을 이루어야 하는 교양 있는 시민, 즉 깨어 있는 시민이 아니라 그저 아무 생각 없는 소비의 동물로서 시장의 최면에 걸려 있는 좀비 같은 대중 말이다. 이들 대부분이 어떤 변화를 지향하는 운동에의 참여를 기대할 수 있는 민중보다는 광고와 선전의 순종적인 표적이 되어 현상을 유지시키는 거대한 관성덩어리를 이루는 가축 같은 존재들이다.

철학자 허버트 마르쿠제는 1964년 『일차원적 인간』에서 거대한 산업들이 쏟아 내는 "너무도 유혹적인 생산물"들에 대해 이렇게 말했다.

> 이들 상품은 세뇌시키고 조종하며, 자체의 허위로부터 면역이 된 거짓의식을 고취시킨다. 그리고 이들 유익한 상품이 더 많은 계층의 더 많은 사람에게 보급되면서 거기에 내재하는 세뇌화는 이제 홍보에 의한 것이 아닌 생활의 방식으로 발전한다. 그것은 이전 것보다 훨씬 나은 생활 방식이며, 좋은 생활 방식으로서 질적인 변화를 방해한다.

난해하게 들릴 수도 있지만, 간단히 말하면 기업들이 생산해 내고 홍보하는 상품의 대량 공급은 거짓 요구false needs를 조성하고, 이윽고 사람들이 그것을 "좋은 생활 방식"에 필수적인 것으로 여기게 되면서 소비 사회에 자발적으로 순응하게 된다는 얘기다. 그 과정에서 교육 제도를 비롯해 강제성이 없는 듯한 사회 통제 장치들이 주체성과 개성을 잃은 인간을 탄생시킨다. 마르쿠제는 이런 인간을 '일차원적 인간'이라 명명했다.

한 개인이 첨단 자본주의를 내면화하는 데는 대중 매체를 장악하고 있는 그들이 기용하는 문화적인 도구들이 복합적으로 동원된다. 마르쿠제는 그 결과가 충분한 정보를 갖지 못한 소비자들이 비합리적인 선택을 하는 사회라고 했다. 이건 애덤 스미스가 말한, 정보를 충분히 가진 소비자들이 합리적인 선택을 한다는 시장 경제와 정면 배치되는 현상이다.

일차원적 사고는 어떻게 작동하는가. 누구든 무리해서라도 고급 차를 뽑을 수 있고, 월급쟁이도 돈을 열심히 모아(또는 카드로 긁어) 휴양지에서 VIP처럼 고급 호텔에서 묵을 수 있다면, 평범한 사람들은 사회의 조작된 지배 구조에 불만을 갖기보다 이기적인 순응주의자가 되어 성공에 대한 욕구만을 지니게 된다. 제도가 명백히 불공정하더라도 그들은 '노동삼권'이나 '생활 임금' 같은 구호를 외치기는커녕 갈수록 더 많은 물질적 풍요와 원초적 욕구의 만족, 막연한 신분 상승을 추구할 뿐이다. 이것이 현대 자본주의 체제의 '연성 폭압'으로 유지되는, 산업 사회의 질서에 순응하는 현대인의 일차원적 사고다.

마르쿠제는 사람이 현실에 저항하고 처해진 상황을 극복하고자 하는, 요컨대 문제의식을 가진 사고를 이차원적인 사고라 했다. 하지만 소비지상주의가 지배하는 사회는 이 같은 사고 능력을 말살시킨다. 소비지상주의에 푹 빠진 사람은 소비문화의 착실한 일원이 되어 그것과의 동일시, 통합을 지향한다. 그렇게 동화된 일차원적 사고의 소유자는 사회와 문화의 부정성을 또렷하게 보지 못하고, 나아가 제도에 대해 비판적인 태도를 취할 수 있는 역량을 발휘하지 못한다.

이제 자신의 운명에 순응하지 않고 이를 통제할 수 있는 능력과 자유, 개성을 유지하는 역량을 가진 사람은 드물다. 일차원적 인간이 생활의 편의와 만족을 위해 기꺼이 지불하는 대가는 진정한 자유와 개성의 포기다.

아이러니의 극치는, 소비지상주의 문화의 원흉인 기업들은 대량 생산된 물건들을 자유와 개성으로 포장해서 팔아먹는다는 것이다. 어릴 때부터 소비 중심의 욕망에 세뇌된 아이들은 '쿨한 자본주의'가 형성해주는 정체성을 그대로 받아들이며 다음 세대를 이끌어 나갈 일차원적 인간으로 자라난다.

저항의 원천인 지성은 그렇게 잠들고, 대체로 편의와 재미만을 추구하는 평범한 시민은 어느덧 순응주의자로 전락해서 유희와 향락에 젖어든 현대인으로 살아간다. 순응적이고 안일하게 길들여진 사람들은 여가를 소비와 오락거리로 채우려 한다. 향락은 총칼보다 설득력이 강하다. 한국의 제5공화국 때처럼 독재자들이 종종 자신이 쥐고 있는 권력을 부드럽게 포장하고 또 체계화하기 위해서 오락과 향락 중심의 우민화 정책을 시행해온 것도 그것이 전면적인 폭압 정치보다 더 효과적이기 때문이다.

지금 시대의 교육도 소비주의 사회의 구성 요소로서 인간의 실용적 기능, 생산성, 구매력 따위만 강조할 뿐, 삶의 가치나 인간의 주체성 따위에 대한 지나친 집착은 금물이다. 비판적 사고를 할 수 있는, 깨어 있는 대중을 두려워하는 것은 지배층의 생리다. 말기 자본주의 사회에서 지배층이 원하는 것은 인간의 천부적 권리와 가치를 고민하는 시민으로 구성된 사회가 아니라 시장의 최면에 걸려 있는, 자발적으로 순응하는 대중이다. 토크빌은 아무 생각 없는 소비자와 깨어 있는 시민 간의 갈등 속에서 물리적 만족이 차지하는 비중이 커지면서 자발적 순응이 시작된다고 설명했다. "사람들이 향유하는 권리를 뺏기 위해 그들에게 폭력을 행사할 필요가 없다. 그들 자신이 자발적으로 그것을 지키는 노력을 소홀히 하는바

… 그들은 인생에 있어서 가장 중요한 과제인 자기 삶의 주인이 되는 일을 등한시한다."[14]

'대량 중독 사회'와 검은 거울

유엔 산하 자문기구인 지속가능발전해법네트워크UNSDSN가 2019년 발표한 세계행복보고서World Happiness Report에서 미국의 행복지수는 19위로, 2012년 이 연례 보고서가 처음 나온 이래 최악을 기록했다(한국은 54위로, 58위를 기록한 일본과 비슷했다). 이 보고서를 작성한 연구원들은 미국이 1인당 GDP는 계속 늘어나고 있음에도 불구하고 행복지수가 꾸준히 하락하는 이유로 사회적 지원의 약화와 물질 남용을 들었다. 그리고 또 다른 이유로 디지털 미디어의 급부상이 초래한 면대면 소통의 쇠퇴를 꼽았다. 공동 편집자인 제프리 삭스는 보고서를 요약한 글에서 미국을 "대량 중독 사회"라고 칭했다.

우선 물질 남용에 있어, 미국 워싱턴대 보건계량분석연구소IHME에 따르면 미국은 각종 물질의 남용 비율이 세계에서 가장 높은 나라 중 하나다. 그중 최근에 가장 큰 문제로 드러난 것이 오피오이드[15]

14 알렉시 드 토크빌, 『미국의 민주주의 2』

15 마약성 진통제로 오피오이드 수용체에 작용해서 모르핀 유사 효과를 생성하는 물질이다. 아편, 모르핀, 헤로인 등도 오피오이드의 한 종류이며, 의사의 처방전이 있어야 처방받을 수 있다. 미국 질병통제예방센터(CDC)에 따르면 오피오이드 과다 복용으로 2017년에만 미국에서 4만 7,000여 명이 사망했다.

유행인데, 이는 돈벌이에 눈먼 기업의 기만적 상행위에 직접적으로 기인한 것이었다(앞에서도 언급한 이 회사의 오너 새클러 일가는 오피오이드를 팔아 수억 달러의 수익을 챙겼다). 제약업체 퍼듀 파마는 중독성 강한 오피오이드인 옥시콘틴과 MS콘틴 두 가지 약을 개발했는데 중독 위험을 내부적으로 알고 있었음에도 이들 약에 대한 대대적인 마케팅 공세를 펼쳤다. 이 회사는 약을 처방하는 의사들에게 리베이트까지 제공하며 강매 전략을 썼다. 약의 중독 위험에 대한 인식이 퍼지기 시작하자 퍼듀 파마는 이를 아예 부인하거나 대수롭지 않은 문제로 일축해버렸다.

이 회사는 자사가 공급한 오피오이드가 20여 년에 걸쳐 거의 200만 명 이상의 중독자와 20만여 명의 사망자를 낸 후 2017년 엄청난 벌금을 물고 형사죄 유죄 판결을 받은 다음에도 그때까지 약의 중독성 위험을 인지하지 못하고 있던 환자들에게 약을 공급하는 노력을 계속했다.[16]

오피오이드 중독 문제와 함께 최근 들어 가장 두드러지게 관찰되는 현상은 청소년 우울증, 자살 충동, 자해 등의 급격한 증가와 주관적 안녕감SWB의 추락인데, UNSDSN 연구원들은 주요 원인이 스마트폰, 비디오 게임, 컴퓨터 등 디지털 미디어에 청소년들이 소비하는 시간이 놀라울 만큼 증가했기 때문인 것으로 봤다. 이 세 가

16 퍼듀 파마는 결국 미 전역에서 주정부를 비롯한 지방자치단체들이 제기한 2,600여 건의 소송을 감당할 수 없어 2019년 9월 파산 신청을 했다. 2020년 11월 24일에는 연방법원에서 연방정부 부처(마약단속국)에 대한 공무집행방해죄 등 형사 사건 혐의 3건에 대해 유죄를 시인했다.

지로 요약되는 이 시대의 '검은 거울'로부터 자유로운 사람은 없을 것이다.

상기 보고서에 따르면 2017년 현재 미국의 12학년(고3, 17~18세) 학생들이 여가 시간 중 평균 6시간 이상을 인터넷, 소셜 미디어, 문자 메시지 등 세 가지 디지털 미디어 활동으로 보낸다.

보고서는 구체적으로 중독률rates of addicition이 증가한 데 대하여 여러 원인을 제시했는데, 그중 다음 세 가지가 눈에 띄었다.

- **사회 경제적 불평등 증가와 관련 있는 스트레스의 증가**: 전반적 소득 수준이 높은 사회에서 소득 불평등 증가와 그 격차의 심화는 중독의 원인이 되는 스트레스를 가져온다.
- **초정상 자극(super-normal stimuli)**: 기업의 이윤 신장을 위해 제품 중독성을 유발하는 첨가제를 사용하는 것은 시장 경제의 핵심적인 '설계상 특징'이다. 브랜드와 제품에 사람들을 중독시키는 방법을 연구하고 터득한 광고업체, 마케터, 앱 디자이너 등은 소비자들을 약물에 취하게 하고, 자극시키고, 흥분시키는 작업에 여념이 없다(담배와 탄산음료는 갈망감을 유발하도록 의도적으로 만든 대표적인 제품이다).
- **정부의 규제 실패**: 충격적인 사실은 이에 대한 미국 정부의 공중보건 대응이 아직까지도 무의미하다고 할 만큼 미미하다는 것이다. 오히려 미국에서 심각한 사회적 문제로 대두한 대량 중독 현상은 기업들의 이권과 영향력이 미국 정치에 얼마나 깊숙이 침투해 있는지를 단적으로 말해준다. 기업들의 영향력이 얼마나 대단한지, 그들의 수익과 지배력을 위협하는 것에 대한 효과적인 대응은 일체 원천 봉쇄된다.

이렇게 수많은 시민이 중독된 좀비 같은 폐인이 되어 사회 구성원의 역할을 제대로 하지 못하고 잡스러운 제품들의 자극에 의존하는 삶을 살도록 만든 것은 '중독성 유발 기술'을 몰래 도입한 첨단 기술 기업들의 기획이었다. 그 원인은 제 구실을 하지 못하는 지배층과 정부가 가져다준 사회 전반의 절망, 자기도취와 자아 중심성, 사회적 유대의 약화에 있다. 사악한 기업들은 개인들의 나약함을 노려 그것을 수익 모델로 삼는다.

보고서에서 제프리 삭스는 이렇게 썼다. "대학에서 가르치는 자유시장 이론에 따르면 소비자들은 자신을 위해서 가장 좋은 것이 무엇인지를 알고, 사업체들은 그 욕구에 효율적이고 적절하게 부응한다. 하지만 중독의 높은 유병률은 현실이 그와 다르다는 것, 즉 개인들이 자기 파괴적인 행동에 빠져드는 것은 특히 자사 제품과 서비스의 매출을 올리는 데만 열중하는 사업체들이 그들을 유인하기 때문임을 말해준다."

오로지 영리만이 목적인 기업이 조성하는 사회악은 이처럼 국가의 행복지수에 고스란히 반영되고 있음을 이제 그 누구도 부정할 수 없다. 그리고 영리만이 목적인 기업들 중에서도 오늘날 온라인 시대에 정서적으로 가장 큰 해악을 끼치고 있는 것은 첨단 기술이 조종하는 '검은 거울'로 인류에게 최면을 걸고 있는 소셜 미디어 회사들이다. 그 해악과 잡스러움의 근본을 짚어보려면 페이스북을 이야기해야 한다.

페이스북의 천박한 근본

2020년 7월 현재 페이스북은 시가총액이 약 4,750억 달러(약 522조 원)로 세계 제6위 규모의 회사다. 2019년 매출은 707억 달러(약 78조 원)였다. 2020년 2분기 기준 월간 활성 사용자 수 27억 명으로 세계 최대의 소셜 네트워크다. 미국에서만 2억 명 이상 사용하며, 한국 내 사용자 수는 1,500만이 넘는다. 세계의 공론장을 사실상 지배하고 있는 회사인 것이다.

그런데 요즘 페이스북을 둘러싼 심각한 화두는 이 어마어마한 회사가 사회 구성원들 간 갈등과 대립을 조장하는 매체라는 것이다. 작게는 수많은 대인 관계를 손상시키고, 크게는 국론을 분열시키며 혐오 집단들을 양성한다. 페이스북에 올라온 내용으로 인한 논란과 불화 이야기는 누구든 직간접적으로 하나둘 정도 알고 있다. 그리고 가장 중요하게는 선동질과 가짜뉴스의 온상인 페이스북이 2016년 트럼프의 당선에 결정적인 기여를 했다고 많은 전문가들이 결론을 내렸다는 사실이 있다.

대립과 양극화를 부추기는 매체로서의 페이스북에 대한 고찰은 그 천박한 근본에서부터 출발해야 한다. 페이스북의 출발점은 간단히 말해 '비위에 거슬리는 비교'였다. 2004년, 당시 하버드대 재학 중이던 19세의 마크 저커버그는 동료 학생 윙클보스 형제에게서 '하버드 커넥션'이라는 데이트 사이트 성격의 소셜 네트워크 창업을 위한 기술 지원을 부탁받았을 때, 이미 자신이 만든 '페이스매시'라는 외모 비교 사이트로 큰 논란과 반향을 일으킨 바 있었다. 페이스매시는 처음에 하버드대 여학생들의 사진을 인터넷에서 동의 없이 수집해 화면에 2개씩 나란히 보여주고 누가 더 예쁜지 투표하도록 만들어졌다.

지금 페이스북의 '좋아요'와 '싫어요'는 저커버그의 머리에서 나온 페이스매시의 비위에 거슬리는 비교 콘셉트에 그 뿌리가 있다. 타인의 감정이라고는 일체 개의치 않는 비교로 여자들의 외모에 순위를 매김으로써 누군가는 미약한 근거로 으쓱해지고, 누군가는 상처를 받게 되는 알고리즘인 것이다. 저커버그의 하버드대 후배인 모이라 웨이글이라는 여성은 2018년 4월 저커버그가 페이스북의 이용자 데이터 유출 문제와 관련해서 연방하원 위원회 앞에 출석했을 당시 트위터에 이런 말을 남겼다. "여러분, 언젠가 우리 대학 전화번호부를 어떤 남자들이 해킹해서 다른 남자들이 우리가 예쁜지를 평가할 수 있도록 우리 얼굴을 웹사이트에 올렸던 일 기억하세요? 그 남자들이 이제 세상에서 최고 부자들이 되었다지요?"[17]

하버드대 기숙사에서 '비위에 거슬리는 비교의 온라인화' 콘셉트가 싹트고 20여 년이 지난 오늘, 페이스북은 세계 제6위 규모의 회사로 성장했지만 그 근본은 애초의 출발점에서 멀리 가지 못했다. 페이스북은 그 수익 모델의 핵심에 있는 비교와 자랑과 모방이 괴물화되면서 이제 병적 비교, 병적 자랑, 병적 모방의 플랫폼이 되었다. 페이스북이 조장하는 인기 위주의 가치 지향, 즉석에서 표현하고 마는 평가와 반응, 그리고 '공유'란 대부분 가련할 정도로 일

17 Moira Weigel @moiraweigel, 2018. 4. 8.

방적이고 자기중심적이다. 공유에 중독된 사람들에게는 오로지 뷰view와 좋아요like 수가 계속 오르는 것이 중요할 뿐이고, 그러한 '초정상 자극'에 대한 갈망은 오히려 타인의 감정에 대한 병적 무관심으로 발전하기 일쑤다.

이제는 가족 대신 페이스북, 이웃 대신 페이스북이라 해도 지나친 말이 아니다. 한때 사람들은 대부분 자신을 이웃과 비교하고, 나보다 좋은 것을 가진 듯한 이웃을 부러워했다. 지금은 수많은 사람이 실제 이웃보다 페이스북에서 만난 사람들과 시간을 더 많이 보내고, 실제 이웃의 이름은 몰라도 페이스북 별명과 연예인들의 이름은 안다. 한 지붕 아래 함께 사는 가족보다 '페친'과 공유하는 것이 더 많은 사람도 허다할 것이다. 그리고 참모습이야 어떻든 선택적 공유와 노출로 성공적 이미지를 연출한다. 오늘날 수많은 사회 구성원이 페이스북 속의 가상 현실에서의 '풍요롭고 행복한 척하기'로 자신의 지위와 소유물을 어떻게든 인정받기 위해 타인의 옆구리를 끊임없이 찔러댄다.

그런데 그건 차라리 애교로 봐줄 수 있다. 페이스북은 사회가 효율적이고 안정적으로 운영되기 위해서는 반드시 필요한 정보 자체를 타락시켰다. 페이스북은 팩트(사실)와 팩션(사실과 허구의 결합)이 같은 공간에서 아무런 통제 없이 부딪히고 소용돌이치는 공간을 제공한다. 문제는 페이스북의 가상 현실에 너무도 깊이 빠져 있는 무리들이 그 공간 속에서 몽유병 환자처럼 돌아다니며 실제 현실과 거의 완벽하게 단절된 삶을 살고 있다는 것이다. 그 결과는 진실의 개념 자체가 와해된 탈진실post-truth의 시대, 바로 지금 문명사회를 위협하고 있는 위험한 현실이다. 저널리즘이 죽었다면 가장 큰 주범으로 페이스북을 지목해야 한다.

페이스북은 천박한 근본을 갖고 있는 매체답게, 트위터와 함께 지난 4년 동안 지구상에서 가장 천박한 지도자를 위한 가장 이상적인 플랫폼 역할을 해왔다. 버지니아대 미디어학과 교수인 시바 바이디야나단은 『페이스북은 어떻게 우리를 단절시키고 민주주의를 훼손하는가』라는 책에서 페이스북과 트럼프의 천생연분을 이렇게 정리했다.

> 성향과 기질, 그리고 성격의 절대적인 위력에 있어서 도널드 트럼프는 페이스북 문화의 이상적인 발현이다. … 미국인의 의식과 삶 속으로 깊이 침투해 있는 페이스북은 트럼프에게 자연적인 서식지다. 트럼프의 참모들은 그가 페이스북에서 분개나 동의를 짧고 강력하게 터뜨리는 식으로 표현하도록 만든다. 트럼프는 항상 시각적인 면에서 날렵함이 있었지만 문맹자에 가깝다. 그의 주의 지속 시간은 페이스북 뉴스 피드만큼이나 빠르고 정신없이 지나간다. 미국인들은 지난 10여 년 동안 페이스북에 깊이 그리고 끊임없이 사로잡혀 있었던바, 세상을 트럼프식으로 경험하도록 길들여져 있었다. 마치 트럼프가 페이스북을 위해 설계되고, 페이스북이 트럼프를 위해 설계된 것과도 같다. 페이스북은 미국인들이 트럼프를 받아들일 수 있도록 준비시켜주었다.

근본부터가 천박하고 사회 양극화를 조장하도록 설계되어 있는 페이스북의 조물주인 저커버그의 인간성, 세계관, 가치관은 이 시대의 중차대한 문제일 수밖에 없다. 그런데 모든 정황과 보도를 종합해보면 그는 불행하게도 자기 업業의 인간적인 차원을 고려하지 않는 로봇 같은 존재라고 여겨진다. 그에게 최상의 가치란 페이스북이 올리는 매출과 자신의 자본권력을 유지하는 것이다. 『뉴요커』의 에반 오스노스는 저커버그에 대한 프로필 기사(2018. 9. 17.)에서 이렇게 정리했다. "저커버그는 오래전에 역사의 모든 변화는 고통을 수반해왔다고 결론지었다. 황제 아우구스투스처럼 그는 자신의 취사선택에 대해 갈등하지 않는다. 표현과 진실 사이에서 그는 표현을 선택했다. 속도와 완전함 사이에서 그는 속도를 선택했다. 규모와 안전성 사이에서 그는 규모를 선택했다."

우리 안의 잡놈

지금 우리 사회를 지배하는 잡스러운 가치들은 대단한 탐욕과 과시욕에 이끌려 건전한 시민 사회를 파괴하는 괴물 같은 인간들을 양산한다. 하지만 얼마 전 『워싱턴포스트』의 제니퍼 루빈이 트럼프에 대해 쓴 것처럼, 괴물 같은 인간은 온 마을이 키운다. 결국은 우리 모두가 그 주식을 갖고 있다. 우리 사회의 괴물들은 우리 개개인이 자기 이익에만 몰두하고 주변에 보이는 크고 작은 악에 침묵, 체념하거나 또는 방조, 동참하면서 키운 것임을 인정할 필요가 있다. 우리 사회의 잡스러움은 우리 모두의 책임이다.

현대 자본주의 사회에서는 특히 끊임없이 강조되는 부에 대한 욕망이 일반인의 의식과 사고를 지배한다. 그 저변에는 부의 축적 과정에는 개의치 않고 부자의 개념만을 우상화하는 문화가 자리하고 있다. 영화 「기생충」에서 지하에 갇혀 살던 오씨는 피범벅이 되어 숨을 거두는 순간조차 부자인 박 사장을 우러러보며 "존경합니다Respect!"라고 외친다. 무수히 많은 사람이 지금은 지하에 살고 있을지언정 부자들을 존경하고, 그들처럼 되고 싶어 한다.

그렇게 부를 향한 욕망이 모두를 지배하는 가운데 개개인은 대체로 첨단 상술과 기술이 조장하는 에고이즘의 소우주에 제각기 갇혀 산다. 상인들이 부지런히 만들어내는 인위적 가치가 군림하는 소비문화는 문제의식을 잠재우는 일상의 마취제들을 끊임없이 제공한다. 소비자를 연구하고 감시하는 기업들은 구매력으로만 존재의 가치가 있는 그들에게 한없는 욕망을 주입시킨다. 욕망의 일상화는 소비자를 연구하고 감시하는 영리한 기업들이 조장한다. 발빠른 상인들은 연예인과 소위 '사고 리더thought leader', '유행 선도자trend setter', '인플루언서' 등 판촉 공작원들을 동원해서 뉴스마저 생산해내며 새로운 상품을 팔아먹는 데 여념이 없다. 이 시대 소비문화의 중심에는 '우리의 필요our need'가 아니라 '그들의 탐욕their greed'이 자리하고 있다.

얼마 전 한국의 2019년 2분기 명품 구매 현황에 대한 기사를 보니 한국인의 명품 구매 건수는 2년 새 3.5배나 늘었다고 한다(롯데멤버스 통계 기준). 그중 20대들의 구매 건수가 2년 새 7.5배나 늘어났는데, 가장 눈에 띈 대목은 일상 소비는 최대한 줄여서 '검소하게' 살다가 절약한 돈을 명품 구매에 쓰는 현상이 나타나고 있다는 점이다. 바야흐로 '명품 불패'의 시대다. 소비지상주의가 지배하는 세상에서는 실제 삶의 질에 있어서는 전혀 필요 없는 상품들이 더 많은 프리미엄을 누린다. 이게 다 상인들이 퍼뜨리는 프로파간다의 위력이다.

소비지상주의에 흠뻑 젖어 살다 보니 머릿속은 온갖 상품과 브랜드, 유행으로 가득 차 있다. 그리고 어느덧 너 나 할 것 없이 물건을 파는 데 이용되고 연예인들의 상품화는 당연지사, 평범한 사람들마저 스스로를 상품화하기에 바쁘다. 참으로 가엾은 이 시대의 젊은이들은 대학을 졸업하기도 전부터 자기 역량의 시장성과 그것이 의미하는 '몸값'을 따져야 한다. 선택하고자 하는 진로가 나에게 가져다줄 행복감과 만족감은 아예 고려 대상이 아니다. 언젠가 정태춘이 "나를 시장에 내놨다. 나를 팔고 있다"며 한탄했다는 글을 본 기억이 있다. 그의 푸념은 오늘날 수많은 정상인을 괴롭히는 자괴감의 표현일 것이리라.

여하튼 이렇게 미친 듯이 물적 욕망을 좇도록 강요하는 문화는 한 세대를 모두 잡놈으로 만들었다. 내가 처음 미국에 왔을 때만 해도 '아메리칸드림'이란 보편적으로 누구든 출신에 관계없이 검소한 삶을 살면서 열심히 노력하면 나름대로 성공할 수 있고, 어느 정도의 풍요를 누리면서 보람된 삶을 살 수 있는 그런 꿈을 말하는 것이었다. 이민자들은 두고 온 나라에서보다는 여유 있고 안정된 중산층 정도의 생활을 미국에서 하게 되면 그것으로 아메리칸드림을 달성했다고 여겼다. 그런데 이제는 수많은 젊은이에게 있어 아메리칸드림이란 수단, 방법을 가리지 않고 부와 명성을 좇아야만 직성이 풀리는 천박한 탐욕으로 변질되었다.

언론인 제프 그린필드는 이것이 부만 강조하는 세대가 극치에 달한 미국의 모습이며, 트럼프의 대통령 당선은 수많은 사람에게 부와 명성이 최상의 가치임을 확인해준 사건이라고 했다. "이전 세대에서 중요한 가치로 여겼던 자기 수양, 근면성, 검약 등은 이제 중요하지 않다. 이 나라 문화에서 사람들이 가장 받드는 것들은 이제 명성, 블링bling, 그리고 나르시시즘이다." 이건 거의 반세기 동안 돈 중심의 소비문화 일변도를 달려온 미국의 이야기이지만, 지난 반세기 동안 미국을 잘못 배우며 덩달아 미쳐간 한국의 이야기이기도 하다.

닐 포스트먼은 1985년 『죽도록 즐기기』에서 당시 바보상자였던 텔레비전을 "잡스러움으로의 추락"의 원인으로 보았다. 이제는 페이스북, 트위터, 인스타그램, 그 외 수십 수백 가지 앱들이 온갖 잡념의 시선을 요구한다. 우리는 매일 누구를 위해 '공유'하는가. '꿀팁'이 쌓이고 쌓이면 삶의 진정한 의미에 대한 혜안이 생길까. 하루 종일 나를 기다리고 있을 것 같은 그다음의 재미와 즉각적인 만족을 찾아 스크롤을 해도, 아니 어쩌면 그럴수록, 공허함과 불만은 쌓여만 간다. 영리한 기술자 집단은 이런 인간 심리를 악용해서 각종 요상한 장터와 공론장을 만들어주었다. 그들이 우리의 뇌 속에 투약하는 알고리즘의 도파민은 우리 안의 잡놈을 충동질하도록 조제되어 있다.

어쩌면 잡놈과 귀인의 차이는 내 안에 있는 공허함과 허탈감을 어떻게 다스리고 또 표출하는가에 달려 있을지도 모른다. 미친 듯이 자기만을 위한 욕망을 좇으며 타인을 향한 무관심과 무례함으로 일관하느냐, 아니면 하루하루의 공허함과 허탈감을 사회와 인류에 대한 고찰과 선행으로 승화시키느냐. 어쨌거나 답은 쉽지 않다. 상인들이 뿜어내는 말초적인 자극들이 우리의 잠재의식 속에까지 침투해서 우리를 유혹하기에, 올바른 선택은 갈수록 힘들어진다.

Kakistocracy 4부

소수 권력과 이념의 품계

1. **미국 보수주의의 어제와 오늘** 관념적 보수와 정치적 보수 | 아인 랜드의 모자란 철학 | 보수의 타락

2. **사이비 보수** 인류 역사상 가장 위험한 집단 | 기독교와 사이비 보수 | 이념이 아니라 인성일까

3. **그들의 혁명** 시장 원리와 기업 쿠데타 | 위로부터의 계급투쟁 | 프로파간다, 프레이밍, 그리고 가짜뉴스 | 영악한 소수의 군림

4. **이념의 미학** 가해자의 피해자 코스프레 | 보수의 폭력 지향성 | 더 정확한 세계관

1.
미국 보수주의의 어제와 오늘

미국의 정치 체제 안에는 참된 보수가 많지 않으며, 막강하고 공격적이고 폭력적이며 탈법을 일삼는 국가권력, 즉 나라의 미래를 저당 잡아 국가와 사설 권력 집단들의 힘을 키우는 정신 나간 형태의 케인즈주의 경제 개입에 전념하는, 부자를 위한 복지 국가 주창을 위장하기 위해 '보수'라는 존경할 만한 용어가 유용(流用)될 수 있다는 사실은 이 시대 지성의 타락을 말해준다.
– **노엄 촘스키**

관념적 보수와 정치적 보수

미국의 진보 경제학자 존 갤브레이스는 현대 보수를 "이기주의를 도덕적으로 정당화시키기 위한 도덕 철학을 찾으러 다니는 사람들"이라고 표현했다. 아무리 거창한 논리가 동원된다 하더라도, 그리고 보수들 자신이 이를 부정할지라도 보수주의란 본질적으로 하층민들이 상부층의 지배권을 침해하는 것을 원천적으로 봉쇄하는 노력에 이념적 근거를 제공하는 정치 이론이다. 보수의 이상형 정부와 제도는 베블런이 말한 것처럼 상부층이 하층 계급을 "비폭력적이고 질서 정연하게 착취"하는 것을 보다 용이하게 하는 목적으로 존재한다.

20세기 미국 보수주의의 역사는 복잡하지만 크게 두 가지 갈래로 나누어 생각할 수 있다. 하나는 지적 기반과 진정한 보수적 가치관을 추구하는 관념적 보수, 다른 하나는 현실 정치에서 공작과 권모술수로 권력을 취하고 유지하는 것이 유일한 목적인 정치적 보수다. 결론부터 말하자면, 미국에서 관념적 보수는 이제 정치 주류에서 밀려나 광야에서 형체 없이 떠돌고 있으며, 지금은 원칙도 이념도 없이 오로지 권력 유지에만 집착하는 사이비 보수들이 공화당을 접수해 미국의 운명을 뒤흔들고 있다.

처음에 기업가들과 지식인들이 주도했던 미국의 현대 보수주의 운동의 시초는 대략 대공황 전후로 거슬러 올라간다. 프랭클린 루스벨트 대통령의 첫 임기 중에 전임자인 제31대 대통령 허버트 후버가 뉴딜의 진보주의를 비판하며 자유, 제한된 정부, 입헌주의를 보수주의의 가치로 내세웠다. 이어 루스벨트의 두 번째 임기 중인 1937~1938년 경기 후퇴로 뉴딜의 지지 기반이 다소 흔들리고 있는 와중에 여러 보수 지식인이 외교, 경제, 문화 방면에서 현대 보수의 이념적 기반을 본격적으로 다지기 시작했다. 정치 외교 분야에서는 처음부터 뉴딜 체제를 완강하게 반대했던 오하이오주 공화당 상원의원 로버트 태프트(제27대 대통령 윌리엄 태프트의 장남)가 제2차 세계대전과 한국전 참전, 나토NATO 가입 등이 행정부의 지나친 권한 확대라는 보수의 입장을 표방했다. 1940년대 들어서는 프리드리히 하이에크와 루드비히 폰 미제스 등 오스트리아 학파 경제학자들의 고전적 자유주의 학문이 미국 보수주의자들에게 지대한 영향을 미쳤다. 이 무렵 시카고대 경제학 교수로 부임한 밀턴 프리드먼은 하이에크와 폰 미제스보다 다소 과격화된 시장주의 경제학을 주창해서 미국 보수들에게 확고한 경제 이념의 틀을 제공했다. 문화와 사회 이론에 있어서는 리처드 위버의 획기적인 작품인 『이념에는 대가가 따른다Ideas Have Consequences』(1948), 러셀 커크의 『보수의 정신』(1953) 등이 전통을 중시하는 많은 보수의 사상적 기초가 되었다. 그리고 자유지상주의의 변종인 신자유주의를 추앙하는 사이비 보수들의 정신적 지주인 아인 랜드를 빼놓을 수 없는데, 이에 대해서는 뒤에서 별도로 얘기하기로 한다.

드와이트 아이젠하워 제34대 대통령(1953~1961) 때까지만 해도 원칙이 있고 온건했던 미국의 보수는 제37대 대통령 닉슨(1969~1974) 무렵부터 노골적인 정치적 보수로 탈바꿈하기 시작하고, 갈수록 정치적으로 야비하고도 극단적인 노선을 선택하는 집단이 되어간다. 대략 이때부터 보수들은 그들 이념의 핵심인 자기 이익의 신성시라는 본색을 드러냈고, 통치를 위한 지도력과 행정 능력보다는 권력 자체만을 위한 권모술수와 장기적 정치 계략 중심으로 움직이기 시작했다. 닉슨 밑에서 일한 보좌관 중 제43대 대통령이 된 아들 부시(2001~2009) 행정부의 주역들이었던 딕 체니와 도널드 럼스펠드 두 인물은 정치적 보수의 전형이다. 닉슨 행정부 시절 체니는 경제기회국OEO에서 럼스펠드와 함께 일하며 린든 존슨의 사회복지 프로그램을 체계적으로 해체시키는 작업을 진행하면서 잔뼈를 키웠다.

레이건 임기에 이르러서는 더욱 우경화된 정치적 보수의 프로파간다와 정치 공작이 정교화되었다. 레이건 행정부는 공급경제학으로 기업과 부자 위주의 경제 정책을 펼치는 한편 정부 혜택을 받고 있는 '자격 없는' 소수자들의 무임승차를 끊임없이 공격했다. 레이건의 후임자인 제41대 대통령 아버지 부시(1989~1993)가 1988년 공화당 후보 수락 연설에서 내세운 "더 인자하고 부드러운 나라kinder, gentler nation"라는 감언이설 이면에는 인종주의와 하층민에 대한 경멸이 깔려 있었다. 그 본색은 부시가 민주당 후보 마이클 듀카키스에 13포인트 차이로 뒤지고 있던 1988년 여름에 드러났다. 그때까지 패색이 짙었던 부시 캠페인이 흑인 살인범을 듀카키스의 주지사 시절 가석방 프로그램과 연결시키는 정치 광고를 내보내 백인들의 공포감을 자극시킨 후 유례없는 역전승을 거둔 것은 대통령 캠페인 역사에 한 획을 그은 성공적 네거티브 전략의 표본이다. 또 경제가 심각하게 침체되어 있는 와중에 전쟁의 구실을 마련하기 위해 대량살상무기에 대한 첩보 조작이 동원되었던 아들 부시의 이라크전쟁은 관심전환전쟁이론diversionary theory of war의 대표적인 사례로 연구되고 있다. 그리고 2003년 이라크전쟁과 관련해서 놓치면 안 되는 한 가지 중요한 사실은 부통령 딕 체니가 CEO를 지냈던 방위 산업체 핼리버튼이 이라크전쟁과 관련된 수주로 395억 달러(약 43조 원)의 전쟁 특수를 챙겼다는 것이다.

최소한 보수의 정치적 양상에 있어서 많은 학자가 점잖고 합리적인 보수 내지는 자유시장과 작은 정부를 지향하면서도 '지킬 것은 지키는' 보수는 아이젠하워까지가 끝이었다고 본다. 미국의 대표적 역사학자로 『미국의 반지성주의』의 저자인 리처드 호프스태터는 1954년 계간지 『아메리칸 스칼라』에 실린 유명한 에세이 '사이비 보수의 반란Pseudo-Conservative Revolt'에서 "지금의 지배적인 현실적 보수주의는 아이젠하워 정부로 대표된다"고 했다. 그러면서 아이젠하워 시절이 아이러니컬하게도 그때까지 한 세대 동안 힘찬 진보의 토양을 다져왔던 민주당이 미국의 '진정한 보수'로 변신한 시점이라며 "뉴딜이 20년 동안 진행되어온 지금, 진보들은 다소 무의식적으로 가진 자들의 심리를 보이기 시작한 듯하다"라고 썼다. 1952년과 1956년 대선에서 두 차례 아이젠하워에게 참패한 민주당 후보 애들라이 스티븐슨은 실제로 아이젠하워와 차별화되는 특별한 진보적 비전이나 정책을 제시하지 못했다. 스티븐슨 자신도 연설에서 이렇게 말한 적이 있다. "시간의 기이한 연금술은 민주당을 이 나라의 진정한 보수당, 즉 가장 좋은 것들을 보전하고 그 기반 위에 견고하고 안전하게 쌓아 올리는 것에 전념하는 당으로 전환시켰습니다."

아이젠하워에서 존 케네디로의 정권 교체는 근대 미국 역사의 미묘한 전환점이었다고 할 수 있다. 현실적이고 합리적인 보수주의의 마지막 집권을 상징하는 아이젠하워가 군산 복합체를 경계해야 한다는 유명한 퇴임사를 남기고 떠난 후, 합리적 보수의 배턴을 민주당이 이어받은 시점이었다. 실제로 케네디는 임기 중에 쿠바 미사일 위기를 포함해서 여러 차례 아이젠하워의 자문을 구한 기록이 있다. 벌써 60년 전의 얘기지만, 지금 민주당의 노선을 보면 민주당을 대표하는 인물들의 자신감 결여, 카리스마의 궁핍만 빼고 생각하면 최소한 그들이 표방하는 기본적 정치 이념은 케네디 시절과 큰 차이가 없다. 미국은 아직도 진정한 진보 정치 세력이 없는 나라이다 보니, 본질이 합리적 보수인 민주당이 '진보당'으로 여겨질 수 있는 것이다.

여기서 진정한 보수주의란 진정한 진보와 마찬가지로 본래 당파성을 초월하는 어떤 삶의 태도와 가치를 영위하며 매사에 성실하게 임하려 하는 사람들이 취하는 자세가 아닌가 생각해본다. 『보수의 정신』 저자 러셀 커크는 '보수주의란 무엇인가?'라는 에세이(1982)에서 "엄밀히 말하자면 보수주의란 정치 시스템이 아니며, 이데올로기는 분명히 아니다. … 대신 보수주의는 시민 사회의 질서를 바라보는 방식이다. 보수주의자들이 지니고 있는 특정 원칙들에 대해 기술할 수 있겠으나 그러한 관념들이 적용되는 것은 시대별, 국가별로 광범위하고 다양하다"라고 했다. 불행하게도 이러한 지성의 언어로 묘사될 수 있는 보수들은 이제 모두 공화당이라는 절을 떠났다.

아인 랜드의 모자란 철학

아인 랜드는 자유지상주의의 변이체인 신자유주의가 현대 자본주의를 집어삼키는 데 이르기까지 있어서 이념적 토대를 제공한 장본인이다. 랜드가 창시한 철학 체계인 객관주의objectivism에 따르면 인간은 영웅적인 존재이며, 삶의 유일한 목적은 성취다. 정치 이념으로 미국의 우파를 극도로 감화시킨 객관주의는 모든 경제적 가치는 부자들에 의해서 만들어지며, 부자가 아닌 그 외의 사람들은 기생충에 다름없다고 가르친다. 이 이념을 받드는 사람에게 있어서 부자들의 우월성을 증명해주는 것은 단지 그들이 돈이 더 많다는 것이다. 말기 자본주의 체제의 기반이 되는 신자유주의의 뿌리에는 이같이 요약되는 아둔한 대전제가 있다. 랜드의 친시장, 반국가주의 선언은 1960년대 미국의 팽창기에 자유지상주의자libertarian, 또는 무정부 자본주의자anarcho-capitalist들에게 이념적 토대를 제공했으며, '탐욕은 좋은 것이다'라는 천박한 좌우명을 수많은 자본주의자의 의식 속에 심어주었다.

랜드를 추앙하는 사람들이 주창하는 것은 자본의 추구에 있어서 무한한 자유가 보장되어야 하고, 이기주의는 이타적인 것이며, 인간 사회는 생산자들과 거저먹는 자들로 분류된다는 것이다. 랜드는 신자유주의라는 표현을 거의 쓰지 않았지만, 자신을 스스로 "자본주의 과격파radical for capitalism"라고 칭한 적이 있다. 그녀의 소설들은 지금 미국의 수많은 금융계 대부호, 대기업 CEO, IT 거부, 우파 정치인에게 인생의 '나아갈 길'을 제시해주고 있다. 경제 관료 중에도 랜드 신봉자들이 상당수 있으며, 닷컴버블과 서브프라임 위기의 핵심 인물인 연방준비제도 이사회의 전 의장 앨런 그린스펀도 그 중 한 사람이다.

랜드의 대표작인 『아틀라스』는 실제 현실에서는 가능하지 않은 상황들이 맹랑하게 전개되는 일종의 판타지 소설이다. 무려 1,000페이지가 넘는데, 문학적 견지에서는 무미건조하지만 프로파간다의 본문으로는 이상적인 작품이라고 할 수 있다. 『아틀라스』는 수많은 현시대 우익에게 감동을 준, 거의 어김없이 공화당을 지지하는 골수 자본주의자들의 속세적 성경이다. 냉전 시대 대표적인 반사회주의 지식인이었던 오스트리아 학파 경제학자 프리드리히 하이에크가 처음 제시한 신자유주의 이론은 한동안 학계에서만 떠돌다가 『아틀라스』가 출간된 후 1960년대 미국 정치를 뒤흔드는 이념으로 맹위를 떨치기 시작했다. 이윽고 신자유주의는 반공주의와 혼합되어 급속도로 전파되었고, 미국의 대학과 기업, 그리고 입법부와 법조계에까지 스며들어 미국 정치 사회의 지형을 바꿔놓았다. 평생 반공 이데올로기에 사로잡혀 있던 로널드 레이건도 이에 쉽게 감화되었고, 아직 정치에 입문하기 전인 1961년 미국의사협회AMA의 후원으로 메디케어(노인의료보험제도) 제정 움직임에 대한 반대 입장을 선전하는 음반까지 취입했다. 그는 음반에서 메디케어는 "미국의 자유를 파괴할 것"이며 그로 인해 미국이 "사회주의 독재국가"가 될 것이라고 주장했다.[1]

앞에서도 언급했지만 벨기에의 임상심리학자 파울 페르하에허는 신자유주의가 인간 최악의 모습이 드러나도록 조장하는 이념이라고 했다. 이런 비뚤어진 이념이 지금 미국의 주류 보수 세력이 추앙하는 가치와 윤리 체계의 근간이 되고 있다. 레이건을 시작으로 지금 도널드 트럼프에 이르기까지 지난 40여 년간 진행되어온 미국 보수 세력의 변천은 도덕론 자체를 전복한 가치관의 혁명이었

1 https://www.youtube.com/watch?v=AYrlDlrLDSQ

다. 공화당은 이제 수십 년 동안 공익을 배척하고 이기주의의 제도화를 주창하는 정당으로 입지를 굳혀왔다. 자비와 연민 따위는 내던진 무리들에게 가난이란 전적으로 개인의 책임이며, 그 어떤 상황에서도 사회의 잘못이란 없다.

랜드의 초기 소설 『파운틴헤드』의 주인공 하워드 로크는 소설 중에 이런 말을 한다. "나는 타인에게 내 삶의 단 1분도 빼앗기는 것을 인정할 수 없다. … 그 누구의 주장이든, 그들이 숫자적으로 얼마나 많든, 혹은 그들의 필요가 얼마나 대단하든 간에 말이다." 랜드의 팬이라고 밝힌 도널드 트럼프는 2016년 4월 『USA 투데이』와의 인터뷰에서 자신을 이 소설의 주인공과 동일시한다고 말했다. 사실 랜드가 남긴 이념의 유산은 정실 자본주의와 공익의 사유화를 일삼은 미국의 제45대 대통령과 그 추종자들에게서 참으로 훌륭한 화신을 만났다.

우리는 지난 4년 동안 이기주의를 극도로 신성시하고 이타심을 경멸하는 변태적 가치관이 한 나라의 정당을 완전히 지배할 때 어떤 결과가 찾아오는지 목격했다. 철저하게 신자유주의의 계도를 받고 있는 공화당은 이기주의를 숭배하는 광신도 집단 같은 양상으로 치닫고 있다. 공화당을 아직도 열렬히 지지하는 우파들은 비교적 사소한 규제에 대해서도 완강하게 저항하는 모습을 보인다. 이를테면 합성 세제에 인산염 첨가를 규제하는 것이라든지 탄산음료 과음을 방지하는 취지의 규정, 심지어 전구의 에너지 효율 규정까지 반대하며 들고 일어난다. 그들은 타인을 배려하고 환경을 보호하기 위해 조금이라도 내가 희생해야 할 필요가 있다는 개념 자체를 거부하는 것이다.

그들은 이렇게 반발할 때 어김없이 '자유'라는 기치를 내건다. 하지만 그들이 말하는 자유란 사실 사회 구성원의 책임을 부정하는 유아적 권리의 주장일 뿐이다. 그들의 모자람은 사회와 국가의 존립을 위협하고, 나아가 인류의 미래를 위협하고 있다.

보수의 타락

20세기 미국의 대표적인 보수 지식인 윌리엄 버클리는 예일대를 우등으로 졸업하고 5년 뒤인 1955년, 30세의 나이에 보수 우파 잡지 『내셔널리뷰』를 창간했다. 창간호에서 버클리는 이런 기치를 내세웠다. "정부의 존재 이유는 시민들의 생명, 자유, 재산을 보호해주는 것뿐이다. 정부의 다른 모든 활동은 자유를 축소하고 발전을 방해하는 경향이 있다." 20세기 중반에 새로운 열정을 띠기 시작한 보수주의 운동은 남부럽지 않은 계보를 가진 지식인의 이 같은 당찬 선언으로 포문을 열었다. 버클리를 시작으로 보수들이 오랜 세월 동안 정부의 간섭 없는 세상을 위해 총공세를 벌인 결과, 1933년에 시작된 루스벨트 대통령의 첫 임기부터 1960년대 후반 린든 존슨의 임기 말까지 대략 40년간 이어졌던 평등과 분배 중심의 뉴딜 질서가 지난 반세기에 걸쳐 꾸준히 해체되었으며, 지금은 100년 전 대공황 직전의 상황처럼 자본이 다시금 제한도 제약도 없이 날뛰는 경지로 치닫고 있다. 한 가지 부정할 수 없는 현실은, 지식인 버클리 등의 확고한 이념을 기반으로 출범한 보수 운동이 50여 년 만에 인종주의의 질긴 가죽과 사회다윈주의의 앙상한 뼈대만 남은 몰골을 하고 있다는 것이다. 미국의 보수 세력은 이제 극단적 이기주의를 숭배하는 포퓰리즘만 남은 거대한 초개체나 마찬가지다.

지난 40년 동안 24년을 강성 보수들이 지배하고 나머지 16년은 진보적 신념이 없는 민주당의 친기업 '리버럴' 대통령이 지배한 미국의 역사는 거꾸로 흘러버렸다. 정부 요직은 다시금 압도적으로 백인 남성이 차지하고, 이민자는 탄압 대상이 되었으며, 한때 '가난과의 전쟁'을 벌였던 정부는 이제 '가난한 사람들과의 전쟁'을 벌이고 있다. 국가와 사회 공동체에 대한 철학의 빈곤이 부른 귀결이다. 철학이 없는 정치판에는 아주 기초적인 검증 작업으로 금세 들통나는 자가당착이 만연하고, 속임수와 반칙이 정치적 메시지를 전달하는 의례적인 방식이 되었다. 사실 그동안 미국 정부를 장악해온 공화당 세력은 닉슨의 임기 중에 표면화된 보수의 이념적, 도덕적 파탄을 신호탄으로 지난 반세기 동안 달려온 악성 노선의 종착역까지 왔다고 할 수 있다. 지금 보수 진영은 편견과 이중 잣대는 기본이고, 나아가 가히 초인적인 위선과 원시적인 부족주의가 지배한다.

물론 진영 논리가 공화당의 전유물은 아니다. 민주당 역시 진영 논리에서 절대 자유롭지 못하다. 하지만 정치에 올인한 공화당의 부족주의 양상은 누가 봐도 놀랍다. 그들의 이중 잣대와 부족주의의 현주소는 아주 간단한 여론조사 질문에 대한 결과에서 볼 수 있다. 2017년 4월 트럼프가 시리아에 대한 폭격을 지시했을 때, 공화당 쪽으로 기우는 사람들의 77퍼센트가 이에 찬성한다고 답변했다.[2] 이에 비해 민주당 쪽의 찬성률은 45퍼센트였다. 그런데 2013년 9월 오바마 대통령이 같은 화학 무기 위협에 대응하기 위해 시리아 폭격에 대한 의회의 동의를 구했을 때는 공화당원들의 35퍼센트만이 찬성한다고 답변했다(당시 민주당원은 29퍼센트만 찬성했다). 진영 논리를 감안하더라도 공화당은 똑같은 이슈를 놓고 집권자에 따라 갑절 이상 차이 나는 판이한 반응을 보인 것이다. 그들의 원칙 없는 이중성은 가히 지킬과 하이드를 연상케 한다.

『우파는 어떻게 미쳐갔나How the Right Lost Its Mind』의 저자 찰스 사이크스는 2016년까지 보수 라디오 토크쇼를 25년간 진행하다가 트럼프 당선 이후 공화당을 떠난 사람이다. 그는 자신이 그토록 오랫동안 헌신적으로 가담했던 보수의 개혁 어젠다가 이제는 알아볼 수 없을 만큼 도덕적으로 타락했다고 말한다. 그리고 조지 W. 부시의 유명한 '악의 축' 연설을 써준 장본인으로 현재 공화당 주류와 노선을 달리하고 있는 보수 논객 데이비드 프럼은 지금 트럼프가 주도하는 변태 보수주의에 대해 등골이 서늘해질 만큼 극단적인 진단을 내렸다. "만일 보수들이 민주적으로 이기지 못할 것이라는 확신에 도달할 경우, 그들은 보수주의를 포기하기보다는 민주주의를 거부할 것이다. 미국 사회의 안정성은 보수들이 트럼프가 향하고 있는 막다른 골목에서 나아갈 길을 찾을 수 있는지, 그것에 달

2 퓨리서치센터에서 2013년 9월과 2017년 4월 각각 실시한 시리아 폭격에 대한 여론조사 결과

려 있다."[3] 다시 말해 지금의 보수들은 궁지에 몰린 쥐나 마찬가지이며, 민심의 벽에 부딪혔을 때 그들이 어떻게 대처하느냐 하는 데 민주주의 국가로서 미국의 지속가능성이 달려 있다는 얘기다. 대선에서 명명백백하게 패배한 무법자 트럼프의 대선 불복, 아니 선거 결과 전복을 공화당 연방 상·하원의원 147명이 공식 표결에서 지지했다는 현실 속에서, 미국의 공화당 세력이 국가의 존립을 위협할 만큼 미쳐 있다는 것은 논란의 여지가 없는 명제다.

물론 보수의 타락은 어제오늘 일이 아니다. 그들 심리의 근본은 인색함과 열등감과 지위 불안증으로 요약할 수 있다. 리처드 호프스태터는 '사이비 보수의 반란'에서 이렇게 썼다. "사이비 보수주의는 상당 부분 뿌리가 없고 이질성을 띠는 미국인의 삶에서 무엇보다도 사회적 지위와 안정적인 정체성을 확보하기 위한 몸부림의 산물이다." 이기주의와 차별과 경직성이 지배하는 그들의 이념은 결국 정체성과 정통성에 대한 자격지심에서 비롯되었다는 얘기다. 보수들이 흔히 내세우는 '전통', '애국', '무임승차론' 등은 사회적 지위에 대한 불안감에 시달리는 자들의 구별 짓기 키워드에 불과한바, 그들에게는 성 소수자와 약자, '빨갱이' 같은 손쉽게 탓할 수 있는 타자와 희생양이 필요하다. 인종차별의 양상만 봐도 그들은 외국인 중에 자신보다 지위가 낮다고 여겨지는 외국인만 골라 공격의 대상으로 삼는다. 요컨대 미국의 극우들은 러시아, 유럽, 스

3 An Exit From Trumpocracy, 『The Atlantic』, 2018. 1. 18.
(www.theatlantic.com/politics/archive/2018/01/frum-trumpocracy/550685/)

칸디나비아의 '동급' 백인들은 외국인이라 할지라도 아군으로 여긴다. 가장 병적인 예를 들자면, 미국 극우들은 트럼프의 영부인 멜라니아는 미심쩍은 절차를 통해 시민권을 획득한 이민자라도 문제를 제기하지 않지만, 오바마는 미국 태생인데도 '케냐에서 태어난 무슬림'으로 몰아가려 발악을 했다. 이와 유사하게 한국의 극우들은 미국인(백인)에게는 극도로 관대하고, 같은 아시아 사람 중 일본인은 추앙하면서 동남아 사람들은 멸시한다는 사실을 곱씹어볼 필요가 있다.

오늘날 보수라는 부류를 특정짓는 것들은 그들이 영위하는 거의 모든 가치의 부정성不定性으로 발현된다. 그들은 어떤 가치들을 긍정적으로 지향하는 것이 아니라 변화와 진보에 저항하고, 미래가 아닌 과거, 공유가 아닌 사유, 화합과 통합이 아닌 분리, 정의보다는 보복, 그리고 무엇보다도 객관적 사실이 아닌 개인의 신념으로 움직인다. 그들이 작은 정부를 원하는 것은 공익을 위해 세금을 내기가 싫고, 사익을 위한 그 어떤 행위에 대해서도 제재를 받기가 싫기 때문이다. 그러면서 그들은 자신들과 이념을 달리하는 사람들에 대해서 음모론과 가짜뉴스를 퍼뜨리고, 정보를 날조하고, 심지어 폭력과 독재로 반대편을 억압해도 된다는 입장을 보인다. 보수라고 하는 사람들은 낙태는 반대하면서 온 국민을 위한 보험을 반대하고 수많은 사람이 죽어 나가는 전쟁은 개의치 않는다. 흑인이 아무 이유 없이 백인 경찰의 총에 맞아 죽어도 그들은 경찰 폭력에 항의하는 시위에 참여하지 않는다.

엄밀히 따지자면 오늘날 주류 보수를 움직이는 것은 이념도 아니고 도덕도 아니다. 단지 부족주의, 이기주의, '내로남불'의 질 나쁜 조합일 뿐이다. 호프스태터는 이렇게 말했다. "정치적, 도덕적 자주성을 가진 책임감 있는 엘리트가 없고 여론의 가장 사나운 기류를 이용해 사익을 취하는 것이 가능한 사회에서 고도로 조직되고, 목소리가 크고, 활동적이고, 자금력을 가진 소수가 우리 모두의 안녕과 안전을 합리적으로 추구하는 것이 불가능해지는 정치적 환경을 조성하게 될 것임을 상상하는 것이 어렵지 않다." 65년 전에 쓰인 이 얘기는 타락할 대로 타락한 보수가 날뛰는 바로 오늘날의 현실을 말하고 있다.

2.
사이비 보수

보수주의는 벌써 수십 년간 전통이나 도덕에 관한 것이 아니었다.
보수주의는 부자들 추정상의 생물학적, 정신적 우월성에 관한 것이다.
– 그레그 베어

인류 역사상 가장 위험한 집단

지금 미국의 양대 정당은 모두 기득권을 수호한다는 의미에서 보수 정당이다. 그나마 민주당에 소수의 진보적 분파가 있고 이들이 서민을 위한 정책에 신경을 쓰는 부분이 있지만, 민주당의 지도부 역시 기득권에 취해 있는 친기업 정치인들이라는 것은 부정할 수 없는 사실이다. 공화당은 차원이 완전히 다르다. 그들은 이번 대선에서 사실상 중도 보수 정당인 민주당의 조 바이든을 '극단적 사회주의자'라고 공격했다. 그들이 선거에서 이기기 위해 우스꽝스러울 정도로 도가 지나친 네거티브 전략을 기용하는 것은 이제 예사로운 일이 되었다. 그들이 지난 4년 동안 무법자 대통령을 호위하는 데 동원해온 수법들은 그야말로 '막장' 정치의 진수다. 새빨간 거짓말과 가짜뉴스 유포는 기본이고, 도움이 될 것 같으면 사이버 공격을 통한 해외발 선거 간섭도 모르는 체하고, 평화적 시위 참가자들에 대한 폭력까지 부추기는 언행을 일삼는다. 또 이번 대선으로 확인되었듯이 이기지 못한 선거 결과는 인정하지 않는다.

국가와 국민에 대한 공격이라고 할 수밖에 없는 그들 행동의 저변에는 오로지 권력을 위한 권력의 추구가 있다. 그들은 보수 진영의 집단이기주의를 만족시키기 위해 집권하고 나서는 정작 국가와 국민의 안녕을 위한 정책은 애초부터 안중에도 없었음을 번번이 드러낸다. 정치라는 것이 기본적으로 더럽고 치사한 것이라 하더라도, 법치주의를 가장 중시하는 당을 자처하는 공화당은 언제부터인가 자신들의 반칙과 탈법 행위를 아예 감추려 하지도 않는다. 이를 가장 적나라하게 보여준 대표적인 예로 2016년 2월 대법관 앤터닌 스캘리아의 돌연사로 대법원에 뜻밖의 공석이 생겼을 때를 얘기해 보자. 공화당이 다수였던 상원은 오바마의 임기가 아직 거의 1년이 남았음에도 "선거가 있는 해인 만큼 차기 대통령이 확정될 때까지 임명을 거부한다"는 터무니없이 당파적이고 전례도 없는 입장을 고수했다. 그러다 트럼프가 당선된 후 과거 행실로 큰 논란을 일으킨 보수 법관(브렛 캐버노)의 인준을 밀어붙였다. 사실상 대법관 자리 하나를 훔친 것이다. 그리고 2020년 들어 2016년과 똑같은 상황에서 진보 대법관 루스 베이더 긴즈버그가 사망하자 곧바로 트럼프의 임기를 불과 3개월 남겨두고 보수 판사 에이미 배럿의 대법관 인준을 일사천리로 강행, 처리했다.

이처럼 그들의 모든 동인은 집권과 권력 유지로 축약되며, 그들은 국민을 설득하기보다 현실 및 사실 자체를 부정하면서까지 권력을 집어삼키려 한다. 미국의 공화당은 도덕적 중심, 지적 기반, 이념, 미래에 대한 비전에 있어 모두 파탄 상태에 도달한 집단이다. 하원의원에서 공직자까지, 칼럼니스트에서 컨설턴트까지, 지도급 인사로 오랫동안 공화당 정치에 가담했던 합리적 보수들은 지난 4년 사이 대거 탈당하거나 등을 돌렸다. 지금 공화당은 자기 당의 권부 장악, 그리고 부자와 기득권을 위한 정책과 술책 이외에는 일체 관심이 없다. 이들을 지배하는 것은 권력과 통치의 논리, 즉 여느 독재 정권처럼 집권과 권력 유지를 위해서라면 민주주의의 기본 장치는 물론 인권마저 희생시킬 수 있다는 가치관에 기반을 둔 논리다. 이런 논리는 필연적으로 거대한 거짓을 기반으로 한다. 과거 조지 W. 부시와 밋 롬니 캠페인에서 일하는 등 40년 동안 공화당 진영에서 활동했던 정치 컨설턴트 스튜어트 스티븐스는 2020년 여름에 나온 『모든 것이 다 거짓말이었다: 공화당은 어떻게 도널드 트럼프가 되었나It Was All a Lie: How the Republican Party Became Donald Trump』라는 책에서 "공화당 내 많은 사람이 객관적인 사실이라는 것은 없다는 집단적인 결정을 내렸다"며 "이제 그들에게 중요한 것은 단지 권력에 대한 접근권뿐"이라고 했다.

촘스키는 오늘날의 미국 공화당이 "인류 역사상 가장 위험한 집단"이라고 말한 바 있다. 그는 2017년 인터뷰에서 "인류 역사상 공화당만큼 지구상의 인간 사회를 파괴하는 데 헌신적이었던 집단이 있었던가?"라는 수사적인 질문을 던졌다.[4] 실제로 지난 4년 동안 트럼프 행정부와 공화당은 지구 미래를 위한 문제 해결에 일체 관심이 없었던 것 정도가 아니라 파리기후협정 탈퇴를 비롯해서 기후 변화에 대항하기 위한 기존의 노력마저 공중분해시키기 위한 작업을 끈질기게 벌여왔다. 그리고 공익보다 사익을 철저하게 우선시하는 트럼프 행정부는 지구 온난화에 대한 국가 차원의 대응책을 기획하고 집행하는 환경보호청EPA과 에너지부DOE 등의 조직 무력화 작업을 진행해왔다. 그 뿌리에는 물론 신자유주의에 기반을 둔 천박한 가치관과 궤변이 있다.

오늘날 공화당의 모든 모리배적 가치의 쓰레기더미 위에 트럼프라는 자가 우두머리로 우뚝 서 있다. 근대 미국 역사상 가장 위험한 인물을 공화당원의 90퍼센트가 지지하고 있다는 사실은 그들이 북한 수준의 전체주의에 사로잡혀 있음을 말해준다. 트럼프는 지금 미국 보수의 현주소를 말해주는 결정체다. 한때 인격과 신앙심과 애국심, 청렴성을 가장 중요하게 여기는 당을 자처했던 공화당이 이제는 십수 명의 여성을 성희롱 및 성폭행한 혐의가 있고, 병역을 다섯 차례 기피했고, 성경 구절을 단 한 줄도 읊지 못하고, 4년 동안 공개석상에서만 2만 건이 넘는 거짓말을 했고, 자선사업까지 사익을 위해 운영한 범죄형 인간을 이토록 철통같이 지지한다는 것은 과연 무엇을 의미하는가. 그 답은 지금 미국 보수 세력이 자신들만의 이

4 「데모크라시 나우!」 인터뷰, 2017. 4. 24.

익을 위해서라면 무슨 짓이라도 할 수 있는 집단이라는 것이다.

기독교와 사이비 보수

유일신을 주장하는 종교들 간에 공통점이 두 가지 있다면 선과 악의 이분법, 그리고 '선택받은 자들'에 대한 특권의식이다. 그런 종교는 선과 악을 뚜렷이 구분하고, 편을 가른 다음 한쪽에는 구원과 번영, 다른 한쪽에는 무한한 응징을 약속한다. 9·11 테러리스트들은 이교도를 응징하고 신이 순교자들에게 약속한 처녀들을 만나기 위해 저편을 향해서 비행기를 몰아갔다. 수많은 종교 집단이 단순하고 순진한 사람들을 이러한 수법으로 세뇌한다. 문제는 그들이 표방하는 선악의 기준이 가소로울 정도로 인위적이라는 것이다.

조직화된 종교의 위험성은 바로 여기에 있다. 삼차원의 세계에 갇혀 있는 이상 인본주의와 신본주의 간의 경계는 아무도 모른다. 다시 말해, 어떤 인간이 신을 팔아 내세우는 주장이 그 인간의 뜻인지 신의 뜻인지 알 방법이 없다. 신의 뜻이라고 어떤 인간이 아무리 떠들어대도 신은 침묵하기 때문이다. 미국과 한국 사회를 쥐어흔들고 있는 기독교 집단들도 예외일 수 없다. 겸손하지 못하고 목소리만 큰 성직자들은 성서를 자의적으로 해석하고 자신의 주장에 불과한 것을 신의 뜻이라고 한다.

본질적으로 오늘날 미국의 복음주의 기독교를 관통하는 모티프는 개개인의 신앙이나 가치관이 아니라, 사회 전체에 대한 정치적 영향력과 통제의 염원이다. 미국 근본주의 기독교인들의 궁극적 목표는 자신들의 성경 해석에 근거한 신권 정치다. 최소한 이 부분에서 그들은 탈레반과 그다지 다르지 않다. 그들은 미국 헌법에 명시되어 있는 정교분리의 원칙을 거부하며, 이는 그들이 낙태 등에 대해서 '성경적인' 입장을 견지하는 대법관을 앉히려 광적으로 투쟁하는 가장 큰 이유가 된다.

미국의 이른바 복음주의 기독교인들은 지금 무엇보다도 정치세력으로 그 위용을 떨치고 있다. 세계 어디를 가나 정치세력화된 기독교는 모두 보수, 정확하게는 권력지향적인 사이비 보수의 양상을 보인다. 예수는 산상 수훈에서 심령이 가난한 자, 애통하는 자, 온유한 자, 긍휼히 여기는 자, 마음이 청결한 자, 화평케 하는 자, 의를 위해 핍박을 받는 자는 모두 복이 있다고 했다. 예수는 부자에게 돈을 모두 가난한 사람들에 나눠주고 나를 따르라 했고, 다른 쪽 뺨을 돌려 대고 원수를 일곱 번씩 일흔 번 용서하라고 가르쳤다. 그런데 미국 복음주의 기독교인들은 돈을 좋아하고, 성전聖戰을 좋아하고, 자본주의가 아닌 체제를 무조건 혐오하고, 성 소수자를 차별하고, 무엇보다 현세의 정치권력을 밝힌다. 그리고 결정적으로 성경에서 가르치는 모든 가치를 배반하는 지도자를 압도적으로 지지한다. 어찌된 일일까.

20세기 중반부터 그들의 정치세력화 과정을 보면 단서가 보인다. 시초는 인종주의자 겸 침례교 목사였던 제리 폴웰이었다. 미국 민권운동이 본격적으로 성과를 거두기 시작한 1950년대 후반, 폴웰은 공교육에서의 인종 분리를 불법화하는 연방대법원의 브라운 판결(1954)에 강력하게 반발하는 유명한 설교에서 "(인종적) 통합은 우리(백인) 인종의 파멸을 가져올 것"이라고 갈파했다. 그는 1979년 창립한 '도덕적 다수Moral Majority' 조직의 우두머리로 가장 유명한데, 이보다 훨씬 전에 리버티대 전신인 린치버그 크리스천 아카데미를 설립한 것이 인종 통합을 피해가기 위한 사설 교육 시스템을 구축하기 위한 획책이었다는 것은 잘 알려지지 않은 사실이다. 미국 정부는 1970년대, 대법원 판결에 따른 법집행의 일환으로 폴웰이 세운 대학을 비롯한 여러 유사 인종 분리 기독교 학교들에 대한 면세 지위를 박탈했다. 그들의 인종 분리 입학 정책이 연방제정법에 위반되었기 때문이다. 역사학자들은 이것이 보수 기독교인들이 정치적 조직화에 나서 현대 기독교 우파를 탄생시킨 결정적인 계기였다고 본다. 그들은 미국에서 그때까지 자신들이 향유했던 백인 중심의 주류 종교로서의 특권에 대한 위협을 느꼈던 것이다.

그리고 또 한 가지, 기독교 우파는 이때부터 지도자에 있어서 그 사람의 신앙심보다는 자기네 집단의 이익을 챙겨주는 것을 가장 중요한 기준으로 삼기 시작했다. 그들은 그래서 1980년 대선에서 헌법을 준수하기 위해 자기네 기득권을 나서서 보호해주지 않았던 독실한 모범 기독교 신자 지미 카터 대신 (미국 대통령으로는 최초로) 이혼 경력이 있는 배우 로널드 레이건을 압도적으로 지지했고, 그 이후부터 백인 이성애자들의 피해자 코스프레로 특정 지을 수 있는 문화 전쟁을 노골적으로 벌이기 시작한 공화당의 콘크리트 지지층을 형성하기에 이르렀다. 그들이 비신자 입장에서 봐도 방탕하고 부패한 인생을 살아온 트럼프를 지지하는 것은 그가 기독교 우파의 백인 중심 전통에 위협적이지 않고, 그의 부통령이 복음주의 기독교인이고, 또 그가 그들이 쉽게 알아들을 수 있는 응징의 언어를 구사하기 때문이다.

기독교 우파의 또 하나의 특징은 이 집단이 매우 자본주의 친화적이라는 것이다. 그들에게 자본주의는 신성한 것이고 사회주의는 무조건 사탄의 역사役事다. 그런 세뇌 현상의 뿌리는 예수의 가르침보다 20세기 미국의 자본주의 역사에서 찾아야 한다. 케빈 크루즈의 『신 아래 하나의 국가One Nation Under God』라는 책을 보면 한국을 포함해서 냉전 시대 이후 미국을 발원지로 퍼져 나간 전 세계 개신교 세력이 왜 그토록 강한 물질주의적 특성을 갖게 되었는지 깨닫게 된다. '미국의 기업들은 어떻게 미국의 기독교를 발명했나How Corporate America Invented Christian America'라는 이 책의 부제만 보면 저자가 단순히 미국 기업들이 기독교를 일으켜 세웠다고 주장하는 것으로 착각할 수도 있다. 하지만 저자는 조직화된 기독교 세력이 20세기 들어 미국식 자본주의에 종교적, 도덕적 당위성을 부여해준 과정의 역사를 상세히 기록하고 있다.

책의 일부만 간결하게 정리하면 이렇다. 미국이 1930년대 초반 대공황의 충격에서 서서히 깨어나기 시작하면서 많은 사람이 부자들을 사회악으로 여기기 시작했다. 부자들의 무절제한 탐욕과 자본의 횡포가 서민들에게 고난을 가져다주었다는 인식과 자본주의 자체에 대한 회의가 팽배해졌다. 저자는 미국 기독교의 자본주의 친화적 가치의 기원은 그 무렵 남부 캘리포니아에서 큰돈을 번 신자들의 후원을 받으며 한밑천을 잡은 회중교회 목사 제임스 파이필드에게서 그 시초를 찾을 수 있다고 한다. 파이필드의 특기는 부자 기독교인들에게 그들이 모은 부가 덕망 높은 삶을 살았다는 징표라는 확신을 심어주는 것이었다. 그는 재물에 대한 탐욕이 성경의 가르침에 결코 어긋나지 않는다는 해석을 핵심 철학으로 삼아 기독교 교리와 새로운 경제 발전 논리를 융합시키고 복음화한 '영적 출동Spiritual Mobilization'이라는 운동을 창시했다. 미국 특유의 번영복음Prosperity Gospel은 이렇게 탄생했다고 볼 수 있다. 영적 출동 운동의 사명은 간단히 말해 빈민층과 노인층을 비롯한 취약계층에 대한 배려와 지원을 골자로 하는 뉴딜 정책으로 정착되고 있던 너그러운 복지 국가에 대한 기독교인들의 지지를 박멸하고, 그 대신 기독교 자유지상주의라 할 수 있는 새로운 물질주의적 종교 사회 이념을 확립하는 것이었다. 결국 미국 근대사에서 기독교라는 종교는 부자 계층이 미국 사회에서 지배 계급으로 계속 군림할 수 있도록 돕는 논리에 힘을 실어주는 데 있어 매우 계획적이고 의도적으로 이용되었던 것이다.

이런 역사적 사실은 현재 한국 개신교도들의 모습을 이해하는 데 있어서도 대단히 중요한 사실이다. 한국의 개신교는 크루즈가 얘기하는 물질주의적인 영적 출동의 요체를 한국전쟁 전후로 미국에서 직수입한 것이기 때문이다. 오늘날 한국의 대형 교회들은 파이필드의 현세 자본주의 중심의 가르침을 고스란히 답습하고 있다 해도 과언이 아니다.

프란치스코 교황은 최근 기독교인들이 팬데믹이 가져온 "시련의 시간"을 기회 삼아 빈부 격차를 없애고 가난한 사람들이 더는 방치되지 않는 세상을 준비하길 바란다면서 "이것은 무슨 이데올로기가 아니라, 기독교입니다"라고 말했다. 하지만 이건 어쩌면 프란치스코 교황의 오해일지도 모른다. 기독교 우파에게는 정반대로 빈부 격차 같은 사회 문제에 대한 입장이 종교가 아니라 이념에 기반한 것이기 때문이다. 그들이 성경을 자의적으로 해석하고 이념화하여 공익을 해치고 혐오를 퍼뜨리면서 온갖 횡포를 부리는데, 신은 여전히 아무 말이 없다.

이념이 아니라 인성일까

미국의 사이비 보수들은 의아할 정도로 공익의 보장과 취약계층 보호를 제도화하려 한다 싶으면 들고 일어난다. 2010년 제정된 건강보험 개혁법ACA(일명 오바마케어)이 대표적인 예다. 사실 보험 제도로서 허점도 많고 나도 개인적으로 혜택을 보지 못했지만 오바마케어 덕분에 이제까지 의료보험 없이 살던 취약계층 상당수가 정부가 지원하는 의료보험 혜택을 누리게 된 것은 분명한 사실이다. 그런데 오바마가 절충과 타협 끝에 가까스로 ACA 입법을 이룩한 직후부터 공화당은 집요하게 이 법을 폐지하려는 시도를 해왔다. 번번이 실패하긴 했지만 어떻게든 뒤엎어버리기 위해 벌써 9년째 연방 상·하원에서 무려 70여 차례나 표결에 부쳤다. 2019년 트럼프 행정부가 공화당 주지사가 이끄는 18개 주정부와 공동으로 오바마케어를 완전히 폐지하도록 해달라는 소송을 연방항소법원에 제기했고, 이 사건은 현재 대법원에 계류 중이다. 전문가들에 따르면 트럼프 행정부가 이 소송에서 이길 경우 오바마케어 덕분에 그나마 저렴한 건강보험 혜택을 누리고 있는 저소득층 2,000만 명이 건강보험을 잃게 된다. 공화당은 서민들에게서 건강보험을 빼앗는 것을 지상 과제로 삼고 있는 것이다.

그들이 외형적으로 항상 구실로 삼는 건 예산과 적자다. 돈이 어디 있느냐는 것이다. 그런데 공화당은 2017년, 주로 부자들에게 혜택이 돌아가는 감세법을 통과시켰는데, 그로 인해 세수가 10년에 걸쳐 2조 달러(약 2,200조 원) 줄어들 것으로 예상되고 있다. 정말 서민을 위한 정책을 펼칠 의지가 있다면 그 돈의 일부만이라도 국민건강보험에 쓰도록 노력해야 하지 않겠는가? 지극히 상식적인 질문이지만, 이건 공화당의 기본 철학을 이해하지 못하는 헛발질이다. 현대 공화당의 기본 철학이란, 국민에게 필요한 의료 서비스의 제공이 공공정책으로 관철되어야 한다는 개념 자체를 거부하는 것이다.

유엔 특별조사위원 필립 올스턴은 2017년 미국의 극빈 문제 보고서와 함께 내놓은 성명서에서 도널드 트럼프와 공화당이 미국을 "세계에서 가장 불평등한 사회로 만들려는 목적으로" 미국 사회의 빈부 격차를 의도적으로 심화시키고 있다며 비난했다. 유엔에서 극빈 문제에 대한 감시관 역할을 담당하고 있는 올스턴은 트럼프 행정부가 "부자들에게 압도적으로 혜택이 돌아가고 빈부 격차를 심화시킨" 세법을 통과시켰으며 트럼프 정책의 의도가 "가장 가난한 사람들을 위한 기본 보호 장치들을 제거하고, 직업이 없는 사람들을 핍박하고, 가장 기본적인 의료 서비스조차 특권화시키려는 것으로 보인다"고 진단했다. 가장 취약한 계층을 상대로 가장 잔인한 정책을 펼치고 있다는 얘기다.

이쯤이면 어찌 그들의 인성을 의심하지 않을 수 있을까. 그들이 반대하는 것들을 꼽아보면, 사회복지, 공교육, 국민의료보험, 환경 규제, 보건 및 안전 관련 규제, 선거권 확대, 개인 정보 보호 등을 들 수 있다. 반면 부자를 위한 감세, 인종과 성 소수자에 대한 차별, 게리맨더링, 민영화 등은 적극적으로 밀어붙인다. 대체 인종주의자들과 성 소수자를 혐오하는 인간들은 어째서 모두 보수와 공화당일까? 왜 백인우월주의자들은 모두 트럼프를 열렬히 지지할까? 미국의 백인 인구는 62퍼센트인데 왜 공화당원의 90퍼센트가 백인일까? 그들은 지난 30~40년 동안 제도적 편법뿐만 아니라 온갖 반칙과 속임수, 프로파간다를 동원해왔고, 지난 4년 동안 사실상 다수 국민의 뜻에 역행하면서 거짓 정보와 완력으로 미국을 지배해왔으며, 이제 바이든 취임 후에도 의사 진행 방해와 공작 정치를 일삼을 것이 뻔하다. 민주당이 하원 다수당을 탈환한 2018년 중간선거와 2020년 대선 결과로 공화당에 대한 심판이 앞으로도 계속 이루어질 것이라는 기대가 있지만, 물불 가리지 않는 공화당의 재집권 의지를 과소평가하는 것은 금물이다.

생각해보건대, 종국에는 우리 주변 사람들도 그들의 선택으로 심판해야 한다. 2016년 대선에서 미국 국민의 선택은 두 후보 모두 비호감이었으니 어차피 '차악'의 선택일 뿐이었다고 해두자. 하지만 4년이 지난 지금, 부동표를 감안하더라도 아직 국민의 30퍼센트 가량이 전방위적으로 부패하고 타락한 인간임이 여실히 드러난 트럼프를 절대적으로 지지하고 있다. 트럼프가 연민, 자비, 공감 능력 따위를 갖추지 못한 인간임은 오래전부터 자명한 사실이었고 트럼프의 일부 지지자들도 이를 인정한다. 그럼에도 어떻게 이처럼 많은 사람이 그를 아직 지지할 수 있을까 하는 문제는 이제 정치가 아니라 인류의 영역에서 논의되어야 할 경지에 도달했다. 한동안은 단지 괴물 같은 경제 체제의 불공정성에 환멸을 느낀 사람들이 자포자기 상태에서 그런 선택을 했을 뿐이라고 많은 분석가가 말해왔다. 하지만 지금은 트럼프뿐 아니라 그를 지지하는 사람들의 상당수가 결국 같은 유형의 인간들임이 자명해졌다. 이런 지도자를 끝까지 추종하는 사람들은 자신들의 가치관과 세계관이 어떤지를 스스로 선언하는 것이다.

어쩌면 그들은 고어 비달이 아인 랜드에 대해 말한 것처럼, 이 세상이 강요하는 책임감과 죄책감으로부터 자유를 얻은 것일지도 모른다. 책임감과 죄책감은 공동체의 구성원들 사이에서 도덕성을 강제한다. 여기서 사람이 살면서 습득하는 이념과 인간 본성의 상관관계에 대한 다소 절실한 의문이 생긴다. 그들의 반사회적 성향은 잘못 주입된 이념의 소산일 뿐일까, 아니면 본래 그들 안에 내재해 있던 불량한 인성의 표출일까? 답이 무엇이든, 미국 사회가 빠른 시일 내 이 문제를 풀지 못한다면 반사회적 보수의 창궐은 머지않아 역사를 족히 100년쯤은 후퇴시킬지도 모른다.

3.
그들의 혁명

공화당이 원하는 것은 '세상을 구하는 것'이 아니다.
그들이 원하는 것은 세상을 구하려고 하는 사람들로부터 나라를 구해내는 것이다.
– 리처드 칼렌버그

시장 원리와 기업 쿠데타

2018년에 나온 프레드 피바디 감독의 다큐멘터리 「기업 쿠데타The Corporate Coup d'etat」는 오로지 자기 집단의 이익만을 추구하는 기업들이 갈수록 민주주의 제도와 기관들을 장악해가는 현상을 다룬다. 이 다큐멘터리의 중심에 있는 저널리스트 크리스 헤지스 전 『뉴욕타임스』 기자는 민주주의의 이러한 위기가 도널드 트럼프 당선 훨씬 전부터 이미 엄습해오고 있었다고 말한다. 미국의 민주주의는 벌써 오래전부터 대기업들에게 영혼을 팔기 시작했다. 로비스트들과 기업주의corporatism가 워싱턴 정가에서 거의 절대적인 영향력을 행사하고, 그 결과 국민의 뜻은 꾸준히 뒷전으로 밀려났다.

다큐멘터리 각본의 기초를 제공한 캐나다 철학자 존 롤스톤 소울이 1995년 강연에서 기업 쿠데타가 슬로모션으로 진행되고 있다고 했는데, 지금은 급속도로 진행되는 것으로 보인다. 레이건부터 트럼프에 이르기까지, IT 기술의 끔찍한 발전으로 이제는 거의 전지전능해진 기업들이 국가의 모든 굵직한 의사 결정에 관여한다 해도 지나친 말이 아니다. 국민이 필요로 하는 것이 무엇이든 기업들의 지상 과제는 주가를 극대화하고 그로써 경영진의 보상을 극대화하는 것이며, 이를 달성하기 위해 정부가 기업 친화 정책, 즉 복지 프로그램 축소와 저임금 일자리 해외 이전 등을 용이하게 만들도록 유도한다. 결국 「기업 쿠데타」가 그리는 상황은 사람들이 자유주의적 사회에서 보장되는 것으로 흔히들 믿고 있는 민주주의의 붕괴다.

'대기업의 지배corporatocracy'라는 개념은 사실 미국에서 이미 익숙한 표현이다. 미국 정치인들은 오래전부터 공공연하게 기업들로부터 직접 정치자금을 일정 한도 내에서 받아왔고, 2010년 대법원의 시민 연합 판결 이후 간접적으로는 거의 무제한으로 정치자금을 받을 수 있게 되었다. 공화당이든 민주당이든 기업의 정치자금에서 자유로운 정치인은 상·하원의원 535명 중 버니 샌더스 정도를 포함해서 한 손에 꼽을 수 있을 정도다.

대기업들은 정치인을 조종하고 언론을 장악하고 있다. 음모론 차원으로까지 갈 필요도 없다. 정치인들이 낙선하거나 사퇴하면 기업 임원이나 방송의 정치평론가로 변신하고, 거꾸로 기업 임원이나 정치평론가가 정치인으로 둔갑하는 사례도 수도 없이 많다. 정치와 기업 사이의 회전문이 이처럼 어지럽게 돌아가는 현실 속에서, 공직자들과 기업의 임원들이 사회의 꼭대기에서 서로 아주 아늑한 관계를 유지하는 가운데 정경유착은 너무도 자연스럽게 이루어진다. 굳이 밀실 회의 같은 것이 없어도 기업의 뜻은 대체로 관철된다. 국민의 뜻이야 어떻게 되든 정부와 기업들이 한통속인 가운데 아무리 무거운 사회적, 환경적 대가를 치르게 되더라도 이윤만은 극대화해야 한다는 공감대가 형성되어 있기 때문이다.

정경유착과 기업의 권력화는 신자유주의의 본질이다. 신자유주의는 어차피 경제 체제와 권부가 과두제에 의해 지배되는 쪽으로 흐르게 되어 있다. 신자유주의 세력들은 애초부터 재산권과 기업의 헤게모니에 있어서 국가의 힘을 조종하는 것이 필수적이라는 원리를 놓치지 않았다. 그들은 대외적으로는 '자유'라는 키워드를 강조하며 자유시장과 선택의 자유가 최상의 가치인 것처럼 선전해왔지만, 처음부터 국가 정책에 부지런히 개입해서 자유방임주의와는 완전히 딴판인 사실상의 계획 경제 체제를 만들었다. 데이비드 하비가 『신자유주의』에서 말한 것처럼 신자유주의는 진정한 자유시장 유토피아를 꿈꾸는 몽상가들의 이상이었다기보다 막대한 기업 자금을 배후에 두고 정경유착 세력들이 힘을 합쳐 정치적으로 기획하고 추진한 계급사회 프로젝트였던 셈이다.

그리고 이른바 자유시장이라는 시스템의 실상을 정직하게 말한다면, 자유경쟁에 기초한다는 경제는 실제로 전략과 모략에 통달한 대부호 집단들의 권력 및 부의 확장과 통합, 사회 계층화, 노동 착취, 나아가 권부의 독점이 필연적 수순이 되었다. 영리한 기업들은 돈의 위력이 절대적인 명목상 민주주의 제도에서 정치인들을 잘 이용하는 것이 황금률임을 일찍이 터득했다. 그렇기에 탱크가 동원되고 총성이 울리고 시민들이 길거리에서 최루탄에 맞는 사태가 벌어지지 않을 뿐, 결국 부당한 권력이 국가를 지배하게 된다는 점이 쿠데타와 다름없다는 것이다.

부패란 항상 쉽게 나타나는 것이 아니다. 기업들이 행하는 반공동체적 짓거리는 대부분 은연중에 진행된다. 이를테면 재벌의 문어발식 사업 확장이 당장 소비자들에게 편리함을 제공하면, 그 독점으로 인한 소상인 폐업 등의 해악이 단기적으로는 쉽게 파악되지 않는다. 또 대기업이 개발한 자동화 장비로 인해 실직자들이 발생하더라도 많은 사람은 일단 경비 절감의 긍정적인 측면을 받아들인다. 그러한 기업의 조치가 궁극적으로 비인간적이라는 사실은 대부분 한참 뒤에 드러난다. 독극물 방출, 인체에 해로운 화학물 방치, 인력 감축, 시장 독점 모두가 기업의 이윤을 위한 것인 만큼, 기업의 가치 보존과 성장은 사람과 사회의 안녕보다 항상 우선한다. 또 기업들이 저지르는 해악에 대한 보도를 대기업이 소유하거나 광고를 주는 매체에서 좀처럼 볼 수 없는 것은 기업 쿠데타 세력의 언론통제 양상일 따름이다.

사실 따지고 보면 1980년대 신자유주의 혁명이 정부의 힘을 약화시켰다고 하는 것은 본질에서 벗어나는 신화에 불과하다. 실제로는 보수 정당들이(민주당과 클린턴, 오바마 정부를 포함해서) 근로자의 힘을 약화시키고 자본의 힘을 강화시키기 위해 정부를 뜯어고쳤다고 하는 것이 현실에 더 가까울 것이다. 2008년 금융 위기 때 금융 기관들이 구제받을 수 있었던 것은 국민에게 써야 할 공공자금을 금융 위기 원인을 제공한 기관들에게 거의 무제한으로 풀어준 정부의 막강한 힘이 있었기 때문임을 잊어서는 안 된다.

1980년대부터 꾸준히 진행되어온 저임금과 빈부 격차 심화, 이에 따른 자산 인플레이션, 주택 버블의 악순환이 반복되고 중산층이 거덜 나는 가운데도 기업 이윤은 갈수록 커져만 가고 증시는 계속 오른다. 이러한 기이한 현상의 뿌리에는 '선택의 자유'를 빙자해서 환경, 보건, 교육 등 필요한 기본권마저 상품화하고 착취와 수탈의 대상으로 만든 기업들의 부당하고 폭압적인 권력이 있다.

위로부터의 계급투쟁

영어로 '디킨시언Dickensian'이라는 표현은 찰스 디킨스의 소설에 나올 법한 상황을 말할 때 쓰인다. 보통 19세기 영국의 극심한 빈부 격차를 연상케 하는 말인데, 빈민층의 극심한 궁핍을 묘사할 때 쓰이기도 하고, 부자나 지배계층에 대해서는 그들의 극심한 이기주의와 잔인성을 묘사하는 데 쓰인다. 『두 도시 이야기』의 유명한 문장인 "최고의 시절이었고, 최악의 시절이었다"는 이 책에서 디킨스가 다루는 프랑스혁명 시절의 영국과 프랑스 사회의 양극화를 노래하는 장엄한 비가悲歌의 첫 소절이다.

이 소설에서 디킨스가 묘사하는 시대 상황은 극도로 단순화해서 이렇게 정리할 수 있다.

- 가난한 사람들은 찢어지게 가난했다.
- 부자들은 어마어마하게 부자였다.
- 부자들이 어마어마하게 부자일 수 있었던 것은 찢어지게 가난한 사람들을 착취했기 때문이다.
- 그럼에도 불구하고 국왕은 가난한 사람들의 고통을 덜어주기 위해 아무것도 하지 않았다.

150년 전에 세상을 떠난 디킨스가 지금의 미국을 보면 자신의 소설 속에서 묘사된 위와 같은 상황이 세계에서 가장 부유한 나라에서 벌어지고 있다는 사실에 얼마나 경악할까. 미국의 모습은 갈수록 '디킨시언'이라는 표현을 떠올리게 한다. 상위 1퍼센트 부자들이 가진 재산은 하위 90퍼센트를 모두 합친 재산보다 많고, 그들은 자신들이 가진 부의 위력을 동원해 권력을 움직임으로써 노동법, 세제, 보건 정책, 선거자금법 등이 돈 많은 소수에게만 유리하게 만들어지도록 한다. 현재 미국에서는 1968년에 비해 60퍼센트 늘어난 인구가 빈곤선 아래 살고 있으며, 아동 인구의 43퍼센트가 기본 의식주에 필요한 최저생활비를 조달하지 못하는 가정에서 살고 있다. 『뉴욕타임스』의 폴 크루그먼은 철저히 기업과 부자의 편에 서 있는 공화당의 정책이 서민에게서 빼앗아 부자에게 주는 "역逆로빈후드 정책"이라고 표현했다.

모든 권력은 국민에게 있다는 민주주의 사회에서 어떻게 이런 상황이 가능해진 걸까? 한 가지 이유는 가진 자들의 당인 공화당 중심의 유권자 억압 전술이다. 지난 8년 동안에만 공화당이 주정부를 장악하고 있는 23개 주에서 연방투표권법의 적용 범위를 축소하는 각종 주법을 제정했다. 주로 유색 인종인 가난한 사람들이 투표하는 것을 막거나 어렵게 만들기 위해서다. 이렇게 가난한 유권자들의 투표권을 억압함으로써 그들은 국민의료보험, 생활 임금, 사회복지 프로그램에는 적대적이고, 가난한 사람들의 대량 투옥, 이민자 탄압, 그리고 환경 파괴를 방치하는 정책에는 우호적인 후보들의 당선이 훨씬 쉬운 판세를 조장한다.

이건 모두 일찍이 기업과 부자들이 돈으로 정치인들을 매수하는 데 여념이 없었기 때문에 가능해진 일이다. 허구로 판명난 지 오래인 이른바 '낙수효과' 이론으로 1980년대부터 시행되어온 부자와 기업 중심의 경제는 미국 정부의 기본자세를 완전히 바꿔놓았다. 지난 40여 년 동안 고용주들의 근로자 착취는 심해졌고, 노조의 힘은 비참하게 추락했다. 이제 단체협약이라는 것을 사기업에서는 거의 볼 수 없다. 파트타임과 비정규직이 압도적으로 많아졌으며, 고용 안정성은 물론이고 소속감도 없는 우버 같은 저임금의 '긱 경제 gig economy'가 판을 친다. 지난 40년 동안의 미국 경제는 자본과 노동 간의 투쟁으로 요약되며, 결과는 노동의 참패다.

반면 그사이에 자본주의 승자들은 수익과 배당이 늘어나고, 개인 세율이 낮아지고, 국민소득에서 차지하는 몫이 기하학적으로 늘어났다. 그럼에도 더욱 큰 몫을 탐하는 그들은 부자에게 유리한 온갖 제도 조작을 일삼는 한편 일반 서민의 복지 수급 자격은 끊임없이 축소하려 한다. 단순히 자기 것만 챙기면서 공익에 대해서는 무심함으로 일관하는 것에 만족하지 않고 적극적으로 계급투쟁을 벌이는 것이다. 특히 지대 추출이 존재의 이유인 자들이 궁극적으로 추구하는 것은 노동자의 권리는 아예 없는 사회, 자본이 압도적 우위를 점하는 계급사회다.

일부 학자는 빈부의 양극화가 자유시장경제에서 세계화와 제4차 산업혁명이 부른 노동시장의 재편으로 인한 일시적인 현상이고 특정 부류나 계층이 의도적으로 양극화를 꾀한 것은 아니라고 주장하기도 한다. 하지만 이런 주장은 부자들의 뜻이 압도적으로 크게 반영되는 정치적 의지와 선택을 모른 체하는 것이다. 대부분의 정치인이 지난 수십 년 동안 철저하게 부자들의 편을 들어왔다는 사실은 지금 자본주의 사회의 뼈대가 되는 반노동 악법, 경제 금융화, 노동자보다 자본을 우선시하는 세계화, 최저임금 동결, 서민보다 부자들과 기업에 유리한 파산법 등이 말해준다. 서민들이 월세를 내지 못해 대거 길거리로 내몰려도 부자 중심으로 돌아가는 증시는 세게 치솟는다. 2020년 9월 9일 자 『포브스』에 따르면 수많은 서민의 삶의 질이 팬데믹으로 형편없이 추락하고 있는 가운데 미국 400대 부자들의 자산은 지난 1년 사이 도합 2,400억 달러(약 265조 원)가 늘었다. 이런 현상을 우리 아이들에게 어떻게 설명해야 할까?

법과 규정을 제정하고, 해석하고, 집행하는 자들이 이기도록 되어 있는 것은 그들이 만들어낸 게임의 법칙이다. 지난 40여 년 동안 대기업과 최상층의 부자들은 게임의 법칙을 자기들에게만 유리하도록 만들기 위해 안간힘을 써왔다. 불평등은 모두가 열심히 살다 보니 어느 날 그저 생겨난 현상이 아니라 특정 계층이 비장한 각오로 이룩해낸 업적이다.

마틴 루터 킹의 명언을 거꾸로 차용하자면, 그들의 도덕적 세계의 아크는 정의의 반대쪽으로 휜다. 그들은 사익에 도움이 되지 않는다면 좀처럼 올바른 길을 선택하지 않는다. 진보 언론인 크리스 헤지스는 이렇게 말했다. "인류 역사의 대부분은 계급 간 투쟁으로 규정지을 수 있다. 우리가 사회를 지배하는 기업 엘리트들과 생사가 걸려 있는 투쟁을 벌이고 있다는 것을 빨리 깨달을수록 우리는 이들 엘리트들이 타도 대상임을 빨리 깨닫게 된다."[5]

프로파간다, 프레이밍, 그리고 가짜뉴스

미국의 정치철학자 라이샌더 스푸너는 "독재를 할 수 있는 사람들은 독재를 유지하기 위해 위증도 할 수 있는 사람들이다"[6]라고 말했다. 그런 인간들은 대개 먼저 권력 찬탈의 과정에서 온갖 반칙과 변칙과 탈법을 동원하기 일쑤고, 정권을 잡은 다음에는 모자란 정통성을 어떻게든 만회하기 위해 본격적인 세론 조작에 나

5 Let's Get This Class War Started, 'Truthdig', 2017. 8. 18. (www.truthdig.com/articles/lets-get-this-class-war-started/)

6 "Those who are capable of tyranny are capable of perjury to sustain it."

선다.

지난 4년 동안 하원을 제외하고 나머지 권부를 모두 장악해온 미국의 공화당 세력은 프로파간다, 음모론, 가짜뉴스, 유사과학, 역사 부정, 기획된 허위 정보와 노골적인 거짓말의 총집합소다. 최고 속임수 사령관 트럼프를 위시해 공화당 지도자들의 입에서 매일 흘러나오는 거짓말이 갈수록 대범해져서, 이제는 사실이라는 개념 자체가 무의미해지고 있다는 느낌이 엄습해온다. 러시아 출신 저널리스트 마샤 게센은 2016년 『뉴욕 리뷰 오브 북스』에서 트럼프와 블라디미르 푸틴을 본질적으로 같은 유형의 독재자로 분류하며 이렇게 말했다. "거짓말 자체가 메시지다. 푸틴과 트럼프는 모두 거짓말을 할 뿐 아니라 같은 목적으로 거짓말을 한다. 바로 노골적인 거짓말도 진실의 힘을 갖도록 만들기 위해서다." 다시 말하면 진짜 진실은 그들의 적이기 때문에 거짓말이 진실을 대신하도록 만들어야 한다는 얘기다.

미국은 정보가 비교적 넘쳐나고, 잘 뒤지기만 하면 방대한 자료에 접근하는 것이 가능한 나라이지만, 절대다수 국민은 하루 종일 주로 광고와 정치 프로파간다에 치여 살고, 영양가 있는 정보는 빙산의 일각에 해당하는 것만 소비한다. 거의 모든 정보 수단을 장악하고 있는 상부층은 이를 잘 알고 있으며, 우익 세력은 객관적인 정보 수집 및 처리 능력이 다소 달리는 보수 성향의 시민들을 향해서 엄청난 자금을 투입해 세뇌 작업을 한다. 『애틀랜틱』에 따르면 2020년 대선을 앞두고 보수 진영에서 프로파간다용으로 뿌린 돈의 규모는 10억 달러(약 1조 1,000억 원)가 넘는다.

미국의 보수 세력은 대략 1960년대부터 대국민 프로파간다 작업을 본격적으로 시작했다. 그 무렵 다소 진보적이었던 포드재단이 먼저 정치적으로 진보적인 단체들을 다방면에서 후원하기 시작했는데, 보수들이 이에 조직적으로 대응해서 더욱 적극적으로 '대응 편성'에 나서기 시작했다는 것이 정설이다. 보수들은 1960년대 반문화counterculture의 폭발과 함께 일어난 진보들의 정치 행보에 위협을 느꼈고, 부와 특권을 필사적으로 수호하기 위한 각종 프로젝트의 기획에 나섰다. 그 가운데 기업 친화적 보수 프로파간다 운동의 출사표였다고 할 수 있는 파월 메모Powell Memo[7]는 그들의 위기의식을 잘 나타내는 자료다. 자유경제와 자본주의에 대한 위기의식을 일깨우기 위한 목적으로 당시 11개 대기업의 이사직을 맡고 있던 관록 있는 기업 변호사 루이스 파월이 작성한 메모에는 "공격받고 있다", "수호", "방어", "보존", "기업들이 심각한 곤경에 처해 있다" 등 미국의 자본주의 자체가 좌파로부터 위협을 받고 있다는 느낌을 전달하기 위한 표현이 대거 등장한다. 기득권과 기업 중심 체제를 신봉하는 정치 경제 세도가들은 이 메모에 자극받아 헤리티지 재단, 맨해튼 연구소, 케이토 연구소 등 보수 싱크탱크를 앞다퉈 창설했다. 이들 보수 싱크탱크에는 코크 형제(코크 인더스트리스 공동 소유주)를 비롯해서 기득권 수호신을 자처하는 재벌들로부터 엄청

7 1971년 8월 23일 대외비로 미국 상공회의소에 제출된 '파월 메모'의 본래 제목은 '미국의 자유기업제도에 대한 공격(Attack on the American Free Enterprise System)'이다. 루이스 파월은 민주당 소속 변호사로, 닉슨 대통령의 임명으로 1972년부터 1987년까지 대법관을 지냈다.

난 규모의 지원금이 매년 흘러 들어간다.

그 이후 보수들의 반격은 계속되어 1996년 폭스뉴스Fox News의 탄생을 시작으로 수많은 보수 매체들이 생겨났다. 로저 에일스가 설립한 폭스뉴스는 우익 세력과 공화당을 수호하기 위해 설립된 프로파간다 매체다. 『뉴요커』의 제인 메이어에 따르면 닉슨 대통령이 워터게이트 스캔들로 사임한 후, 닉슨의 정치 공작원으로 일했던 에일스는 그 결과가 닉슨의 잘못이 아니라 언론이 모두 닉슨에게 적대적이었기 때문이라는 입장을 견지했고, "다시는 이런 일이 생기지 않도록 할 것"이라고 다짐했다. 폭스뉴스는 현재 3대 케이블 뉴스 방송사인 Fox News, MSNBC, CNN 중에서 단연 최고의 황금시간대 시청률을 기록하고 있으며, 라디오에서도 우파 토크쇼들이 공중파와 위성방송을 압도적으로 장악하고 있다. 우파 매체들은 '오바마는 감춰진 무슬림'이라든지, '힐러리는 아동 성매매 조직을 운영하고 있다'든지 하는 끊임없는 음모론과 프로파간다로 콘크리트 지지층을 세뇌하는 한편, 대중을 겨냥하는 전반적인 정치적 메시지에 있어서는 사회복지나 부자 증세를 '사회주의 논란'으로 몰아가는 식의 부정직한 프레이밍 전략을 쓴다.

그들의 프레이밍은 언어를 타락시키고 장악하려는 노력을 수반한다. 그들이 조작하는 언어는 조지 오웰의 『1984』에 나오는 선전 언어 뉴스피크newspeak와 같은 원리로 작동한다. 이에 따르면 전쟁은 평화, 자유는 속박, 무지는 힘이다. 폭스뉴스의 슬로건인 '공정하고 균형 있는' 보도는 공정하고 균형 있기는커녕 철저하게 공화당 쪽으로 편향되어 있다. 공화당의 '일할 권리Right to Work' 법안이란 노조를 파괴하기 위한 것이고, 시민 연합은 부자들과 기업들이 정치자금을 무제한으로 그리고 익명으로 기부할 수 있어야 한다고 주장하는, 실제로는 일반 시민의 적이 되는 조직이다. 또 '학교 선택'이라는 것은 공교육 시스템을 해체하기 위한 선전 구호에 불과하며, '종교의 자유'란 포용의 언어가 아니라 그들이 인정하는 유일한 종교인 기독교가 미국 내에서 헤게모니를 유지하도록 기독교 중심의 차별적 가치관을 지속하겠다는 저의를 담고 있다. 그리고 '경제적 자유'는 시장근본주의 이념의 표현으로, 기업과 부자들의 경제 활동에 대한 규제를 풀어주는 자유를 말한다. 실제로 그들이 말하는 '경제적 자유'는 프랭클린 루스벨트가 '제2 권리장전'의 연장선에서 얘기한 네 가지 자유, 즉 표현의 자유, 신앙의 자유, 결핍으로부터의 자유, 공포로부터의 자유 등 진정한 의미의 자유와는 사실상 정반대의 의미를 갖고 있다.

이 모든 수작의 종착역은 현실의 부정과 가짜뉴스다. 가짜뉴스의 본질은 사실과의 전쟁이다. 사실과 현실이 내가 원하는 쪽으로 흐르지 않으니 사실과 현실 자체를 부정하고 내 세계관에 부합하는 사실과 현실을 날조하는 것이다. 수년간 극우의 가짜뉴스를 먹고 자란 세대는 '준비된 음모론자'들로 자라 보수 기득권의 모략과 선동질에 동원된다. 그들에게는 자기네 세계관에만 부합하면 가짜뉴스라도 진실이고, 반대로 불편한 진실은 무조건 가짜뉴스다. 지금 트럼프를 영도자로 모시고 있는 극우 음모론 공장 큐어논 사이트에는 2020년 7월 한 달 동안만 1,000만 명이 방문했으며, 트럼프는 그들이 생산하는 음모론을 찬양하고 적극적으로 홍보했다. 2020

년 1월 6일 미국 의회의사당에 난입한 폭도들의 다수가 큐어논에 심취한 사람이었다고 보면 정확할 것이다.

나치 독일의 선전장관 요제프 괴벨스가 남긴, 거짓말도 계속 되풀이하면 진실이 된다는 말은 틀리지 않았다. 진실을 배척하고 가짜뉴스를 끌어안는 오늘날의 극우 진영은 집단 내 전체주의로까지 갈 수 있는 토양을 다졌다. 어떻게 보면 사이비 보수의 가장 큰 업적은 바로 이것이다.

영악한 소수의 군림

보수 싱크탱크 헤리티지 재단의 창립자인 에드윈 풀너는 2018년 3월 이 재단 웹사이트에 게재된 '다수의 독재Tyranny of the Majority'라는 제목의 에세이에서 아주 흥미로운 얘기를 했다. 미국이 엄밀하게 따져 민주주의가 아닌 공화국republic이라는 다소 교조적인 관점을 제기하면서, 민주주의란 "늑대 두 마리와 양 한 마리가 저녁에 뭘 먹을지를 다수결로 정하는 것"이라고 말했다. 여기까지는 표면적으로 존 스튜어트 밀부터 토크빌과 알렉산더 해밀턴까지 여러 역사학자와 정치학자가 국가 체제에 대해 고찰한 바 있는 문제로, 민주주의라는 체제를 정치 이론 차원에서 논의할 때 충분히 고민의 대상이 될 수 있는 부분이다.

그런데 풀너는 이어서 "늑대가 원하는 것도 중요하지만, 양이 원하는 것도 마찬가지다"라면서 민주당을 늑대로, 공화당을 양으로 비유한다. 그는 상황을 정확히 거꾸로 묘사하고 있다. 공화당이 소수라는 건 분명하지만 그들을 양이라고 하는 것은 지록위마의 극치다. 그들은 지난 30~40년간 급변해온 인구학적, 종교적, 문화적 현실에 역행하며 온갖 반칙을 동원해서 대다수 국민의 지지 없이 권력을 누려왔다. 미국의 보수 기득권은 백인, 복음주의 기독교, 부자 등 세 부류가 교집합을 이루어 주도권을 유지하려 안간힘을 쓰지만 이제 숫자적으로 절대적 열세임을 스스로 잘 알고 있다. 보수 이데올로그가 난데없이 민주주의가 아닌 공화국을 들고 나오는 저의는 여기에 있다.

미국의 공화당과 보수의 숫자적 열세는 사실 직선제라면 공화당이 대통령직을 차지하는 것이 불가능한 수준이다. 지난 30년 사이에 공화당이 일반투표에서 이긴 것은 두 차례(1998년 중간선거, 2004년 대선)에 불과하다. 조지 W. 부시는 2000년 앨 고어에게 일반투표에서 졌지만 플로리다의 재개표를 다수가 보수였던 대법원이 막아준 덕에 537표(0.01%p)차로 간신히 이겼다. 트럼프는 2016년 전국 일반투표에서 힐러리에게 300만 표 차이로 졌으며, 이번 대선에서는 바이든에게 700만(약 4.5%p)이 넘는 표차로 졌다. 2018년 중간선거에서 민주당이 7개주 주지사 자리와 하원 41석을 탈환했을 때, 전국을 통틀어 일반투표 득표 차는 민주당 53.1퍼센트, 공화당 45.2퍼센트였다. 이번 대선에서 확인되었듯이 민주당 대선 후보는 일반투표에서 최소한 3~4퍼센트 이상의 격차로 이겨야만 대통령 당선에 필요한 선거인단 확보가 가능한 상황이다. 이처럼 미국은 이제 소수의 집권이 굳어진 현실처럼 되어버렸다.

1995년에 나온 미국 영화 「대통령의 연인The American President」에서 극중 대통령 앤드루 셰퍼드가 공화당 대통령 후보에 대해 이런 말을 한다. "무슨 문제든 그는 그 문제를 해결하는 것에는 일체 관심이 없습니다. 그가 관심을 갖는 것은 오로지 두 가지, 국민에게 그 문제에 대한 두려움을 갖게 하고 그것이 누구의 탓인지를 국민에게 얘기하고자 하는 것뿐입니다." 오늘날 공화당의 정치에 있어서 모든 상황과 모든 사건은 표를 얻을 기회나 표를 잃을 기회로 축약된다. 공화당은 이미 오래전부터 좋은 정책을 통해 최대한 많은 국민의 지지를 얻으면서 그들을 지지하지 않는 국민을 설득하고 달래기보다 노골적인 거짓말과 반칙을 동원해서라도 무조건 선거에서 이기는 것, 권력을 위한 권력만을 목적으로 삼아왔다.

영리한 자들의 반칙과 부정행위가 대부분 그렇듯이 그들의 타락한 수법은 제도의 틀 속에서 나온다. 그들이 이용하는 수많은 제도적 부정행위와 반칙으로는 앞에서 얘기한 시민 연합 판결, 대법원 지명자에 대한 표결 거부, 상·하원에서의 입법 방해 등 연방 차원에서 자행되는 것이 있고, 지방정부 차원에서는 게리맨더링, 인종차별적 투표자 신원 확인법과 소수계 밀집 지역(=민주당 표밭)에서의 투표소 축소 운영, 유권자 등록부에서 민주당이 우세한 선거구의 유권자들을 대거 삭제하는 획책 등을 꼽을 수 있다. 중범죄 경력 때문에 법적으로 투표권을 박탈당한 사람의 숫자는 1976년 100만 명이 약간 넘었으나 지금은 600만 명이 넘는다. 유권자 등록은 갈수록 까다로워지고, 2008~2016년 투표 장소의 수는 10퍼센트 이상 줄었다. 주정부들은 수시로 수만에서 수십만에 달하는 유권자들을 충분한 사전 통보 없이 유권자 명부에서 삭제해버린다. 이게 모두 실제로 투표하는 사람의 수를 어떻게든 제한하기 위해서 지방정부를 압도적으로 장악하고 있는 공화당이 꾸며온 술책이다.

오늘날의 공화당은 많은 사람이 투표하는 것을 무서워하지만, 미국 정치에서는 "좋은 정책이 좋은 정치다Good policy is good politics"라는 말이 정치인들의 황금률로 받들어지던 때가 있었다. 정치인들의 선택은 반드시 다음 선거 결과에 반영된다는 인과 관계, 즉 권력과 책임은 불가분하다는 당위론이다. 하지만 이제 호랑이 담배 피우던 시절의 이야기가 되었다. 사실 미국의 코로나19 참사는 무엇보다도 민주주의의 실패로 봐야 한다. 팬데믹이 지금 미국에서 가장 심각한 이유는 미국 공공의료의 역량보다는 국민의 안녕을 최우선 과제로 삼지 않은 대통령과 집권당 때문이다. 비민주적으로 당선된 지도자들이 대다수 국민의 뜻을 무시한 결과다.

이 같은 공화당의 횡포에는 민주당도 일조한다. 민주당은 대체로 공화당만큼 음흉하고 잔인하지는 않지만, 당 지도부가 기득권에 취해 있다는 것은 매한가지다. 민주당은 관념적으로는 서민층 편이지만 신념이 없기에 이를 설득력 있게 전달하지 못한다. 미국의 정치 전문가들은 정치 프레임에서 공화당에게 번번이 농락당하는 민주당에 대해 이런 얘기를 한다. "민주당은 90퍼센트 시민의 삶이 개선될 수 있는 정책을 두고도 51퍼센트 시민을 설득하는 능력이 없는 반면, 공화당은 1퍼센트 시민의 삶이 개선되는 정책에 대해서 51퍼센트 시민을 설득하는 재주가 있다."

4.
이념의 미학

이데올로기는 질문을 하기 전부터 이미 정해놓은 답이 있다.
원칙이란 그와 달라, 상황에 따라 적응해가기는 하지만 타협은 하지 않는 것을 말한다.

- 조지 패커

가해자의 피해자 코스프레

사이비 보수들은 자신이 냉철한 현실주의자이며, 그 누구에게도 기대지 않고 냉엄한 현실을 스스로 헤쳐 나가는 자립형 인간이라고 자부한다. 그러면서도 자신들에게 한없이 유리한 기득권은 끝까지 틀어쥐고 절대 내려놓지 않으려 한다. 그들은 능력 없는 사람들을 나무라고, 어렵게 사는 사람들이 어쩌다 조금이라도 혜택을 받는다 싶으면 무임승차라며 결사적으로 반대한다. 정상인의 눈에는 빤히 보이는 기울어진 운동장의 불공정성을 그들은 보지 못한다.

그런데 이것도 그들이 기득권을 차지하고 있을 때 얘기다. 많은 특혜를 누리고 많은 것을 차지할 때는 불공정한 것들은 물론 부정부패도 모른 체하다가 막상 권력에서 밀려나거나 기득권을 조금이라도 빼앗길 위기에 처했을 때는 '저항 정신'을 발휘한다. 갑자기 기울어진 운동장이라며 공정성을 들이댄다. 사회가 미미하게나마 공정성을 회복시키려 노력할 때마다 어김없이 나타나는 현상은 이제까지 불공정의 수혜자였던 사람들의 목소리가 커지는 것이다. 백인 일색인 일명 티파티로 시작한 미국의 사이비 보수 운동이 그 대표적인 사례다. 그들은 최초의 흑인 대통령이 취임하기가 무섭게 곧바로 전국적인 '투쟁'에 나섰다. 아무 근거 없이 오바마가 자신들의 총기를 빼앗아 갈 것이라고 주장하고, 정부가 자신들의 자유를 침해한다고 떠들어댔다. 그들 중 다수는 아직도 오바마가 미국에서 태어나지 않았다고 주장한다. 그들에게 오바마는 히틀러이고, 트럼프는 신이 내린 영도자다.

한국 뉴스를 보다 보면 한국의 사이비 보수들도 별반 다르지 않다는 것을 느낀다. 한국의 사이비 보수들 역시 민주적인 절차로 권력을 빼앗긴 현실을 받아들이는 것을 무척이나 힘들어하는 것 같다. 자신들이 권력을 가졌을 때 실제로 횡행했던 온갖 부정과 반칙에 대해서는 입을 싹 씻고, 민주적으로 들어선 정부에 대해서는 군부 독재 시절에 해당했던 폭정의 언어를 갖다 댄다. 그들이 이처럼 극도의 피해망상증에 시달리는 것은 오랫동안 향유해온 기득권의 최면이 너무도 강하기 때문일 것이다. 공정함을 추구하는 것과 역사를 바로잡으려는 노력을 곧바로 자신들에 대한 불이익으로 느끼는 것이 그들의 의식구조다.

그들은 또 시민으로서의 의무를 불이익으로 혼동하는 경향이 강하다. 전 세계적으로 마스크 착용을 반대하는 사람들은 거의 예외 없이 우익의 선전에 감화된 사람들이다. 텍사스에서는 마스크 착용 반대파들이 마스크 착용 의무 방침은 공산주의 국가에나 있는 국민에 대한 강요라고 외쳐댔으며, 오클라호마의 스틸워터라는 도시에서는 마스크 착용 의무 방침을 발표하려다 반대파들로부터 폭력을 암시하는 협박성 이메일과 전화가 빗발치자 발표를 취소하기도 했다. 현대 보수들은 이제껏 숫자적 열세에 비해 많은 권력을 차지해왔음에도 공중보건 등 공익을 위하는 데 있어 조금이라도 자신들에게 제약이나 제재가 있다 싶으면 피해자 코스프레에 나선다. 미국의 우파 매체들, 특히 우파 라디오 토크쇼 진행자들은 정부와 공공기관들이 모두 시민의 자유를 박탈하고 있다는 인식을 청취자들에게 끊임없이 심어주려 한다.

그들의 수법은 해묵은 것이지만 전략적 측면이 있다. 공화당 세력은 적이 있어야만 지지층을 선동해서 결집시키고 정치자금을 끌어당기는 것이 더 쉽다는 이치를 오래전에 터득했다. 특히 지금처럼 당이 이념적으로 혼란에 빠져 있을 때는 더욱 그렇다. 미래에 대한 비전을 논리 정연하게 제시하지 못한다면 크고 작은 적들을 날조해서 피해 의식을 충동질하며 결집을 꾀하는 게 더 유리하다. 대표적인 케이스는 역시 트럼프다. 지구상에서 가장 큰 권력을 갖고 있으며 온갖 권력 남용과 위험한 선동으로 미국과 세계를 수시로 혼란에 빠뜨리는 자가 "미국 역사상 나처럼 학대당한 사람은 없다"[8]며 자신이 세상에서 가장 큰 피해자라고 말한다.

아이러니컬한 것은, 미국에서 오랫동안 정치 쟁점이 되어온 이른바 '피해 의식 문화victimhood culture'도 개방적이고 사회복지가 강조되는 정책을 트집 잡기 위해 미국의 보수들이 인위적으로 만들어내고 끊임없이 들먹여온 개념이었다는 것이다. 점잖은 보수에 속하는 정치평론가 찰리 사이크스는 1992년에 펴낸 『피해자 공화국A Nation of Victims』에서 피해자를 자처하는 사람들은 자신의 잘못을 인정하지 않을 뿐 아니라 타인에게 죄책감을 투사投射한다고 썼다. 사이크스가 이 책에서 비판한 '피해자'란 당시 권익이 꾸준하게 신장되고 있었던 소수 민족, 여성, 장애인 등을 두고 하는 말이었다. 그때 당시 리버럴 문화와 정치를 공격했던 사이크스가 이제는 되레 보수라고 하는 무리들이 피해 의식에 젖어 있다고 말한다. 그는 2019년 복스와 인터뷰에서 트럼프를 추종하는 지금의 보수들이 핍박받는 소수 행세를 하며 자신들만의 세계관을 보호해주는 우파 미디어에서 '안전지대safe space'를 찾는다고 진단했다.

피해자를 자처하는 우파들의 엄살은 현실과 동떨어진 것이지만 그래도 상당한 효과를 발휘한다. 오늘날 우파 정치의 가장 두드러지는 양상은 우선 우파 자신들이 '폭도' 내지는 '반역자'들로부터 위협을 당하고 있다는 근거 없는 주장을 하면서 상대측을 수세에 몰아넣는 수법을 쓰는 것이다.

8 abc NEWS, 2020. 6. 16.

지난 9월에는 미국 보건복지부HHS의 수석 대변인이라는 자가 자신이 트럼프 정부를 비호하기 위해 질병통제예방센터CDC의 코로나바이러스 현황 보고를 은폐하고 조작하려 했다는 것이 언론을 통해 폭로되자 오히려 CDC에 대해 "반란을 선동하는 그림자 정부"라는 해괴한 망언을 쏟아냈다. 이건 뿌리 깊은 그들의 선동 전략 양상일 뿐이다. 우파 정치인들은 일찍이 정치란 현실과 사실보다는 감정 위주로 펼쳐진다는 사실을 깨달았고, 오랫동안 그 노하우를 정치 선동에 써먹어왔다.

예일대 철학과 교수 제이슨 스탠리는 현실과의 괴리는 파시즘의 특징이라고 설명한다. "파시스트 정치가 작동하는 방식은 현실로부터의 해리를 유도하는 것이다. 파시스트들이 나라가 망해가고 있으니 국가가 다시 위대함을 되찾으려면 강력한 지도자가 필요하다는 민족주의적인 이야기로 사람들이 공상에 빠지도록 만들면, 사람들은 그 시점에서부터 현실 감각을 잃게 된다."[9] 이 말은 현실의 부정이 핵심인 가해자의 피해자 코스프레가 정치 영역에서 파시즘으로 쉽게 발전할 수 있다는 경각심을 불러일으킨다.

9 Sean Illing, How Fascism Works, 'Vox', 2018. 9. 19. (www.vox.com/2018/9/19/17847110/how-fascism-works-donald-trump-jason-stanley)

보수의 폭력 지향성

최근 들어 미국 사회의 모습을 두고 파시즘이라는 단어가 심심찮게 등장한다. 도널드 트럼프 취임 후 몇 년 사이 앞에서 얘기한 제이슨 스탠리 교수를 비롯해서 여러 학자가 미국 우파의 '파쇼화'에 대한 우려를 표명한 바 있고, 『폭정』의 저자 티머시 스나이더는 도널드 트럼프가 "파시즘의 모든 수법을 차용하고 있다"고까지 했다. 트럼프가 미국의 기존 민주주의 제도를 끊임없이 위협하는 파시스트 성향의 지도자임을 의심하는 정상인은 이제 없다.

파시즘의 3대 요소는 혹독하고 배제적인 민족주의, 국가의 몰락 내지는 국가 공동체 존립 위기에 대한 집착, 일반 시민의 준군사적 무장paramilitarism이다. 지금 이 세 가지 요소가 모두 미국에서 확연하게 나타나고 있지만, 세 번째 요소는 특히 여차하면 거센 무장봉기가 가능할 정도의 수준에 도달해 있다. 미국의 많은 보수가 중요하게 여기는 시민의 무장이란 정치 수단으로 폭력의 가용성을 전제로 하는 것이다.

20세기에 히틀러 정권이 인간의 영혼 속에 내재하는 잔인성의 역량을 온 세상에 보여준 후, 극심한 편견과 불관용이 심리학과 사회학 분야에서 다양한 연구 대상이 되었다. 그중 사회학자 테오도르 아도르노가 1950년 버클리대 동료들과 함께 펴낸 『권위주의 인격The Authoritarian Personality』이 불관용적 행동과 깊은 연관성이 있는 일련의 인격적 성향을 제시해 획기적인 반향을 일으켰다. 이 책에서 아도르노는 '사이비 보수'라는 유형의 인격을 학술적 용어로는 최초로 상정하고, 이 같은 인격의 소유자는 의식적 사고에 있어서 "인습적 태도와 권위에 대한 순종"을 보이는 한편 "무의식의 영역에서는 폭력과 무정부주의적 충동과 무질서한 파괴성"을 보인다고 했다. 그 후 아도르노 등의 연구를 토대로 캐나다의 심리학자 로버트 알테마이어는 1981년 우익 권위주의RWA: Right-Wing Authoritarianism라는 이념의 척도를 개발했다. 우익 권위주의 척도는 연구 대상이 기존 권위를 따르는 정도, 권위를 가진 자가 외집단을 표적으로 하는 공격을 인가할 경우 외집단에 대한 공격성을 표출하는 정도, 그리고 권위를 가진 자들이 지지하는 전통적인 가치를 지지하는 정도 등 세 가지 요소로 구성된다. 아도르노와 알테마이어의 연구에서 모두 등장하는 키워드는 폭력과 공격성이다.

오늘날 권위주의 성향을 가진 우파들의 폭력 친화성은 부정하기 힘든 현상이다. 최근 미국 의사당 난입 사건은 차치하고라도 공론장에서 폭언과 협박을 일삼는 것은 물론이고 때때로 행동으로 옮기는 것은 보수 쪽이 압도적으로 많다. 실제로 『뉴욕타임스』는 '보수주의는 폭력 문제가 있다'라는 제목의 칼럼을 게재하기도 했다.[10] 최소한 지금 미국의 극우 내지는 사이비 보수에 있어서, 정치인이 자신의 지지자들이 '적'에 대한 불만을 폭력으로 표현하도록 충동질하는 언사를 일삼는 것은 유독 도널드 트럼프라는 특출한 악한惡漢의 개인적인 문제로 한정 지을 수 없는 상황이다. 지금 미국의 사이비 보

10 David Leonhardt, Conservatism Has a Violence Problem, 2019. 8. 5. (www.nytimes.com/2019/08/05/opinion/el-paso-shooting-republicans-trump.html)

수 중에는 팬데믹 확산 방지를 위한 봉쇄 조치 반대 시위에서 마스크를 착용하지 않을 뿐 아니라 총기를 비롯한 다양한 폭력의 상징들을 든 이가 많다. 2020년 4월 말 봉쇄 조치에 항의하는 미시간 극우 시위대의 시위 용품에는 다수의 돌격소총 이외에도 나치 표식인 스와스티카, 백인우월주의의 상징인 남부연합기를 비롯해 심지어 올가미까지 있었다. 또 비슷한 시기에 일리노이주에서는 극우 시위자들이 유대인 주지사 J. B. 프리츠커를 향해 독일어로 "아르바이트 마흐트 프라이Arbeit macht frei, JB"라고 적은 포스터를 들고 나오기도 했다. "노동이 그대를 자유롭게 하리라"는 뜻의 이 독일어 문구는 아우슈비츠 나치 수용소 입구에 걸려 있던 표어다. 그들은 단순한 폭력뿐만 아니라 인종 말살의 언어까지 동원하고 있는 것이다.

미국의 싱크탱크 국제전략문제연구소CSIS가 취합한 데이터베이스에 따르면 1994년 이래 미국에서 백인우월주의자와 기타 극우파들이 행사한 폭력으로 인해 최소한 329명이 사망했다. 여기에는 2015년 21세의 백인우월주의자 딜런 루프가 흑인 교회에 들어가 총기를 난사해 신도 9명을 살해한 사건이 포함되어 있다. CSIS 데이터베이스 구축을 담당한 반테러 전문가 세스 존스는 "미국에서 국내 테러 위협의 가장 유의미한 발원지는 미국에서 내전을 일으키려 하는 백인우월주의자들과 반정부 민병대 등이다"[11]라고 말했

11 Lois Beckett, Anti-Fascists Linked to Zero Murders in the US in 25 Years, 『The Guardian』, 2020. 7. 27.
(www.theguardian.com/world/2020/jul/27/us-rightwing-extremists-attacks-deaths-database-leftwing-antifa)

다. 그리고 반명예훼손연맹ADL에 따르면 2018년 미국에서 발생한 정치 극단주의자에 의한 살인 사건 50건 중에 39건이 백인우월주의자에 의한 것이었으며, 지난 10년 동안 발생한 극단주의자에 의한 살인 사건의 70퍼센트가 극우 사상을 표방한 기록이 있는 사람들에 의한 것이었다.

한국을 포함해서 세계 어디서나 극우들이 보이는 우격다짐 행동 패턴의 윤곽은 대체로 비슷하지만, 미국에서는 살벌한 총기 문화가 문제다. 2017년 퓨리서치센터의 조사에 따르면 미국에서 민주당원 가구 중 총기를 소유하고 있는 가구의 비율은 25퍼센트였던 반면, 공화당원 가구는 그 비율이 57퍼센트였다. 여기서 잠깐 한국의 극우를 생각해보자. 애국자를 자처하는 한국 극우 인사들의 공개 폭언 중에는 '빨갱이는 죽여도 돼'와 같은 폭력적 구호가 심심찮게 등장한다. 아직도 독재자에 대한 향수에 취해 있는 몽매한 무리들은 2016년 탄핵 기각을 주장하는 데 그치지 않고 '피', '교수대', '계엄령 선포' 등 폭력을 조장하는 표현이 동원된 섬뜩한 구호를 외쳐댔다고 한다. 그리고 쿠데타로 정권을 장악하고 권력 유지를 위해 국민에 대한 폭력을 일삼았던 독재자를 일생 동안 찬양하며 살아온 어느 저명한 보수 언론인은 민주적 절차를 밟은 탄핵 심판을 "진압해야 할 내란"이라고 부르며 그 절차에 가담한 이들을 "반역 세력"이라고 했단다. 문득 되씹어보게 되는 사실은, 스스로 행사하지 못하는 폭력을 사주하려는 그들의 비겁함뿐만이 아니라 정치 도구로서 폭력을 배제하지 않는 파시즘이 그들 의식 속에 깔려 있다는 것이다. 만약 한국이 미국처럼 총기 규제가 거의 없는 나라였다면 한국의 극우 역시 시위 현장에 돌격소총을 들고 나올 것이라고 상상하기 어렵지 않다.

더 정확한 세계관

지난 2년 새 공화당원과 민주당원을 상대로 실시된 갤럽 조사에서 아래 몇 가지 질문에 대한 소속 당별 찬성 비율을 보면 지금 사이비 보수의 집합소인 공화당 진영의 세계관을 한눈에 읽을 수 있다.

질문	공화당(%)	민주당(%)
미국으로의 이민을 줄여야 한다	60	20
총기 규제를 강화해야 한다	34	77
지구 온난화에 대해 많이 걱정한다	40	89
정부가 국민의 의료 보장을 책임져야 한다	24	77
환경을 보호하는 것이 에너지 개발보다 우선이다	35	79
살인범에 대한 사형 집행에 찬성한다	80	41

두 번째 항목 하나만 봐도, 총기 사건으로 한 해에 4만 명이 죽어 나가는[12] 나라에서 공화당이라는 특정 집단의 3분의 1만이 총

12 2017년 기준, 퓨리서치센터 통계

기 규제 강화에 찬성한다는 것은 이 집단의 집합적 세계관이 무섭게 뒤틀려 있음을 강력하게 시사한다. 지금 사이비 보수의 도가니에서 부글부글 끓어오르는 온갖 거짓말과 음모론의 저변에는 이처럼 뒤틀린 세계관이 있다. 그들의 세계관은 실제로 공동체의 질서와 안전을 심각하게 위협하고 있다.

코로나19 팬데믹으로 또 한 가지 자명해진 것은 현대 보수주의가 『뉴욕타임스』 칼럼니스트 폴 크루그먼의 말처럼 '돌팔이'와 선동가들이 들끓는 동네가 되어 있다는 것이다. 이미 오래전부터 기후 변화의 원인과 대처 방안에 지극히 비과학적인 태도로 일관해온 미국 보수들은 마스크를 쓰고 다녀야 할 만큼 팬데믹이 심각하지 않다고 생각하며, 자기네 진영 돌팔이들의 말을 앞세워 마스크 착용을 거부하는 시위를 벌인다. 지금 보수 매체들을 보면 깊은 지식과 경험을 요구하는 문제에 대해 전문성이 전혀 없고, 객관적 사실조차 제대로 알지 못하는 작자들이 나서서 자신 있게 과학자들과 전문가들의 의견을 반박한다.

왜 지금 유독 보수주의 쪽에 돌팔이들이 많이 꼬이는 것일까? 그 핵심에는 보수가 세상을 바라보는 자세가 있다. 그들은 세상을 있는 그대로 보고 사물과 현상을 과학적이고 논리적인 근거를 바탕으로 이해하는 대신 이미 자신들의 머릿속에 형성되어 있는 가치관에 현실을 꿰맞추려 한다. 지금의 보수주의는 사실과 현실을 올바르게 이해하고 거기에 대응하기보다 당과 이념, 신앙에 대한 충성부터 요구한다. '창조과학'이라는 사이비 학문은 그들의 이런 정신세계를 말해주는 단편적인 예다.

창조과학쯤이야 당장 인류에 가져다주는 해악이 없다 하더라도, 기후 변화를 부정하는 것이나 팬데믹 속에서 마스크를 쓰지 않겠다고 고집하는 것은 곧바로 사회에 해를 끼칠 수 있는 문제다. 지금 보수, 특히 극우들의 이념은 정상인이라면 결코 옹호할 수 없는 현상 유지와 중세적 교리, 편견과 차별, 낡은 관념, 반과학적 태도가 지배한다. 공동체 구성원이라면 도덕이나 윤리를 논하기에 앞서 먼저 객관적 현실과 사실부터 인정해야 한다. 오늘날 보수 쪽에 서 있는 많은 사람은 현실과 사실에 대한 정확한 인식에 심각한 장애를 보인다. 이건 그들의 편협한 세계관에 기인한 것이라고 볼 수밖에 없다.

이쯤에서 진보라고 하는 가치관과 세계관으로 눈을 돌려보자. 가장 먼저 분명히 해둘 것은, 흔히들 미국의 민주당이나 한국의 더불어민주당을 진보와 묶어서 얘기하는데, 이들 정당은 진보적인 가치 중에 공유하는 것들이 부분적으로 있을 뿐, 친기업 시장주의를 신봉하는 기득권 정당으로서 절대 진보라 할 수 없다는 것이다. 사실 지금 미국이나 한국의 양당제 구도는 진보적인 민의民意가 충실히 반영될 수 없는 기득권 편향의 구조다. 진정한 진보란 당파적이지 않다. 집단도 아니고 진영도 아니다. 권력도 아니다. 진보란 가장 본질적으로는 인류에게 무엇이 좋고 무엇이 나쁜지를 식별하는 관점을 바탕으로 행동하는 사람이다.

이를테면 하늘에서 내려다봤을 때 도로를 사이에 두고 한쪽에는 부촌, 한쪽에는 빈민굴이 있을 때 정상인이라면 부촌에 사는 사람이라 할지라도 뭔가 잘못됐다는 느낌을 갖지 않을 수 없다. 이런 차원에서 진보의 미학이란 단지 '보기 좋은 그림'을 선호하는 것이며, 진보라고 할 수 있는 사람이란 '보기 좋은 세상'을 지향하는 정상인이다.

진보의 미학은 가진 자들의 독주와 힘 센 자들의 횡포에 대항하는 다수 약자의 관점과 목소리를 담아낸다. 사회의 생산과 소유, 지배의 구조에 대한 문제의식을 바탕으로 이 책의 맨 앞에서 얘기한 이무기 같은 개인과 집단이 죄다 먹어치우는 것에 저항하고, 공정하고 인간적인 사회를 지향하는 것이다. 진보에게 중요한 것은 개인의 주관적인 도덕주의가 아니라 객관적인 공동선이다. 진보의 윤리는 존 스튜어트 밀이 말한 '최대 다수의 최대 행복'이라는 공리주의적 윤리에 가깝다. 진정한 진보란 좌익도 우익도 아니고, 사상과 체제와 진영 따위에 얽매이지 않으며, 인간 친화적인 지향점을 찾아 상식이 흐르는 쪽으로 행동한다. 그런 의미에서 진보주의란 이념도 아니고 정치도 아닌, 사람이 사람답게 살 수 있는 사회를 지향하는 '휴머니즘'이다.

그런데 정치적 인간들은 언제부턴가 '진보'라는 '진영'을 만들었다. 심지어 '진보'를 자처하는 사람들도 진영 논리에 빠져 있고, 그 반대쪽에서는 편협한 사고를 가진 악의적인 무리들이 진보를 '좌파'와 '빨갱이'로 몬다. 진보라는 것이 진영 논리와 상관없다는 것을 어떻게 설득할 수 있을까. 진보를 '빨갱이'라고 하는 사람들은 과연 북한이 진보적인 나라라고 생각하는 것일까. 인류의 발전을 위해서는 불의의 전쟁과 고문이 없어야 하고, 사익보다는 공익이 우선이고, 독재보다 민주주의가 좋고, 나라의 제도와 정책에 국민의 뜻이 반영되어야 한다는 평범한 선善을 추구하는 세계관이 어떻게 진영 논리에 종속될 수 있는가.

그렇다고 진보가 기계적인 중립이란 얘기는 절대 아니다. 진보는 분명 수호하는 것이 있고 투쟁과 저항의 대상이 있다. 진보의 친구는 투명성, 공익성, 평등, 관용, 좋은 정부, 그리고 나아가 인간 중심으로 발전하는 사회다. 진보의 적은 부정부패, 불평등, 불공정, 그리고 불관용이다.

무엇보다 진보란 진실과 사실을 중요하게 여기고, 사물과 상황에 있어서 전체적이고 정확한 현실을 파악하고 진단해서 올바른 문제 인식으로 해결책에 도달하려는 사람이다. 미국의 코미디언 스티븐 콜베어는 "현실이 진보 편향적이라는 것은 잘 알려진 사실"이라고 했다. 현실을 똑바로 보지 못하고 사실을 사실대로 인정하지 못하는 사람은 절대 진보라고 할 수 없다. 진보라고 하는 사람들이 찬성하고 반대하는 것들, 그들이 밝히고자 하는 진실, 그리고 그들이 원하는 세상의 출발점은 세상을 왜곡 없이 보는 정확한 눈이다.

Kakistocracy 5부

어떤 세상을 원하는가

1.

지금 저항하지 않는 자, 모두 유죄

공공 문제에 대해 선한 사람들이 무관심하면 그 대가로 악한 사람들의 지배를 당하게 된다.
– 플라톤

혁명이 일어날 바에는 혁명의 주체가 되는 것이 혁명의 대상이 되는 것보다 낫다.
– 오토 폰 비스마르크

자본주의와 민주주의를 혼동하는 당신에게

사적 자본이 소수에게 집중되는 경향이 있는 이유의 일부는 자본가들 사이의 경쟁 때문이고, 일부는 기술 발전과 분업의 고도화로 규모가 큰 생산 단위의 형성이 장려되면서 작은 생산 단위는 희생되기 때문이다. 이 같은 발전 양상은 민주적으로 조직된 정치 사회에 의해서도 효과적으로 견제될 수 없는 막대한 권력을 가진 사적 자본의 과두제로 나타난다. 그 이유는 입법기관의 구성원들은 정당들이 간택하고, 정당들은 대체로 의회와 유권자들을 사실상 분리시키는 개인 자본가들의 자금 지원 내지는 기타 영향을 받기 때문이다. 그 결과, 국민의 대표들은 실제로 취약계층의 이익을 충분히 보호하지 않는다. 뿐만 아니라 기존 환경에서는 개인 자본가들이 필연적으로, 직접적으로든 간접적으로든, 정보의 주요 제공처(언론, 라디오, 교육)를 장악하게 된다. 따라서 일개 시민이 객관적인 판단을 하고 자신의 정치적 권리를 지혜롭게 행사하는 것은 대단히 어렵거나, 대부분의 경우에는 사실 불가능하다.

알베르트 아인슈타인이 1949년에 발표한 글 '왜 사회주의인가'에서 발췌한 것이다. 아인슈타인은 지구상의 사회 정의 문제에 대해서도 깊은 문제의식을 가진 사람이었다. 그는 자본주의의 비민주적 경향의 핵심을 위와 같이 정리하고, 자본주의가 근본적으로 소수가 정치 경제 권력을 독점하게 될 수밖에 없는 제도임을 설파했다.

우리는 '자본주의의 토대는 인간의 자유다'라는 말에 익숙하다. 자유시장에서 사람들은 당연히 선택권이 있다고 생각한다. 하지만 이 설정은 이론상으로는 매력적이지만 실제 현실과는 거리가 멀다. 지금 미국과 한국의 자본주의 체제를 똑바로 본다면, 이 체제가 경제적으로 성공한 극소수에게는 엄청난 특혜와 권력을 가져다주는 반면 대다수 국민의 삶은 옥죄고 있다는 현실을 인정하지 않을 수 없다. 대기업의 독과점 체제로 경제가 굴러가는 가운데, 정부가 수행해야 할 역할을 영리 집단들이 가로채는 민영화 획책이 끊임없이 진행된다. 대기업이 특정 시장을 공략하기 시작하면 중소기업은 망하거나 먹히기 십상이다. 사무 용품, 식료품, 소비재, 통신, 심지어 책까지 서민들의 생필품 시장은 모두 자유경쟁은커녕 대기업의 독과점이 지배한다.

그리고 대부분의 사람이 가장 많은 시간을 보내는 직장에서 자유를 누리는 사람은 얼마나 될까. 일에 묶여 있는 시간이나 일에 대한 열정은 그렇다 치고, 직장에서 인간의 존엄을 유지한다는 것은 여간 어려운 일이 아니다(대기업도 예외일 수 없다. 대기업 임직원들이 대부분 고소득 노예임을 모르는 사람이 있을까). 사회안전망이 부실한 나라에서 직장을 선택하는 것은 대부분 절박함을 수반한다. 미국처럼 국민의 10명 중 4명 이상이 긴급한 상황에서 추가로 빚을 내지 않고 400달러(약 44만 원)를 마련할 수 없는 나라에서는 당장 일을 하지 않으면 가족이 굶거나 살고 있는 집에서 쫓겨날 수 있다. 그런 사람에게 시간적 여유를 갖고 적성에 맞는 최선의 직장을 신중하게 선택할 수 있는 자유는 사실상 없다. 수많은 사람은 단지 생계를 유지하기 위해 혜택도 보장도 보람도 없이 박봉에, 격무에, '갑질'에 시달려야 한다.

직장 내에서 인권이란 사치다. 퇴근 후에도 업무가 쫓아다닌다. 대부분의 직장에서는 표현의 자유도 지극히 제한적이다. 미국의 아마존마저 회사의 문제를 고발하는 직원들에게 제제를 가한다.[1] 많은 기업이 직원들의 정치, SNS 활동까지 감시한다. 한국에서도 대

1 블룸버그와 CBS 등 미국 언론 보도에 따르면 2020년 코로나19 유행이 시작된 이후 작업장 안전 문제를 제기한 아마존 직원들이 미네소타, 뉴욕, 시애틀 등지의 근무처에서 해고된 사례들이 보고되었다.

기업들이 고도의 기술을 동원해 직원들을 감시한다는 것은 주지의 사실이다. 직장인들은 출근하는 순간 다스림을 받는 신하가 된다. 한국과 미국처럼 대기업의 규모를 제한하는 반독점 규제가 느슨하고 노조의 힘이 갈수록 쇠퇴하는 나라에서는, 돈의 유혹과 위력으로 군림하는 기업과 CEO들이 그 어떤 국가 기관보다도 일반 국민을 지배하는 힘이 강하다.

기업들은 피고용인 위에 군림하는 한편, 막강한 로비와 홍보력으로 사회 전반을 장악하려 한다. 대기업들은 방송국, 언론, SNS 등에 대한 실제 소유권 또는 광고라는 '당근'을 통해 사실상의 지배권을 행사한다. 재벌이 매체들을 통해서 자신의 이익을 위한 경제 정치적 어젠다를 선전하는 것을 막을 장치는 빈약하기 짝이 없다. 그들은 유통, 홍보, 마케팅 수단을 직간접적으로 모두 장악하고 있은 말이다. 많은 사람이 민주주의라고 생각하는 나라에서 매일 수백만, 수천만 서민의 삶에 영향을 미치는 의사 결정권은 국민의 웰빙과 공동선이 목표인 민주주의적인 절차가 아니라 오로지 이윤만을 생각하는, 국민이 직접 선출하지 않은 모리배들의 손 안에 있다. 국민이 선출했다고 하는 정치인들도 대부분 대기업이 뿌리는 돈의 영향권에서 자유롭지 못하다.

한국에서는 여기에 몹쓸 권위주의까지 가미되어 돈이 곧 권위이고 그 권위가 힘없는 서민 위에 군림한다. 민주화된 지 한 세대가 지났지만 진정한 민주화는 아니었다. 머리 좋다는 젊은이들은 대기업의 독식에 저항하기는커녕 하나같이 대기업 입사를 희망한다. 대기업들이 사회의 모든 영역을 지배하고 서민들은 비정규직과 저임금으로 위태로운 삶에 내몰려 있는 가운데 서민들의 권익을 보호하고 옹호해야 할 검사, 판사, 심지어 지식인까지 '기업 스폰서'의 지배를 받는다. 군부 독재는 과거의 이야기이고 오히려 과도할 정도의 표현의 자유가 있는 듯하지만, 회장이 주재하는 임원 회의 중에는 화장실도 가지 못하는 기업 문화, 재벌 2세의 짐승 같은 갑질, 직장 내 전체주의가 시민들을 압도한다. 자본의 힘이 군홧발보다도 무서운 세상이 됐다.

'그렇다면 사회주의가 더 우월한 체제란 말이냐?' 하고 호통치기 전에, 먼저 자본주의가 곧 민주주의라는 등식이 허구라는 사실부터 인정하자. 자본 중심의 사회가 배출하는 '승자'는 모두 자본가들이다. 그들이 지배하는 체제를 정확히 이해하기 위해서는 사람 위에 자본을 두는 그들의 의식구조를 파헤쳐야 한다. 그들에게 소득 불평등은 당연한 것이며, 돈이 곧 권력이라는 것도 당연한 등식이다. 이러한 뇌 구조를 갖고 있는 사람들이 가장 큰 몫을 차지하고 가장 큰 힘을 행사하는 이상, 진정한 민주주의란 허황된 망상에 지나지 않는다. 우주의 원리를 간파한 아인슈타인에게도 이것이 자본주의의 논리적 귀결이었거늘.

전 세계 사람들이 거리로 나오는 까닭

존 F. 케네디는 1962년 백악관 모두 발언에서 "평화적인 혁명을 불가능하게 하는 사람들은 폭력적인 혁명을 불가피하게 만들

것입니다"라고 했다. 이는 케네디가 항상 견지했던 지배계층의 책임 있는 행동의 중요성에 대한 인식이 담겨 있는 말이었다. 그는 본능적으로 지배계층이 사회 체제를 서민지향적으로 부지런히, 능동적으로 개혁하지 못하면 국민이 가만있지 않을 것이라고 판단할 만큼 정치적으로 명민한 지각을 가진 사람이었다. 그가 암살된 지 거의 60년이 지난 지금, 케네디가 우려한 대로 전 세계 자본주의 국가에서 지배계층이 제 구실을 못 하고 있다. 극심한 불평등과 지배층의 부패가 평화적 혁명의 길인 민주주의로 개선될 가능성이 희박한 가운데 세계 곳곳에서 폭력 혁명의 조짐이 나타나고 있다.

지난 한 해 동안에만 에콰도르, 칠레, 레바논, 이란, 콜롬비아, 알제리, 볼리비아, 이집트, 프랑스, 독일, 스페인, 수단, 네덜란드, 짐바브웨에서 시민들이 대거 거리로 쏟아져 나왔다. 어떤 시위는 돌발적으로 플래시몹처럼 잠깐 교통 혼잡을 일으키고 해산했으며, 또 다른 시위는 정부를 전복하고 국가 전체를 금세 마비시킬 듯한 폭력 혁명의 모양새를 띠었다.

하지만 시위가 벌어지는 나라와 그들이 외치는 언어를 넘어 자세히 들여다보면 공통점이 보인다. 국가 정책이 부자에게 편향되고 서민에게는 잔인하게 적용되어왔다는 것이다.[2] 칠레에서 대중교통 요금이 3퍼센트 인상된다는 것은 간헐적인 서민 경제 이슈에 지나지 않는 것처럼 보이지만, 서민들 입장에서는 저임금, 긴 근무

2 단, 지금 미국에서 극우들이 수시로 자행하고 있는 폭력 시위는 인종주의에 기반을 둔 백인 기득권의 실력 행사라는 점에서 전혀 다른 성격을 띤다.

시간, 부채 부담 등 긴축 정책에 시달린 끝에 나라의 지배권을 쥐고 있는 극소수 부자들의 탐욕과 그들의 무심함에 더는 인내할 수 없는 상황으로 치닫게 된 것이다. 억만장자인 세바스티안 피녜라 대통령은 시위 진압에 군대를 출동시키는 한편, 긴급하게 텔레비전 연설을 통해 칠레가 남미 지역의 모범 사례가 되고 있는 "경제적 발전을 거듭하는 안정적인 민주주의"라는 주장을 폈지만, 『이코노미스트』의 말대로 칠레의 국가 번영은 대다수 국민에게는 인기를 얻지 못하는 정책에 기반을 두고 형성되었다.

2018년 10월 프랑스에서 시작되어 주변국으로 확대되고 있는 '노란 조끼' 운동 역시 지배계층의 탐욕과 독식에 대항하는 중산 계급과 노동 계급의 반란이다. 2019년 11월 재정 문제로 분신자살한 리옹2대학 학생은 페이스북에 마지막으로 "우리를 분열시키기만 하는 파시즘과 불평등을 낳는 자유주의와 싸워야 한다"고 썼다.[3] 같은 해 12월 프랑스를 휩쓴 연금 개편 반대 총파업 시위는 전국에서 100만 명의 노동자와 시민이 거리로 나와 대중교통, 기업 활동, 정부 기관, 학교까지 일제히 마비시킨 범국민적 저항이었다.

근래 국민의 반란이 일어나고 있는 국가는 모두 수십 년간 경제적 성장의 과실이 인맥과 특혜를 누리는 극소수에게만 돌아가고, 다수의 궁핍은 외면해온 승자 독식 경제 체제를 유지하고 있다. 전 세계적으로 소위 엘리트라고 하는 사회 상부층의 인식과 대중의

3 French Student Sets Himself on Fire over Financial Problems, 'BBC', 2019. 11. 9.(www.bbc.com/news/world-europe-50361886)

실제 일상 간의 괴리는 보편적이고도 근본적이다. 칠레가 대표적인 사례다. 한편으로는 시카고 학파 밀턴 프리드먼의 신자유주의 경제 이론, 한편으로는 무자비한 인권 탄압의 양대 축에서 경제 개혁을 시행한 피노체트 군사 독재를 비롯해서 그들이 말하는 '경제적 기적'이란 대체로 가장 탐욕적이고 무자비하고 부도덕하고 무심한 사람들을 위한 잔치였다는 사실이 이제는 너무도 자명하다. 물론 '한강의 기적'도 결코 이 같은 불편한 진실에서 자유롭지 못하다. 탐욕자 친화적인 신자유주의는 이제 전 세계적으로 강력한 저항에 부딪히고 있다. 그 저항은 양극화, 공공성 붕괴, 사적 자본 이익의 팽창으로 요약되는 신자유주의의 폐해에 대한 전 지구적인 반발이다.

신자유주의의 공식은 자본가들이 주도하는 압도적인 권력의 불균형을 유지하는 것이다. 미시적 현상으로는 지역 대중교통 시설이 낙후되고 서민의 주머니에서 나오는 요금은 갈수록 오르는 가운데 억만장자들은 리무진과 전용기를 타고 다니는 현실이 있고, 거시적으로는 다국적 기업과 국제 금융 기관들이 결탁해서 저임금 노동과 자원의 독점 현상이 유지되도록 제도를 조작하는 현실이 있다.

2019년 유엔개발계획UNDP의 인간개발보고서는 지금 전 세계적으로 거리에서 시위가 벌어지는 현상은 가는 곳마다 사회 제도가 힘 있는 자들 위주로 조작되어 나머지 국민은 장래성 없는 저임금 노동에서 헤어나지 못하는 가운데 삶이 절망적이라는 인식이 팽배하기 때문이라고 진단했다. 보고서는 지금 세대를 지배하는 불평등이 사회의 구조를 손상시키는 대규모 시위의 원천이며, 불평등을 해소할 해결책을 빨리 찾지 못하면 앞으로 더욱 악화될 수밖에 없다고 경고한다. 급변하는 기술과 교육, 그리고 환경 위기로 인한 사회 구조의 급격한 변화의 결과는 전례 없는 대분기大分岐이며, 소득의 불평등보다 더 심각한 기회의 불평등이 위험 수위에 도달해 있다. 오늘날 신세대는 예전처럼 누구든 열심히 일하면 어느 정도 풍족하게 살 수 있다는 기대 자체를 갖지 못한다. 보고서에서 UNDP 행정관은 "교육 수준이 높고 온라인 활동이 활발하지만 성공을 향해 오를 수 있는 선택의 사다리가 없는 젊은이들이 갈수록 많아지고 있다"고 전했다. 소득뿐만 아니라 기회 자체가 원천 봉쇄되는 시대인 것이다.

젊은이들의 온라인 활동이 활발하다는 것은 세상이 어떻게 돌아가는지 그들이 잘 알고 있다는 얘기다. 극심한 불평등과 지질한 부자들의 소식은 과거 어느 시대에 비교할 수 없을 정도로 급속도로 퍼진다. 기득권을 어떻게든 유지하려는 그들의 수작이 오랫동안 진행되어온 만큼, 지배계층에 대한 불만은 이제 피해자들의 체감과 정보가 합류해서 임계점에 달했다. 아직도 문제가 얼마나 심각한지 모르는 사람은 어쩌면 바로 평화적 혁명을 가로막고 있는, 타도의 대상 자신들밖에 없을지도 모른다.

마틴 루터 킹의 잊힌 투쟁

대부분의 사람은 마틴 루터 킹을 그의 장엄한 '나에게는 꿈이 있습니다' 연설로만 기억한다. 1963년의 이 연설에서 킹 목사는 미국의 백인들이, 모든 사람이 피부색이 아닌 "인격의 내용"으로 평가받는 동등한 평등을 받들어 국가의 역사적 이상에 부끄럽지 않은 삶을 살도록 종용했다. 연설의 메시지가 너무 강렬해서 사람들은 일반적으로 킹 목사가 일평생 흑인의 정체성과 백인들의 인종주의에만 집착한 것으로 생각하고, 그가 자본주의 체제에 조직적으로 저항했다는 사실은 잘 모른다. 킹 목사는 실제로 확고한 반자본주의 신념을 갖고 살았다. 그는 미국 사회복음운동Social Gospel Movement의 핵심 인물인 신학자 월터 라우션부시가 "나의 사고에 지울 수 없는 흔적을 남겼다"고 했으며, 여러 글에서 수려한 문장으로 기본 인권보다 이익과 재산권이 우선시되는 자본주의 제도를 매도했다.

1964년에 제정된 민권법이 킹 목사에게 꿈의 1단계 실현이었다면, 꿈의 2단계는 경제적 평등이었다. 그는 민권법이 제정된 후부터 가는 곳마다 국민 모두를 위한 소득 보장, 의료 혜택, 주거 안정을 주창했다. 그에게 '경제 정의'란 "소수가 사치를 즐길 수 있도록 다수로부터 필요한 것들을 빼앗지 않는 것"이었다. 1967년 남부기독교지도자회의SCLC의 마지막 연설에서 그는 이렇게 말했다. "우리는 '왜 미국 빈민은 4,000만 명씩이나 되는가?'라는 질문을 던져야 하고, 그러고 나면 자본주의 경제에 대해 의문을 갖게 될 것입니다."

그렇다고 킹 목사가 흔히 우익의 입버릇인 '좌파'로 매도할 수 있는 사람은 아니었다. 그는 마르크스의 역사적 유물론, 윤리적 상대주의, 전제주의에는 동조하지 않았다. 다음 두 인용문에서 볼 수 있듯이, 그는 사회의 문제를 항상 이념을 초월한 인간과 사회의 도덕성의 견지에서 접근했다.

> 자본주의는 집단주의 속의 진리를 보지 못한다. 공산주의는 개인주의 속의 진리를 보지 못한다. 자본주의는 삶의 사회성을 인식하지 못한다. 공산주의는 삶이 개인의 것이라는 것을 인식하지 못한다. 선하고 정의로운 사회란 자본주의의 명제도 아니고 공산주의의 반명제도 아니며, 단지 개인주의와 집단주의의 진리를 모두 인정하는 사회적 의식을 가진 민주주의다.[4]

> 나는 우리가 세계 혁명의 옳은 편에 서려면, 국가 차원에서 극단적인 가치의 혁명을 치러야 한다고 확신합니다. 우리는 물질 중심 사회로부터 사람 중심 사회로 신속히 변해야 합니다. … 기계와 컴퓨터, 이윤의 추구와 재산권이 사람보다 더 중요하게 여겨질 때, 인종주의, 물질주의, 군국주의 등의 3대 악은 물리칠 수 없게 됩니다.

두 번째 인용 문구는 1967년 뉴욕시에서의 베트남 전쟁 반대 연설 중에 나온 말로, 킹 목사의 베트남 반전 입장이 반자본주의적 복지 선언 정책 기조와 일맥상통함을 새삼 확인시켜준다. 같은 연설

4 Martin Luther King, 『Where Do We Go from Here: Chaos or Community?』 Bantam Books, 1968.

에 나오는 다음 부분은 사악한 자본주의를 전 세계적으로 퍼뜨려 온 미국의 제국주의에 대한 단죄다.

> 진정한 가치의 혁명은 이내 우리로 하여금 우리의 현재와 과거 여러 정책의 공정성과 정의로움에 대한 의문을 갖게 할 것입니다. 진정한 가치의 혁명은 이내 우리로 하여금 빈곤과 부 사이의 두드러진 격차를 불편한 시선으로 바라보게 할 것입니다. 그로 인해 우리는 바다 건너에서 서방의 자본가들이 아시아, 아프리카, 남미에 막대한 돈을 투자하고 그 나라들의 사회적 발전에는 아랑곳없이 이익만 챙기는 것에 의분을 느끼며 '이건 옳지 않다'고 하게 될 것입니다. 그로 인해서 우리는 남미 국가들의 지주 계급과의 결탁을 바라보며 '이건 옳지 않다'고 하게 될 것입니다.

이 연설을 신호탄으로 킹 목사는 1968년 2월 '가난한 사람들의 운동'을 정식으로 출범시켰고, 이 무렵부터 흑인 인권에 대해서는 더 언급하지 않았다. 대신 구조적 변화의 필요성에 대해 갈수록 목소리를 높여갔다. '가난한 사람들의 운동'의 목표는 워싱턴으로 가서 5월 14일부터 6월 24일까지 요구를 관철시키기 위해 거리를 점거하는 것이었다. 그 요구란 생활 임금이 보장되는 의미 있는 일자리, 안정적이고 충분한 소득, 소외계층의 토지와 자본에 대한 접근 기회 보장, 그리고 서민들이 정부에 있어서 "진정하게 의미 있는 역할을 할 수 있는" 제도 등이었다. 킹 목사는 이 운동을 통해 고난에 처한 모든 인종의 연대를 꾀했다. 이 운동이 이전의 그 어떤 운동보다 반대 세력들의 강한 반발을 살 것임을 그는 인지하고 있었다. 그는 단지 흑인 탄압의 차원을 넘어 기득권 세력이 가장 불편해하는 자본가의 수익과 특권, 계급사회의 본질, 즉 자본주의의 심장부를 건드리는 새롭고 거대한 항쟁을 이끌려고 했던 것이다.

'가난한 사람들의 운동'은 모든 인종, 지역, 민족의 참여와 지지를 추구했기에, 백인을 포함한 대중적 참여를 이끌어낼 힘과 가능성이 컸다. 이 운동은 그리고 미국의 정치, 경제 엘리트들의 도덕적 권위를 위협적으로 훼손시키는 심각한 문젯거리가 될 수 있었다. 실제로 이 운동은 수천만 국민의 관심을 이끌어냈고, 미국 역사상 최대의 대중 집회가 될 것이라는 기대감이 있었다. 이 운동으로 정계와 재계 기득권이 모두 위협을 느끼면서 백인인종주의자들보다 더 크고 무서운 적들이 움직이기 시작했다는 것은 상상하기 어렵지 않다.

'가난한 사람들의 운동'이 출범한 지 겨우 두 달이 지난 1968년 4월 4일, 킹 목사는 테네시주 멤피스에서 암살되었다. 그가 멤피스로 갔던 것은 청소 노동자 파업에 참여하기 위해서였다. 바로 이 시점에 암살된 것이 우연의 일치가 아님은 이제 정설에 가깝다. 실제로 킹 목사의 유족이 제기한 민사소송에서 암살을 둘러싼 각종 증거를 재심한 셸비 카운티 순회 법원은 1999년 재판에서 킹 목사 암살이 제임스 얼 레이의 인종주의적 단독 범행이 아니라, 미 정부 수사 및 비밀 조직과 마피아 등이 연계해서 일으킨 조직적 음모였다

고 평결했다.[5]

그러나 어쩌면 킹 목사의 암살에 대한 진실보다 중요한 것은 우리가 그를 어떻게 기억하느냐다. 사실 시장주의 체제에서 '나에게는 꿈이 있습니다'의 인종적 존엄 측면만이 부각되는 것은 그의 가장 중요한 투쟁 대상이었던 경제 불평등 문제가 광고, 교육, 언론, 정치세력에 훨씬 더 불편하기 때문이라고 봐야 한다. 그를 나이키 신발 광고에 등장시킴으로써 경제 불평등에 대한 근본적 문제의 분석은 자연스레 차단되고 정치적 구심점은 소비문화 속으로 흩어진다. 킹 목사를 제대로 기억하는 것은 미완성으로 끝난 그의 계급 투쟁을 이해하지 않고는 불가능하다.

중립은 가라

양극화 시대의 중도주의와 양비론은 대체로 비열하고 비겁하다. 양비론 뒤에 숨어 사는 이들은 '그놈이 그놈'이라는 사이비 객관성에 안주한다. 그들의 팔은 선을 추구하는 쪽이 아니라 악을 용인하는 쪽으로 굽는다. 존 스튜어트 밀은 1867년 연설에서 이렇

5 Sue Anne Pressley, Memphis Jury Finds Conspiracy Led to King Assassination, 『The Washington Post』, 1999. 12. 9. (www.washingtonpost.com/archive/politics/1999/12/09/memphis-jury-finds-conspiracy-led-to-king-assassination/318b25c1-e5cd-44f4-8522-231c7a54f880/)

게 말했다. "그 누구도 자신이 참여하지 않고 의견을 갖지 않으면 해가 되지는 않을 것이라는 망상으로 양심을 달랠 생각을 해서는 안 됩니다. 나쁜 사람들이 자신들의 목적을 달성하는 데 필요한 조건은 단지 선한 사람들이 방관하면서 아무것도 하지 않는 것입니다."

물론 간혹 가다 진정으로 이놈과 저놈 사이의 간극이 무의미한 경우도 있을 것이다. 하지만 생사와 선악이 걸려 있는 문제에 있어서 무관심 내지 냉소주의는 비겁할 뿐 아니라, 본질적으로 거짓에 기반을 두는 자세다. 기계적 중립이라는 뜻으로 쓰이는 영어 표현 중에 "거짓된 등가성false equivalence"이라는 말이 있다. 우리말로는 쉽게 연결되지 않을 수 있는데, 이 표현의 핵심은 '거짓된false'이다. 양비론은 현실에서 요구되는 도덕적 명료성을 거부하는 것이다. 최악과 차악次惡의 차이가 생과 사를 가르는 것일 수 있다.

생각해보건대, 양비론의 뿌리에는 두 가지 비열함이 있다. 하나는 물론 기득권자들의 필사적인 아전인수 내지는 연막작전이다. 탐욕과 부정부패, 부도덕성이 가득한 삶을 사는 이들에게 있어서 현상을 유지하기 위해 자신들이 특별히 더 잘못하는 게 없다고 대중을 설득하는 것은 하나의 생존 수단이다. 그들은 불평등의 작동 방식에 있어 자신들이 제도를 악용하는 근원적인 악행은 외면하고 본질을 호도하는 노력, 근면성, 능력 따위의 가치 중립의 탈을 쓴 개념만을 강조한다.

그리고 다른 하나는 중산층의 신분 상승 심리가 작용하는 비열함이다. 중산층은 자신의 삶이 위태로울지언정 가난한 사람들과 연대하기보다는 부자들을 동경하기 때문에 그들의 중립은 결정적인 상황에서 개혁의 적이 된다. 중산층은 상식적으로 무산 계급에 협조할 수 있는 입장에 놓여 있는 것처럼 생각되지만, 대다수는 눈앞에 보이는 안위만을 추구하는 소시민의 자세로 일관한다. 중산층의 '중립' 내지 중도주의는 기득권에 협조하는 거대한 반혁명적 관성이다.

무엇보다 중립의 기만과 해악은 시민의 편에 서야 하는 언론에서 가장 뚜렷하게 나타난다. 주류 또는 기득권 언론의 타산적 중립은 대부분 가해자와 기득권에게 유리하다. 극우와 파시즘이 다시금 창궐하는 지금 시대에 중립이란 여러 차원에서 헛되고 가소롭다. 2016년 퓰리처상 수상자인 「CBS뉴스」 기자 웨슬리 라워리는 최근 『뉴욕타임스』에 기고한 글에서 "양비론 저널리즘은 실패한 실험이다. 우리는 도덕적 명료성의 관점에서 업무를 수행하는 업계로 새롭게 시작해야 한다"고 했다. 권력을 가진 기득권과 힘이 없는 소외계층 간의 갈등 구조를 양비론으로 다루는 것은 기만이라는 얘기다.

여기서 나아가 주류 언론의 중립 자체가 기만 내지는 허구일 수밖에 없는 이유는 그 집단의 구성을 파헤치는 데서 찾을 수 있다. 가재는 게 편인바, 기득권층인 주류 언론의 기자들은 모든 사회악을 기득권의 관점에서 다룬다. 미국의 CNN과 『뉴욕타임스』 기자들의 평균 연봉은 7만 8,000달러(약 8,700만 원)다. 『월스트리트저널』은 평균 연봉이 9만 달러(약 1억 원)다. 한국의 주류 신문 방송 기자들의 평균 연봉은 8,000만 원 정도다. 미국에서나 한국에서나 주류 언론 기자들의 연봉은 일반 국민 중간소득의 두 배를 웃돈다. 게다가 한국은 학벌에 미쳐 있는 사회라 연봉 이외에도 알량한 학력 엘리트주의가 지배한다. 나도 오래전에 그런 조직에 몸담았던 적이 있는데, 구성원들의 엘리트 의식은 대단했다. 문제는 그들이 대부분 서민의 처지나 관심사에 철저하게도 무관심했다는 것이다. 이것은 한국 주류 언론의 보편적인 문제다. 인사 관리에 있어서도 언론인으로서 자질이나 사명감과는 전혀 상관없이 회사 이익에 충성하는 이들만이 승진하게 되어 있기에, 주류 언론인의 사회의식 수준은 직위가 올라갈수록 떨어진다고 생각하면 된다. 80만 원 세대에 대한 취재를 월급이 800만 원인 데스크가 제대로 다루기를 기대하는 건 무리일뿐더러, 진정한 체제 변혁을 이야기하는 것은 데스크에서 허락하지 않는다. 결국 그런 사람들의 중립과 양비론은 강자의 논리의 지배를 받고, 궁극적으로 몰가치할 수밖에 없다.

물론 정당끼리, 진영끼리 정쟁과 논쟁은 항상 있고, 절충과 타협이 필요할 때가 있다. 하지만 명백한 선악과 객관적 현실을 양비론으로 접근하는 것은 난센스다. 이런 면에서 미국에 나타나고 있는 현상은 그야말로 가관이다. 기후 변화가 사실인지, 모든 국민이 투표권을 가져야 하는지 등에 대해 '양쪽의 주장' 식으로 보도하는 경우를 본다. 심지어 민주주의는 과연 수호할 가치가 있는 제도인가, 이러한 내용이 보수들의 진지한 '오피니언'으로 다뤄진다(실제 미국에는 공화당원 중에 미국은 민주주의가 아니므로 국민 모두의 투표권이 보장될 필요가 없다는 입장을 공공연하게 견지하는 사람들이 있다). 어떤 부류는 코로나바이러스 자체가 거짓 내지는 음모라고 주장하며 마스크 착용 의무를 인정하지 않고 있는데, 그런 입장을 양비론으로 접근하는 방송과 언론이 의외로 많다. 대통령이라는 자가 KKK 행진을 방불케 하는 인종주의자들의 시위를 두고 "양쪽 모두 문제가 있고, 양쪽에 모두 괜찮은 사람들이 있다"고 했을 때도 마찬가지였다.

아이다호주립대 정치학과 교수 데이비드 애들러는 중도주의자들이 반민주적 성향이 강하다는 연구 결과를 발표했다. 그가 유럽과 북미의 정치 풍토를 연구한 바에 따르면, 극우와 극좌에 비해 중도주의를 표방하는 사람들 사이에서 민주주의와 그 제도적 장치들에 대한 지지도가 가장 약하고 권위주의에 대한 지지도가 가장 높은 것으로 나타났다. 여론조사 결과 세 집단 가운데 중도주의자들이 자유롭고 공정한 선거를 지지할 확률이 가장 낮고, 강권주의를 지지할 확률이 극우 다음으로 높으며, 입법 기관을 무시하는 독재형 지도자에 대한 지지율이 가장 높았다.[6]

우리가 매일 목격하는 사회악에 있어서 나의 역할과 책임은 무엇인가? 중도주의자와 양비론자들은 이 같은 물음에 성경의 빌라도처럼 "너희가 당하라"며 손을 씻는[7] 사람들이다.

6 『뉴욕타임스』, 2018. 5. 23.

7 『성경』 마태복음 27장 24절

2.
승자 독식, 그 이후

동물적 본능은 금융의 영역에 국한된 것은 아니다.
히틀러도 너무 욕심을 부렸고, 나폴레옹도 욕심이 지나쳤다.
실제로 『도덕감정론』에서 애덤 스미스는 이 세상의 거의 모든 문제는 그만 멈추고 만족해야 할 때를 모르는 사람들 때문에 생긴다고 했다.
– **찰스 킨들버거**

능력주의의 졸렬함

조선의 임금 정조 이산李祘은 "유능함과 졸렬함은 거울의 앞뒷면과 같다"는 말을 했다. 이 말을 요즘 무한 경쟁 사회의 승자들에 비추어 생각해보건대, 실로 능력주의 사회의 유능한 인재라고 하는 수많은 승자의 화려한 겉모습 이면에는 참으로 졸렬한 인간들이 자리하고 있다. 이 평범한 사실을 우리는 대부분 간과하고 있는 듯하다. 실적주의, 경쟁률, 점수, 영혼 없는 스펙이 지배하는 사회가 심어주는 가치관의 얄팍한 물질적, 수치적 성취의 잣대가 현대인의 삶을 압도하는 탓이다.

이건 능력주의의 맹점이자 현대 사회 능력주의 시스템의 폐해의 근원이기도 하다. 그 시스템이란 영양가 있는 것을 죄다 먹어치우는 초부유층뿐만 아니라 그 대열에 끼기를 열망하는 중산층, 그리고 물론 끊임없이 주변화되는 소외계층을 막론하고 사회 구성원 모두의 삶을 달달 볶는 시스템이다. 능력 있는 사람들이 당당하게 성공하는 공정한 시스템인 것 같지만, 그것이 가져다준 결과는 모두의 정신 건강을 망치는 사회 전반의 불행이다.

현대 한국 사회 대부분의 문제가 그렇듯이 그 기원은 미국에서 찾아야 한다. 그 과정을 지극히 간단히 정리하면 이렇다. 미국은 대공황 직후까지만 해도 명문가名門家들을 중심으로 기득권층 남성들이 서로 챙겨주는 '올드보이 네트워크' 시스템으로 제법 잘 굴러갔다. 인맥이 가장 중요한 사회였고 WASPWhite Anglo-Saxon Protestant(백인 앵글로색슨 신교도)라는 두문자어로 칭하는 특정 백인 부류가 서로를 밀어주고 챙겨주면서 지배했다. 그나마 다행히도 그들이 주도하는 사회는 절도 있고 전통과 책임감을 중시하는 문화가 주류를 이루었다. 그러다가 제2차 세계대전 전후로 미국의 인재 선발 방식이 바뀌었고 그때까지 당연시되었던 전통적 세습 부자들의 인맥 위주 지배 시스템이 본격적인 능력주의 시스템으로 대체되었다.

변호사 출신 저널리스트 스티븐 브릴은 2018년 『급강하Tailspin』라는 저서에서 지난 50여 년간 진행된 미국 능력주의의 배경과 진화 과정, 그 결과를 상세히 설명한다. 처음에는 브릴의 모교인 예일대를 비롯한 진취적인 몇몇 명문대들이 1970년대 초반부터 기존의 인맥 중심 대학 입학생 수를 과감하게 줄이는 한편 SAT와 성적 등 객관적인 능력 평가로 신입생을 받아들이기 시작했고, 이런 입학 제도가 머지않아 미국 전역에 보편화된다. 이로써 능력주의 문화가 꽃을 피우기 시작했다. 능력주의로 신분 상승에 성공한 사람들은 한편으로는 우수한 인재들이었지만, 과거 1940, 1950년대에 인맥과 연줄로 출세했던 사람들에 비해 '헝그리 정신', 보상 심리가 훨씬 강했다. 어쩌면 그렇기에 필연적으로, 이들은 곧바로 변호사, 기업 경영인, 은행가, 월가의 금융업자 등 유난히 금전적인 보상이 두둑한 분야에 대거 진출하기 시작했다.

미국의 원로 저널리스트 찰스 피터스에 따르면 능력주의 시스템에서 출세한 사람들은 돈이 가장 큰 목표라는 것을 감추지 않았으며, 그들의 집합적인 영향으로 "세율 인하와 보수주의가 득세했고, 1980년 로널드 레이건의 당선은 그 징표였다."[8] 루스벨트나 케네디가家처럼 미국의 오래된 상류들이 '경제를 졸업한' 여유로운 승자들이었다면, 신설 능력주의로 뒤늦게 돈맛을 본 승자들은 경제를 막 시작한 '개천에서 난 용'의 티를 벗지 못했다고 하겠다.

그리고 그렇게 출세한 이들은 이윽고 시스템을 조작하는 작업에 나선다. 복잡하고 위험한 금융상품을 부지런하게도 개발해서 은행 산업과 금융 시장을 '혁신'시키고, 유능한 변호사들을 고용해 법적 절차를 악용함으로써 사사건건 정부 규제 당국자들의 법집행 노력을 무력화하기 위한 총공세 전략에 매진했다(후자는 도널드 트럼프의

8 Charles Peters, 『We Do Our Part: Toward a Fairer and More Equal America』, Random House, 2017.

평생 비즈니스 모델이기도 하다). 그리고 엄청난 로비자금을 동원해서 표현의 자유를 기업 활동에 유리한 쪽으로 적용되도록 만들어 광고와 마케팅 규제를 회피하고, 제품 표시 규정을 피해가는 편법을 보편화시켰으며, 개인 정보를 당사자들의 동의 없이 수집하고 거래하는 작업을 은밀히 진행했다.

아이러니컬하게도 이들 신흥 부자가 주도하는 사회는 계층 이동 자체가 철저하게 상업화되고 또 산업화되어서 돈이 없으면 사다리를 오를 생각조차도 하기 힘든 경쟁 사회 시스템을 낳았다. 간단히 말해 그들은 금전적 밑천 없이는 능력주의 자체가 무의미한 가짜 능력주의 시스템을 구축한 것이다. 신흥 부유층 자녀들은 사립학교, 과외, SAT 학원, 바이올린 수업, 첨단 장비 등 막대한 돈을 처바르지 않고는 범접할 수도 없는 장치들을 갖추고 능력주의의 사다리에 올랐으며, 그것도 모자라 2019년에 불거진 대학 입시 스캔들이 보여주듯 조직적인 부정 입학에 가담하는 것까지 불사한다.

오늘날 최고의 환경에서 자라고 최고의 교육을 받은 '금수저'들을 생각해보면, 그들은 기업 변호사, 경영컨설턴트, 헤지펀드 매니저 등 금전적 보상이 두둑한 직종에 많이 몰린다. 이들 직종은 올바른 인성 따위가 전혀 중요하지 않다는 것을 넘어 공감, 양심, 미련 따위의 인간적인 요소들이 오히려 장애가 된다. 이게 오늘날의 능력주의와 교육 제도가 이 시대 젊은이들에게 퍼뜨리는 가치 체계다.

학벌이 지배하는 한국에서는 대체로 20대 초반이면 일생의 승부가 가려진다. 능력주의는 오만한 승자들을 낳고 '루저'들에게 한

없는 수치심과 모멸감을 가져다준다. 능력주의는 학위와 자격증을 신분의 징표로 받들고 직업의 귀천을 신봉한다.

이 시대의 능력주의 시스템이 배출한 승자들의 의식 수준은 사회와 국가의 나아갈 길을 좌우하고 있다. 그런데 그들 중 많은 이가 엄청난 자금이 동원되어 만들어진 우수한 수험생일 뿐, 그 환경이나 근본, 성장 과정상 진정한 가치와 철학을 담을 수 있는 그릇은 되지 못한다. 그런 자들이 오늘날 인간의 가치에 있어서 돈과 돈이 수반하는 징표들로 채점을 매기는 제도에 힘입어 언론, 법조계, 대기업, 금융, 정치에 진출해서 사회의 운전대를 잡고 있다.

마이클 샌델은 『공정하다는 착각』에서 능력주의는 공동선을 갉아먹는다고 말했다. 그는 바로 소위 엘리트라고 하는 '승자'들의 졸렬함을 우회적으로 말하는 것임에 틀림없다.

정의에 '윈윈'이란 없다

'윈윈'이라는 표현은 1980년대부터 비즈니스 용어로 널리 통용되기 시작했다. 거래에 능숙한 사람들이 좋아하는 말이다. 영어를 무척이나 좋아하는 한국에서도 일찍이 일상 용어로 아늑하게 자리 잡았다. 윈윈이란 사실 거래를 할 때 양보하는 것처럼 행동하면서 실리를 챙기는 기술이다. 여기에는 물론 속셈이 깔려 있다. 특히 가진 자들이 뭔가를 베풀 때 어려운 사람들이 받는 작은 혜택도 '윈'이고, 그로 인해 이미지가 개선되는 자기들도 '윈'으로 계산된다. 대기업들은 사회 공익사업도 윈윈 차원에서 기획하고 홍보한다. 궁극적으로 최종 결산 때 실적에 있어서는 손해를 보지 않는다는 것이 핵심이다.

하지만 사회 정의는 윈윈일 수 없다. 마틴 루터 킹은 "자선사업은 칭찬받을 만하지만 그로 인해 자선사업가들이 자선사업이 필요하도록 만드는 경제적 불평등을 간과해서는 안 된다"고 했다. 또 아난드 기리다라다스는 부자들이 자신들이 가진 모든 영향력을 동원해서 상속세, 증권거래세, 양도소득세 등 불로소득 과세에 대한 치열한 공세로 자신들이 부를 증식하고, 보호하고, 물려주는 데 유리한 정책이 관철되도록 함으로써 엄청난 부를 축적했고, 그 부가 주체할 수 없을 정도로 커지자 뒤늦게 '더 많이 베푸는 것'의 필요성을 얘기하기 시작했지만, 그러면서도 실제로 정작 자신들이 '덜 가져가는 것', 즉 제도적 약탈을 지양할 필요성은 아예 얘기하지 않는다고 했다. 기리다라다스는 2015년 진보 쪽으로 기우는 정책 연구 기관인 아스펜 연구소가 주최한 회의에서 연설 중에 이렇게 말했다. "이 같은 제도와 구조에는 피해자들이 있습니다. 그리고 우리가 그 피해자들에 대한 베풂의 행위를 그 피해자들을 위한 정의와 혼동하는 것은 위험합니다. 베풂이라는 것은 윈윈이지만, 정의라는 것은 대개 그렇지 않기 때문입니다."

구조적 변화는 부자들에게 위협적일 수밖에 없다. 불평등한 제도가 개선되기 위해서는 부당한 기득권을 누리고 있는 누군가가 특권을 버려야 한다. 지금까지 미국에서 일어난 유일한 내전이었던 남북전쟁은 사실상 경제적 '제로섬'의 측면이 다분했다. 노예제도의 폐지는 단순하게 노예들이 자유를 얻는 것으로만 끝나지는 않았기 때문이다. 노예 소유주들이 자신들에게 유리했던 노예 경제의 특혜를 포기해야 했다. 그로부터 150년이 지난 지금, 약탈적 금융과 임금 노예 제도의 수혜자들은 엄청난 경제적 특혜를 누리고 있다. 그들은 어쩌면 또 다른 전쟁 없이는 자신들의 부를 재분배하고 권력을 포기하는 구조적 변화에 절대 자발적으로 나서지 않을지도 모른다.

최근 한국의 개인 고액 세납자 100명이 세금 6,000억 원을 내지 않고 있다는 보도를 봤다. 이건 한국뿐만 아니라 전 세계 부자들이 보이는 행태다. 불로소득을 쓸어 모으면서 불로소득에 대한 세금을 아까워하는 것이다. 이건 그들 시민 정신의 수준을 말해주는 것이기도 하거니와, 부자를 무조건 고용을 창출하는 '생산하는 자'로 치부하고 그들에게 관대한 환경을 만들어주는 저급한 사회 통념의 문제이기도 하다.

사회 정의는 이런 통념을 깨부수는 작업에서부터 시작해야 한다. 불공정하고 불투명한 제도적 장치와 절차를 바로잡는다는 것은 누군가가 손해를 봐야 한다는 얘기다. 금융 위기 때마다 부자들이 거둬들이는 막대한 횡재의 연속은 하늘에서 떨어지는 것이 아니다. 그들의 이득은 중산층과 빈곤층의 손해다. 그들이 가진 힘으로 사회 구성원으로서 자기 몫을 충분히 다하지 않겠다고 버티면 나머지 국민이 그 부담을 떠맡게 된다. 이번 팬데믹 와중에 상위 1퍼센트의 소득이 늘어난 만큼 하위 90퍼센트의 소득이 거의 정확하게 상응하는 비율로 줄었다. 정의란, 팬데믹 와중에 초부유층이 어딘가에 빨대를 꽂아 가져간 소득을 국민의 이름으로 다시 되찾는 것이다. 일부 특수계층의 부당 이득을 일반 국민에게 되돌려주려면 부당 이득을 챙긴 자들에게서 그만큼을 회수해 부당하게 빼앗긴 자들에게 돌려줘야 한다. 특이 체질인 사람들을 제외하고 기득권을 독점하고 있는 특수층은 대부분 그것을 절대 자발적으로 내놓으려 하지 않는다.

경제사학자 뤼트허르 브레흐만은 2019년 다보스포럼에 참석한 부자들의 면전에 모든 불평등 문제의 귀결점은 "세금, 세금, 세금"이며, "다른 건 다 허튼 수작이다"라고 말해 화제가 되었다. 또 『뉴욕타임스』 데이비드 레온하트는 2019년 2월 3일 칼럼에 "부자들에게 세금을 더 많이 물리지 않는 것이 과격한 것이다"라고 썼다. 2010년 노벨 경제학상 수상자인 세제 전문가 피터 다이아몬드와 평등 경제학의 권위자인 이매뉴얼 사에즈 교수는 2011년 전미경제학회AEA 간행물에 실린 논문에서 최고 소득 계층의 세수를 극대화하는 최적 소득세율이 약 73퍼센트라고 주장했다. 최근 미국 케이블 방송 CNBC 여론조사 결과, 미국 백만장자의 60퍼센트가 민주당 예선 후보 엘리자베스 워런이 내놓았던 부자세를 지지하며, 순자산 500만 달러(약 55억 원) 이상인 사람들의 경우 66퍼센트가 지지하는 것으로 나타났다. 부자 증세의 당위론은 이제 대세이고, 국민의 뜻이고, 연구로 뒷받침되는 주류 경제학의 정설이다.

물론 많은 부자가 틀림없이 발악할 것이다. 그들은 이제까지 자신들에게 유리한 제도 속에서 알게 모르게 자기들이 '윈'하는 만큼의 피해를 사회에 끼쳐왔다. 그동안 수많은 부자가 무심하게 특권을 누렸고 그들의 자녀들은 버릇없이 자랐다. 그들이 정의라는 개념을 겸허하게 받아들이도록 상식 쪽에 서 있는 다수가 어떻게든 가르쳐야 한다.

미국의 흑인 작가 제임스 볼드윈은 흑인들이 억압받는 제도 속에서 무심하게 특권을 누리는 백인들을 향해 이렇게 말했다. "당신들은 나에게 린치를 가하고 나를 빈민가에 가두면서 당신들 자신이 괴물처럼 되어가는 것을 피할 수 없습니다."[9] 정의의 구현이 심각하게 결여된 괴물 자본주의의 수혜자들에게도 같은 원리로 적용되는 말이다.

금수저 대통령의 진보 정치

미국의 제32대 대통령 프랭클린 델라노 루스벨트FDR는 대대로 부자인 가문에서 태어난 '금수저'였다. 부친도 물려받은 재산이 많은 세도가였고, 부인 엘리너(제26대 대통령 시어도어 루스벨트의 조카로, FDR과는 먼 친척 관계였다)도 남부럽지 않은 계보를 가진 최상류층 집안의 딸이었다. 루스벨트가 보유했던 자산은 지금 돈으로 대략 6,000만 달러(약 660억 원)로, 루스벨트는 당시 미국 사회의 0.01퍼센트에 해당하는 부유층이었다. 취임 시 재산 기준으로 미국

9 James Baldwin, Raoul Peck, 『I Am Not Your Negro』, Robert Laffont, 2017.

대통령 가운데 10대 부자로 꼽힌다.

이런 사람이 미국 근대 진보 정치의 가장 강력한 지도자로 역사에 남아 있다. 루스벨트는 기득권 출신이었음에도 철저하게 노동자 편이었고, 정치가로서 평생 동안 기득권, 자본가들과 전쟁을 벌였다. 당대의 정치 경제 세도가들은 그를 '계급의 배신자'라고 불렀다. 실제로 루스벨트는 당대의 자본가들을 "악한들"이라고까지 표현했으며, 1936년 10월 31일 제2차 뉴딜 정책을 발표하는 유명한 연설에서 "그들의 증오를 환영한다"고 당차게 선언했다. 그가 경제와 시민 정신이 붕괴할 위기에 처해 있던 20세기 미국의 역사를 바꿔놓은바, 그 이후부터 미국의 모든 대통령은 어떤 형태로든 그와 비교되는 것을 면할 수 없다.

역사학자들은 루스벨트를 미국과 미국의 민주주의를 기사회생시킨 대통령으로 평가한다. 엄청난 규모의 뉴딜 정책을 밀어붙여 나라를 대공황의 벼랑 끝에서 구제했고, 제2차 세계대전에서 독일과 일본에 단호하게 대처하며 미국의 군사 및 공업 강대국화를 이끌었다(제2차 세계대전에서 일본을 항복시킴으로써 본의 아니게 한국에 해방을 가져다주기도 했다).

1933~1945년 루스벨트의 임기는 20세기 미국에서 근본적인 변화가 정치, 사회, 경제 전반에서 일어난 시기였다. 1933년 이전의 미국과 1945년 이후의 미국은 같은 나라라는 것을 믿을 수 없을 정도로 서로 판이하게 다르다. 1930년 초반 대공황의 절정 때 미래가 심각하게 불확실해 보였던 나라가, 루스벨트의 네 번째 임기의 첫해인 1945년에는 세계 최강국이 되어 있었다.

루스벨트가 이끄는 정부는 사회보장제도를 시행해 노인층의 빈곤율을 현저히 줄였고, 노동법 개정을 통해 노조 결성을 통한 근로자들의 정치력 신장을 가능케 했으며, 농업 개혁으로 농부들에게 안전망을 제공했다. 1933년 취임하자마자 제정된 은행법은 은행과 증권시장에 대한 정부의 본격적 감시와 규제 체제를 가동시켰다. 1934년에는 저소득층을 위한 저가 주택 정책이 연방정부로 이관되었다.

국가 인프라 투자 프로그램을 통해 연방정부 청사, 교량, 댐, 도로 등이 미 전역 곳곳에 생겨나면서 수많은 일자리가 창출되었고, 뉴딜 프로그램 중에서 루스벨트가 개인적으로 가장 좋아했다고 하는 민간자원보존단Civilian Conservation Corps은 미 전역 황무지에 나무 30억 그루를 심었다.

이 모든 것을 실현시키기 위해 그는 부자들이 질색하는 세율 인상을 단행하고 강력한 징수 정책도 제도화했다. 1935년 세입법을 기반으로 100만 달러(약 11억 원) 이상 소득에 대한 최고 세율이 75퍼센트인 부유세를 신설했으며, 1937년 제정된 세입법으로 부자들이 세법의 허점을 악용해서 세금을 회피하는 것을 방지하기 위해 엄격한 조세 규정을 마련하고 집행했다. 원천징수 제도도 루스벨트 임기 때 신설되었다.

루스벨트가 취임하자마자 가장 먼저 무얼 했는지 보면 그에게는 서민과 노동자가 우선순위였음을 알 수 있다. 루스벨트는 1933년 대통령 서약을 마치고 3주 뒤, 50만 명 이상의 노동자에게 일자리를 제공하기 위해 시민 보호 법안을 만든다. 이는 정부가 경제 정책에는 거의 손을 대지 않는 경제적 자유방임주의에서 정부가 직접 경제에 개입해서 사회적 필요들을 충족시켜 나가기 시작한 매우 상징적이며 근본적인 정책적 변화였다. 그리고 이런 정책은 제2차 세계대전 전후로 거대한 사회 변혁을 이끈 여러 뉴딜 프로그램의 초석이 되었다. 1944년의 제대군인원호법GI Bill은 오래 걸리기는 했지만 앞서 루스벨트 대통령이 다져놓은 토양에서 힘을 얻은 각종 정책의 성과라 할 수 있다.

1944년 연두 교서에서 루스벨트가 한 말은 그가 당시까지 10여 년간 이끌어온 서민 중심 진보 정치에 대한 최종 변론이었다.

> 우리는 진정한 개인의 자유는 경제적인 보장과 자립 없이는 존재할 수 없다는 사실을 분명하게 깨닫게 되었습니다. 배고프고 직장 없는 사람들이 있으면 독재국가의 길을 가게 될 수 있습니다. 우리가 지금 살고 있는 시대에 이러한 경제의 진실은 자명한 것으로 통념화되었습니다. 우리는 신분, 인종, 또는 종교적 신념에 상관없이 경제 보장과 번영의 새로운 기저가 되는 제2의 권리장전을 받아들이게 된 것입니다.

사실 오늘날 미국의 극심한 빈부 격차는 대공황 이전에 미국이 한 차례 비슷한 수준으로 겪었던 문제다. 당시에도 초부유층이 정치적 영향력을 행사해 자신들의 세율 인하를 관철시킨 것이 경제 폭락의 주원인 중 하나였다. 대공황 직전까지 부자에 대한 세율은 소득세가 24퍼센트, 상속세가 20퍼센트였다. 루스벨트의 첫 임기 동안에는 최고 세율이 63퍼센트, 두 번째 임기에는 79퍼센트로 각각 인상됐다(1950년대에는 아이젠하워 정부 때 최고 세율이 91퍼센트까지 올라갔다). 이건 최상류층이었던 루스벨트 자신에게도 곧바로 적용되었으므로 그가 사익에 연연하는 대통령이었다면 절대로 시행될 수 없는 세율이었다. 루스벨트는 불로소득으로 돈을 긁어모은 금융재벌들에게 세금을 걷어 정부가 중산층을 튼튼하게 만들고 가난한 소외계층을 보살피는 국가를 만들었다.

무엇보다 중요한 것은, 루스벨트가 떠난 후에도 오랫동안 지속될 더욱 원대한 변화의 씨앗이 그의 임기 동안 심어졌다는 것이다. 루스벨트는 강력한 정부가 서민을 위한 프로그램을 얼마만큼 성공적으로 이끌 수 있는지를 보여주었다.

이건 다 남부럽지 않은 금수저 대통령의 강력한 '로빈후드 본능'이 없었다면, 그가 근본적 개혁의 필요성을 느끼고 몸소 실천하지 않았다면 불가능한 일이었다. 진정한 개혁과 혁명은 민중 봉기만으로는 성공하기 힘들다. 루스벨트는 기득권 세력의 반발에 개의치 않고 서민을 보살펴야 한다는 철학과 신념이 있는 강력한 지도력이 상부층에 존재할 때 얼마나 통쾌한 개혁과 치유가 이루어지는지를 보여준 대통령이었다. 사회가 자정 능력을 가지려면 부자들 중 '계급의 배신자'들이 많아야 한다.

아름다운 승자들

한국에서 오는 소식 중에 얼마 전부터 '착한 예능' 이야기를 심심찮게 본다. '착한 소비'에서 농어촌 일손 돕기와 판로 지원까지, '예능의 선행' 이야기는 재미도 있고 가슴을 뭉클하게 만든다. 푸푸한 인심과 끈끈한 정은 한국인의 가장 큰 멋이다.

그럼에도 항상 아쉬움이 남는 것은, 가슴이 뭉클해지는 만큼 한국 상부층의 한계를 생각하게 되기 때문이다.

양질이라고 할 만한 부자들은 분명 있지만, 한국 부자들의 선행이란 거의 예외 없이 사사롭고 단발적이며, 체계적이지 못하다. 연예인들의 소박한 선행은 친근하게 느껴지지만 한국 재벌가에서 불평등 문제에 대해 큰 그림을 제시하는 논리나 구체성을 만나기 힘들다는 현실을 오히려 더 부각시킨다. 무지의 소치일 수도 있겠으나, 내가 오랫동안 느낀 바로는 한국에서 크게 성공한 이들 중 공익사업에 전념하는 이는 거의 전무하고, 간혹 가다 좋은 일을 하더라도 구조적인 문제는 절대 건드리지 않는다. 상부층이 진정한 변혁을 주도하려면 이념의 틀이 있어야 하고, 더 체계적이고 근본적이어야 한다. 이런 견지에서 한국에서 성공한 사람들의 의식 수준은 대체로 실망스럽다.

분명히 일러두건대, 나는 절대로 미국인이 한국인보다 보편적으로 우수하다고 생각해본 적이 없다. 단지, 어쩌면 지난 100년 사이 외세에 짓밟히고 내전을 치르고 나라가 송두리째 재건되는 격변 속에서 잘못된 가치 서열과 보상 체계가 들어서고, 강직한 지성인들의 목소리가 억압되는 한편 가장 탐욕적이고 사회의식이 약한 구성원들이 득세해 지금의 사회 구조가 자리 잡게 된 것이라는 생각은 오랫동안 해왔다.

시민의식의 기반이 한없이 약해진 나라에서 큰 부자들은 돈의 버블 속에 떠다니고, 생계형 정치인들은 자기 밥그릇 챙기기 바쁘며, 어떤 면에서 대중의 일상적 의식에 가장 큰 영향을 미치는 연예인들은 밥줄이 달린 광고주와 방송국 사주들의 눈치를 봐야 한다. 어쨌거나 오늘날 대한민국 사회의 '승자' 중에 의식과 용기 있는 사람은 만나기가 힘들다.

물론 미국도 지금은 정신 나간 초고액 자산가들이 판치는 나라지만, 크게 성공한 자의 사회적 책임을 고민한 각 시대 부자들의 뚜렷한 족적이 사회 곳곳에 남아 있다.

당대 세계 최고 부자였던 앤드루 카네기는 저서 『부의 복음』에서 가족이 먹고 사는 데 필요한 만큼 이상의 개인 재산은 사회 공익에 쓰일 '신탁 자금'으로 간주해야 한다고 말했고, 그의 돈으로 설립된 도서관만 전 세계적으로 2,500개가 넘는다. 그리고 카네기가 세상을 떠난 지 100년이 지난 지금, 미국의 빌 게이츠(순자산 1,126억 달러, 약 124조 원)와 워런 버핏(순자산 758억 달러, 약 83조 원)이 주도하는 '기부 서약Giving Pledge'에 2020년 8월 현재 전 세계 23개국에서 10억대 부자 210명이 참여하고 있다(아직까지 한국에서 참여하는 재벌은 단 한 명도 없다). 기부 서약에 참여하는 초고액 자산가는 공개적으로 죽기 전에 자신의 재산 대부분을 공익사업에 기부하기로 약속한다.

현재까지 서약되어 있는 기부 금액은 1조 달러(약 1,100조 원)가 넘는다.

미국의 큰 부자가 사익을 버리고 오로지 국민과 국가의 안녕에 에너지를 쏟은 사례들은 그 숫자보다도 그들이 미국의 역사와 미국인의 의식 속에서 차지하고 있는 비중에 주목하게 만든다. 당대 최고 자산가였던 초대 대통령 조지 워싱턴부터 초부유층 출신 대통령 시어도어 루스벨트, 자산이 통틀어 10억 달러(약 1조 1,000억 원)가 넘었던 케네디 일가의 형제들은 모두 국가에 헌신한 지도자로 국민의 기억 속에 남아 있다. 실제 그들의 경제 활동에 대한 이야기는 찾아보기도 힘들다.

그중 존 F. 케네디는 "많은 혜택을 받은 사람에게는 많은 것이 요구된다"고 말한 1963년 5월 밴더빌트대 졸업식 연설 발언을 포함해서 승자에게 요구되는 책임을 공식 석상에서 수도 없이 강조했다. 설사 그것이 위선이었다 해도 대통령직에 있는 사람의 이 같은 공적 선언이 사회 규범의 지향점을 제시해준다는 것은 부정할 수 없다.

이런 생각을 하면서 미국의 큰 부자들 중에 승자들이 지향해야 할 규범을 제시해준 이들의 활동상을 정리해봤다.

부자 (자산 1억 달러, 약 1,100억 원 이상)	실천 활동	공개 발언	비고
기업가 릭 하나워 (15억 달러)	진보 싱크탱크인 '진정한 애국자 네트워크(True Patriot Network)' 공동 창립자. 공공 교육, 환경 문제, 총기 규제와 관련된 사업들을 지원하고 있으며, 무엇보다 빈부 격차 문제와 관련한 계몽 운동이 가장 두드러진다.	"우리나라는 자본주의 사회보다는 봉건 사회로 급속하게 변해가고 있습니다. 우리의 정책이 극적으로 바뀌지 않는 이상 중산층은 없어질 것이고 우리는 18세기 프랑스 꼴이 될 것입니다. 혁명이 일어나기 전에 말입니다."	2012년 불평등에 대한 하나워의 테드 톡스 강연은 '지나치게 편파적이다'라는 이유로 방영되지 않았다.
벤앤제리스 창업주 벤 코헨, 제리 그린필드 (3억 달러: 각각 1억 5,000만 달러로 추정)	회사 자체가 '배려하는 자본주의'를 표방한다. 기후 정의, 인종 정의, 금권정치 근절 등의 운동을 회사 차원에서 지원한다. 이런 사업을 하는 단체들에 매년 회사 세전 수익의 7.5%를 지원하도록 예산이 책정되어 있다. 벤앤제리스 웹사이트에 수개월간 "백인우월주의를 반드시 퇴치해야 한다. 침묵은 있을 수 없다(We Must Dismantle White Supremacy. Silence is Not an Option)"라는 제목을 대문짝만 하게 걸고 BLM(Black Lives Matter, 흑인 생명도 소중하다) 운동을 지지하는 회사의 입장을 설명하는 장문의 성명서를 게재했다.	"비즈니스는 진보적인 변화의 원천이 될 수 있습니다." "우리는 돈을 얼마만큼 벌었나 하는 것뿐만 아니라, 사회에 얼마나 기여했는가 하는 것을 성공의 기준으로 삼습니다. 우리에게는 두 가지 손익계산이 있는 것입니다."	1951년생 동갑으로 50년 지기인 코헨과 그린필드는 거의 모든 공식 활동을 함께한다. 사회민주주의를 주창하는 전 대통령 후보 버니 샌더스의 열렬한 지지자들로 2016년, 2020년 캠페인에서 선거자금 모금 활동에 앞장섰다.

부자 (자산 1억 달러, 약 1,100억 원 이상)	실천 활동	공개 발언	비고
월트 디즈니 손녀 애비게일 디즈니 (1억 2,000만 달러)	30년 동안 7,000만 달러를 각종 자선사업에 기부했다. 근로자 권리 옹호에 나서 특히 디즈니사가 일반 노동 직원들을 제대로 대우하지 않는다고 비판해왔다. 공개적으로 부자 세율 인하도 적극적으로 반대한다.	(2017년 트럼프의 부자 세율 인하 법안을 반대하며) "이 법안으로 내 세금은 줄지만 1,300만 명의 건강보험이 사라집니다. 교육 시스템이 옥죄이고, 인프라는 낙후되고, 국가 부채가 최소한 1조 5,000억 달러 늘어나는 상황에서 서민들의 계층 이동은 더욱 요원해질 것입니다. 하지만 나는 가만히 있어도 풍족하게 살 수 있습니다. 이게 공평한가요?"	최근 부자 세율 인상을 촉구하는 공개서한에 서명한 18명의 억만장자 중 한 명이다.
인터페이스 창립자 레이 앤더슨 (자산 총액 미상)	성공한 기업가로서는 미국에서 전례를 찾을 수 없었던 수준의 진취적이고 구체적인 산업생태학, 환경 지속성 위주의 기업 정책을 폈다.	"나는 내가 인터페이스를 약탈자처럼 운영해왔다는 것을 깨달았습니다. 내 것이 아닌 것, 즉 지구의 모든 생물을 위해 존재하는 것들을 내가 약탈해왔다는 것입니다. 그리고 언젠가는 이런 약탈이 불법화될 수밖에 없고, 그러면 나 같은 사람은 감옥에 가게 될 것이라는 생각을 하게 되었습니다."	2011년 사망 후 2012년 유가족이 출범시킨 '레이 C. 앤더슨 재단'은 현재 지속가능한 생산과 소비 개념을 저변화하기 위한 계몽 운동을 펼치고 있다.

부자 (자산 1억 달러, 약 1,100억 원 이상)	실천 활동	공개 발언	비고
헤지펀드 매니저 톰 스타이어 (16억 달러)	2006년부터 인도와 멕시코의 오지에 사는 사람들에게 브로드밴드를 보급하고, 컴퓨터와 직업 기술 교육 프로그램을 지원하는 등 소외계층의 생활 향상을 위한 각종 자선사업 프로젝트를 수행해왔다. 정치적으로는 환경 보호, 이민자 권리 옹호, 노조 결성 권리와 근로자 권익 신장 운동을 하는 비영리 단체 넥스트젠 아메리카(NextGen America)를 창립해서 자금을 지원하고 있다.	"기술 중심 경제의 결과는 근로자들이 필수 불가결하다고 여겨지는 근로자와 물품 취급을 받는 근로자로 나뉘는 직업 시장입니다. 이러한 승자 독식 사고방식은 대다수 국민에게 해로우며 경제 불평등을 악화시킵니다."	2019년 민주당 대선 예비 후보였으나 억만장자라는 것이 큰 흠결이 되어 폭넓은 지지를 받지 못했고, 2020년 2월 사퇴했다.
듀티프리쇼퍼스 그룹 창립자 척 피니 (수십억 달러)	피니는 일찍이 '빈털터리로 죽겠다'는 목표를 정하고 교육 관련 자선사업에 37억 달러, 인권과 사회 변혁 프로젝트에 8억 7,000만 달러, 사형 제도 폐지 운동에 6,200만 달러, 공공보건에 7억 달러 등 평생 동안 80억 달러를 기부했다. 빌 게이츠와 워런 버핏이 주도하는 기부 서약의 최초 서명자 가운데 한 사람이기도 하다. 기부 활동을 대부분 익명으로 해 『포브스』는 피니를 "박애주의의 제임스 본드"라고 칭하기도 했다.	"나는 다른 사람을 후원함으로써 좋은 일을 많이 할 수 있는 상황에서 기부를 미룰 이유가 없다고 생각합니다. 또한 살아있는 동안 기부하는 것이 죽은 다음에 기부하는 것보다 훨씬 재미있어요."	현재 89세. 『포브스』는 최근 "빈털터리로 죽고 싶다던 억만장자, 이제 공식적으로 빈털터리가 되다"라는 제하의 기사에서 그에게는 현재 부인과 함께 쓰기 위해 챙겨둔 200만 달러 정도가 남았다고 보도했다.

부자 (자산 1억 달러, 약 1,100억 원 이상)	실천 활동	공개 발언	비고
뉴욕현대미술관 명예관장 애그니스 건드 (34억 달러)	일평생 인종 정의 투쟁을 후원해왔다. 2017년에는 자신이 소장하고 있던 리히텐슈타인 작품을 1억 6,500만 달러에 팔아 그중 1억 달러를 미국 형법 제도 개혁을 목표로 하는 '정의를 위한 예술 기금(Art for Justice Fund)' 설립을 위해 기부했다.	"항상 나는 불평등에 대해 민감한 감정을 극심하게 느껴왔습니다."	건드는 자선사업을 하는 이유를 물으면 항상 "죄책감 때문에"라고 대답한다. -『뉴욕타임스』, 2018. 11. 3.

애비게일 디즈니는 2019년 6월 '적당한 부유세' 정책을 촉구하는 공개서한[10]에 서명한 억만장자 18명 중 한 사람이다. 이들은 서한에 이렇게 썼다. "미국은 우리가 갖고 있는 부에 더 많은 세금을 부과할 윤리적, 경제적 책임이 있습니다. 부유세는 기후 위기에 대처하고, 경제를 개선하고, 보건 성과를 개선하고, 공정한 기회를 창출하고, 나라의 민주적 자유를 강화하는 데 도움이 될 수 있습니다."

무엇보다 돋보이는 것은 이 서한이 부유세 정책 지지 입장을 논리적으로 뒷받침하는 매우 구체적인 근거들을 제시한다는 것이다. 네 페이지짜리 서한의 마지막 페이지 전체가 각주로 가득 채워져

10 Umair Haque, Was Marx Right?, 『Harvard Business Review』, 2014. 7. 23. (http://hbr.org/2011/09/was-marx-right)

있다는 것은 이들 억만장자가 부유세 문제를 단순히 감성적으로 접근한 것이 아니라, 실행 가능한 정책 차원에서 전문가들을 동원해 매우 치열하게 고민했음을 말해준다.

3.
자본의 암흑기를 넘어

성장을 위한 성장은 암세포의 이데올로기다.

- 에드워드 애비

누구를 위하여 GDP는 오르나

소련 붕괴 후 러시아에서는 이런 농담이 통용되었다. "마르크스가 공산주의에 대해 한 말들은 다 틀렸지만, 자본주의에 대해 한 말은 다 맞는 말이었다."

마르크스는 자본주의 경제 체제에 자멸적 성격이 내재한다고 봤고, 지금 많은 주류 경제학자 사이에 미국과 영국 등의 자본주의 시스템의 지속가능성에 대한 회의적 목소리가 높아지고 있다.

실제로 자본주의의 첨병인 『하버드 비즈니스 리뷰』도 거의 10년 전에 이미 '마르크스는 옳았나?'라는 칼럼[11]에서 산업혁명 이후 자본주의에 대한 마르크스의 비판을 고찰하면서 궁핍화, 위기, 침체, 인간 소외, 허위의식, 물신 숭배 등을 조목조목 열거하며 이 모두에 대한 마르크스의 예견에 일리가 있었음을 인정했다. 이건 새로운 현상이 아니다. 영국의 경제학자 존 메이너드 케인스는 일찍이 1936년 '풍요 속 빈곤'이 자본주의의 핵심적 역설이라고 했다. 또 존 F. 케네디는 1963년 상·하원 대표들에게 보낸 서한에서 빈곤 퇴치 정책의 필요성을 강조하며 '풍요 속 빈곤이라는 역설'이라는 케인스의 표현을 그대로 차용한 기록이 있다.

미국에서는 1973년 이래 거의 반세기에 걸쳐 GDP 증가분의 90퍼센트 이상을 상위 4퍼센트가 가져갔다. 소비자금융조사SCF 통계에 따르면 상위 1퍼센트가 전체 국민소득에서 차지하는 비율은 2013년 20.27퍼센트에서 2016년에는 23.80퍼센트로 증가했다. 그리고 같은 기간 하위 90퍼센트가 가져간 소득의 비율은 52.73퍼센트에서 49.69퍼센트로 줄었다. 상위 1퍼센트가 더 가져간 비율이 하위 90퍼센트 비율에서 줄어든 만큼과 거의 정확하게 일치하는 것이다.

GDP 통계는 사회 평균적 삶의 실상을 왜곡한다. 전 세계적으로 극소수 부자들이 국가 경제의 대부분을 차지하고 있으며, 그 비상식적인 비율은 갈수록 늘어나고 있다. 국가 경제의 건강 상태를 말

11 Umair Haque, Was Marx Right?, 『Harvard Business Review』, 2014. 7. 23. (http://hbr.org/2011/09/was-marx-right)

해주는 듯한 GDP와 증시 지수는 사실 부자층 중심의 경제 상황을 말해줄 뿐이다. 그 지표가 아무리 올라가도 일반 서민들의 삶에 대한 만족도가 높아지고 있다는 정황은 보이지 않는다.

대공황 때 처음 고안된 GDP가 경제지표로서 많은 문제가 있다는 것은 오래된 얘기다. GDP 개념의 창시자인 경제학자 사이먼 쿠즈네츠도 GDP를 "경제의 안녕 상태"와 혼동하지 말라고 경고했다. 실제로 GDP는 고실업률 정도를 제외하고는 일반 국민의 평균적 생활 수준을 말해주지 못하며, 빈부 격차와 불평등의 근원적인 문제들을 가늠할 수 있는 통계적 근거를 제공하지 못한다. 대다수 서민의 주택난, 우울증, 생활고가 갈수록 악화되는 상황에서 GDP가 오른다는 것은 의미가 없다. 문제의 핵심은 GDP가 제공하는 통계적 수치와 절대다수의 서민이 겪고 있는 현실 간에 심각한 괴리가 존재한다는 것이다. 예컨대 주요 경제지표들은 환경 파괴와 자원 고갈을 계산에 넣지 않는다. 경제가 성장하는 것처럼 보이지만 그 대가로 환경이 파괴되고 천연자원이 동나고 있다면, 상식적으로 그 사실이 수치적으로 경제 통계에 반영되어야 한다. 이건 기후 변화에 있어서도 마찬가지다.

하지만 미국과 영국, 그리고 미국을 추종하는 한국 같은 국가의 신자유주의 경제 체제는 인간을 섬기는 체제가 아닌바, 그 모든 제도적 장치는 자본의 효율성만을 위해 작동한다. GDP와 증시 지수는 자본의 현주소를 말해줄 뿐 인간적 가치들은 반영하지 않는다. 신자유주의 사회에서는 보건 의료 체계마저 국민의 건강보다는 수익 중심으로 돌아간다. 만약 영리 병원에서 불필요한 수술이나 과

잉진료로 매출이 올라가면, 그건 GDP로 잡힌다. 하지만 GDP 통계는 부작용으로 수명이 짧아진 환자들에 대해서는 말해주지 않는다.

로버트 케네디는 1968년 연설 중 GDP에 대해 이렇게 말했다.

> 우리 GDP는 이제 80억 달러가 넘지만, 그 GDP 계산에는 대기 오염과 담배 광고, 교통사고 사망자를 실어 나르는 앰뷸런스 운영비가 포함되어 있습니다. 또 대문의 특수 잠금장치와 잠금장치를 부수고 들어오는 사람들을 가두기 위한 감옥도 계산됩니다. … 그럼에도 GDP는 우리 자녀들의 건강이나 교육, 또는 그들이 얼마나 즐겁게 놀고 있는가 하는 것은 감안하지 않습니다. 우리가 읽는 시의 아름다움이나 결혼 생활의 질, 공공 토론의 지적 수준이나 공직자들의 청렴성 등은 포함하지 않습니다. GDP는 우리의 기지(機智)도 용기도 측정하지 못하며, 우리의 지혜도 식견도 연민도 국가에 대한 헌신도 측정하지 못합니다. 간단히 말해 GDP는 삶의 가치 있는 것만 뺀 모든 것을 측정합니다.[12]

아이슬란드에서는 "아내와 하는 섹스는 GDP로 잡히지 않지만, 창녀와 자는 것은 GDP로 잡힌다"는 어느 시인의 농담이 회자된다

12 캔자스대 연설, 1968. 3. 18.

고 한다.[13] 로버트 케네디의 말과 이 시인의 말의 핵심에는 자본을 숭배하는 사회의 뒤틀린 가치관에 대한 일침이 있다. 경제적 성과에만 집착하는 사람은 삶의 질과 불평등으로 인한 사회적 피해를 경시한다.

이제 시장과는 별개로 존재하는 인간적 가치들을 인정해야 할 때다. 삶의 현실을 보다 정직하게 반영하는 새로운 통계 기준이 도입되어야 한다. 토마 피케티, 이매뉴얼 사에즈, 게이브리얼 주크먼 등 진보 경제학자들은 국민소득이 부유층, 중산층, 빈민층에게로 분배되는 각 비율을 분리해서 측정하는 새로운 GDP 통계 방식을 제시하고 그 연구 결과를 2018년부터 발표하기 시작했다. 정부가 엉뚱한 것들을 측정하면 엉뚱한 정책을 세우고 사회는 잘못된 길을 가게 된다. 우리가 지난 수십 년간 익히 봐온 현상이다.

사람의 가치에 대한 고찰

코로나19 팬데믹은 돈이 곧 인간의 가치를 말해주는 사회에서 정말 가치 있는 직업이란 무엇인가 하는 문제를 다시금 생각하게 한다. IT와 금융계 종사자, 변호사 등 화이트칼라 전문직 종사자

13 아이슬란드 카트린 야콥스도티르 총리가 2019년 12월 영국 채텀하우스 연설에서 이 농담을 써먹은 기록이 있다.
(https://www.bbc.com/news/world-europe-50650155)

들은 봉쇄 조치 와중에도 재택근무가 가능하고, 경제 위기도 체감하지 못하는 경우가 많다. 하지만 현장에 나가서 일해야만 하는 노동자들을 생각해보면 지금 그들에게 돌아가는 보상의 수준이 정당하다고 생각하는 것은 양심에도 이치에도 부합하지 않는다. 배달근로자, 쓰레기 수거원, 우체부, 청소부, 응급구조사, 화물차 기사, 편의점 직원, 경비원, 배관공, 소방관 등 대다수 국민의 일상생활에서 없어서는 안 되는 사람들을 제대로 대우해주지 못하는 것은 우리 사회의 크나큰 잘못이다. 이들은 모두 전염병이 창궐해도 일을 단 하루라도 하지 않으면 생계를 위협받는 직종에 종사한다. 사회는 그들이 없으면 안 되는 것을 알면서도 그들 급여가 올라가는 것에 매우 민감하다.

시장자본주의에 세뇌된 현대인은 시장을 섬기며 산다. 시장은 현대인에게 경제적 가치를 창출하지 못하는 사람은 가치가 없는 사람이라는 가치관을 주입한다. 모두가 경제에 홀려 있는 사회에서는 모든 가치가 돈으로 환산되어야 한다. 사회에서 가장 똑똑하다고 하는 사람들은 대부분 투자은행, 금융, 컨설팅 등 고소득 업종에 진출해 가장 가치 있는 사회 구성원 행세를 한다. 하지만 정신을 차리고 곰곰이 생각해보면 사람들이 대단하게 생각하는 그들의 가치란 그들이 창출하는 금전적 숫자일 뿐, 실제로 그들이 인간 사회에 기여하는 것이 무엇인지 도통 알 수 없는 경우가 허다하다. 이 시대의 성공을 평가하는 등식에는 자본만 있고 사람은 없다. '인적 자본'이라는 말도 근본적으로 비인간적이다. 거의 예외 없이 인간을 그 사람의 경제 가치와 생산력으로 평가하는 표현으로 쓰이기 때문이다. 현대인들은 경제적 가치와 인간적 가치를 혼동하는 것을 전혀 이상하게 느끼지 못할 정도로 망가져 있다.

자본이 중심에 있는 경제에는 사람들의 웰빙을 말해주는 지표가 없다. 시장이 사람을 위해 존재하는 것이 아니라 사람이 시장을 위해 존재한다. 미국 민주당 대선 후보 경선에 뛰어들었던 앤드루 양은 '사람 중심 자본주의Human Capitalism' 공약을 발표하면서 "자본주의가 사람 중심이어야 한다는 점을 명시할 필요가 있다는 것 자체가 우리 가치가 얼마나 뒤틀려 있는지를 말해주는 것"이라고 했다. 그리고 "사람은 그저 인간이라는 이유만으로 본질적인 가치를 지니고 있다는 것을 우리 아이들에게 가르칠 수 있어야 한다"고 말했다.

이 시대의 아이들은 사람 위에 자본을 모시고 있는 우리 사회의 현실 속에서 살고 있다. 그리고 많은 어른이 아이들에게 그것이 정상이라고 은연중에 가르친다. 그러면서 사람이 버는 돈의 액수가 그 사람의 가치를 말해준다는 가치관을 아이들에게 심어준다. 그런 망가진 가치관을 갖고 자란 아이들은 망가진 어른이 되어 다음 세대의 주역이 된다.

자본주의 사회에서 매겨지는 사람의 등급이란 품성이나 인격과 전혀 상관이 없다. 자본주의 사회는 돈이 있어야 대접받을 자격이 있고, 사람의 품성과 인격은 가치가 없다고 말한다. 갑질은 갑질 부리는 사람이나 당하는 사람이나 양측이 모두 이러한 뒤틀린 가치관에 동조하는 상황에서만 가능하다. 인격과 품성이 배제된 사회에서 부자들은 자신들이 대접받을 가치가 있는 사람이 되기 위해 돈을 써야 한다. 돈을 많이 쓰면 '중요한' 사람이 되어 VIP 전용 엘리베이터를 쓸 수 있고 누워서 비행기 여행을 할 수 있다.

사람의 가치가 돈에 의해 좌우된다면 결국 인간 사회의 가장 기본적인 질문을 제기해야 한다. 인권이란 과연 무엇인가? 인권은 신분을 막론하고 모든 인간이 누릴 수 있도록 보장되어야 하는 권리를 말한다고 하지만, 지금 돈이 없는 사람에게는 무엇이 보장되는가? 1948년 유엔에서 채택된 세계인권선언 제25조를 보면 "모든 사람은 먹을거리, 입을 옷, 주택, 의료, 사회 서비스를 포함해 가족의 행복에 적합한 생활 수준을 누릴 권리가 있다"고 되어 있다. 그런데 미국에서는 대체로 절반 정도의 국민에게는 이런 권리가 보장되지 않는다. 한국은 어떤가? 한국에서 "가족의 행복에 적합한 생활 수준을 누릴 권리"를 보장받는 사람은 얼마나 될까?

물론 "행복에 적합한 생활 수준"이 무엇인지 객관적으로 말하기는 힘들다. 하지만 그것이 기본 인권이라면 정부와 사회가 그것을 보장하기 위해 모든 노력을 해야 한다. OECD 회원국이라는 나라에서 집 없는 사람들이 노숙 생활을 하는 것은 그것을 근본적으로 해결하려는 정부의 의지가 없기 때문이다. 다시 말해, 정부가 노숙자들에게 주거지를 제공할 여력이 없어서가 아니라 그렇게 할 수 있는 여력을 엉뚱한 곳에 소비하기 때문이다. 어차피 사람의 가치를 돈으로 계산할 수밖에 없다면, 정부가 노숙자에게 들이는 돈을 늘리고 그만큼을 비인간적인 사업에서 빼거나 재벌과 대기업에 대한 세율을 올려 충당하면 된다. 배달 근로자가 생활고에 시달리지 않도록 기본소득을 보장해 주는 것도 마찬가지다. 엄청난 규모의 화이트칼라 범죄를 일삼는 재벌에게는 한없이 관대한 정부가 노숙자들과 근로자들에게는 왜 그렇게도 인색한 것일까? 그 답은 미친 사회의 전도된 가치 체계에서 찾아야 한다.

인문학이 이겨야 한다

하버드대 경영대학원 금융학 교수 미히르 데사이는 『금융의 모험』이라는 책에서 이런 주장을 했다. "금융계에 종사하는 우리는 인간성을 상실했기 때문에 손해를 보고, 인문학 종사자들은 사람들과 실제로 더는 대화하지 않기 때문에 손해를 본다." 언뜻 금융업자들이 인문학을 통해 상실했던 인간적 가치를 회복해야 한다는 말 같지만, 자세히 들여다보면 인문학 성향을 가진 사람들 역시 노력해야 한다는 양비론이고, 금융 본위의 리스크 경감과 수익성 극대화 차원에서 나온 발상임을 깨닫게 된다. 데사이의 주장은 결국 인간의 본성을 알아야 신뢰를 높일 수 있으므로 인문학을 외면해온 금융업자들이 다시금 인문학을 통해 인간 본성에 대한 이해를 얻어 거래비용을 줄이자는 얘기다. 단지 인문학을 하나의 도구로 활용하자는 얘기일 뿐, 인문학이 교육과 가치 체계의 중심 및 기틀을 이루어야 한다는 것은 아니다. 어쩌면 이건 금융업 종사자들의 한계를 말해주는지도 모른다. 어쨌든 데사이의 주장은 비인간성이 지배하는 월가에서도 영혼 없는 자본의 추구에 문제가 있음을 어렴풋하게나마 인식하는 사람들이 있긴 하다는 하나의 방증일 것이다.

그래도 현실은 그다지 고무적이지 않다. 이 시대의 교육 기관들은 효율적인 경제적 인간을 위한 기능들을 조립하는 공장처럼 작동한다. 경제학, 엔지니어링, 인공지능 같은 돈벌이를 위한 '실용적 기술' 위주의 협소한 지식이 각광을 받는 한편, 인간 사회의 본질적 문제를 고민하는 학문은 갈수록 희귀해진다. 책임감, 연대감, 공익, 감성, 지성, 희생과 헌신, 전통과 역사 따위는 차마 엄청난 등록금을 내가면서 배울 수는 없는 하찮은 학문으로 여겨진다. 이건 탐욕과 불의와 부정에 기반을 두는 권력, 보상 체계, 가치 서열에 의해 반세기 동안 '발전'한 변태적 자본주의가 조장한 교육에 대한 인식이다. 아인슈타인은 앞에서 언급한 '왜 사회주의인가'라는 글에서 사람들이 시민으로서의 올바른 기능을 하지 못하게 만드는 것이 자본주의의 가장 큰 폐해이며, 이것이 교육 체계 전체의 문제라고 했다. "과장된 경쟁심이 학생들에게 주입되고, 이들은 미래의 직업을 준비하면서 소유욕 중심의 성공을 숭배하도록 훈련을 받는다."

전통적으로 서양의 대학은 인류의 지식 기반을 넓히기 위해 존재해왔으며, 오랫동안 인간을 포함한 모든 것에 금전적 가치를 매기는 경제지상주의economism를 배격하고 인문주의를 중시해왔다. 아직도 서양, 특히 유럽의 많은 대학은 계몽주의의 아성이며, 예부터 경제지상주의가 주창하는 '실용적 가치'에 상관없이 견고한 지식을 기반으로 이성적인 판단을 이끌어내 현명한 시민을 만드는 인문학 교육이 강조되고 있다.

낙관적으로 말하면 오늘날 경제지상주의와 경제적 가치보다 더 중요한 가치를 추구하는 휴머니즘 사이의 갈등이 교육 현장에서 진행 중이라고 할 수도 있다. 그러나 사실 지금은 미국은 물론 유럽에서도 금전적 가치가 단연 우선시되는 상황임을 부정하기 힘들다. 경제지상주의 제창자들에게 충분한 수익 창출로 이어지지 않는 전통적 인문학은 별 가치가 없다. 요즘 대학에서는 엔지니어링, 응용과학, 법률, 비즈니스 등 기부금이 쉽게 몰리는 분야의 프로그램은 늘리고, 졸업생이 장래에 큰돈을 벌 확률이 낮은 인문학 분야의 프로그램은 축소되는 경향이 뚜렷하다. 결과는 역사학, 철학, 사회학, 문학 따위의 전공의 주변화다.

요즘 돈으로 순자산이 1억 달러(약 1,100억 원) 이상이었던 시어도어 루스벨트 대통령은 부자들에 대해 이렇게 말했다. "부자들과 대화하는 것은 지루한 일이다. 재산이 엄청나고 거대 산업을 이끄는 사람이면 귀를 기울여 들을 가치가 있는 얘기를 할 것이라고 기대하게 된다. 하지만 그런 사람은 대체로 자기 사업 이외에는 도통 아는 것이 없다."[14] 루스벨트는 엄청난 부자였지만 동식물 연구와 야생물 보호론 분야에서 권위자였으며, 전쟁사에서 아프리카 수렵에 이르기까지 광범위한 분야에 걸쳐 평생 동안 30여 권의 책을 펴낸 저술가였다. 그는 미국 진보 시대Progressive Era의 대표적 인물로 대통령 순위에서 4위를 점하고 있다. 이런 위인이 당대 부자들에 대해 이렇게 말했다는 사실은 요즘 시대 부자들을 생각해보게 만

14 Timothy Egan, Bill Gates Is the Most Interesting Man in the World, 『The New York Times』, 2020. 5. 22.
(www.nytimes.com/2020/05/22/opinion/bill-gates-coronavirus.html)

든다. 한국의 큰 부자가 자연의 섭리 따위에 대해 연설하는 것을 본 적이 있던가? 어느 대기업 회장이 경영 실적을 떠나 인간적 가치에 대해 어떤 명징성을 깨닫게 하는 수려한 글을 남겼다는 얘기를 들어본 적이 있던가? 누구든 그들에게서 감탄할 만큼의 지성과 감성을 목격한 사람이 있던가? 만일 우리가 인문학이 대세인 사회에 살고 있다면 이런 질문에 말문이 막힐 일은 없을 터다.

그래서 인문학이 이겨야 한다. 미국의 철학가 앨런 블룸은 1987년의 저서 『미국 정신의 종말The Closing of the American Mind』에 이렇게 썼다. "인문학이란 파리의 옛 벼룩시장에서처럼, 쌓여 있는 잡동사니 틈 속에서 보는 눈이 있는 사람들이 버려진 보물을 찾게 되는 곳과 같으며 … 적대적인 정권에 의해 직장과 조국에서 몰려난 수많은 인재가 썩고 있는 난민 수용소와도 같다." 그리고 여기에 최근 김훈 작가가 어느 칼럼에서 쓴 말을 덧붙여본다. "인문주의자란 인간의 풍경을 되돌아보는 사람이다. 지금 우리의 풍경은 어떠한가. 인문주의자가 힘이 있었다면 세상이 많이 달랐을 것이다."

천박한 친미, 그리고 '미국 이후'의 한국

영어로 '친영親英'과 '친불親佛'에 각각 해당하는 말은 'anglophile'과 'francophile'이다. '친영'이나 '친불'인 사람은 영국이나 프랑스의 역사, 문화, 언어에 친밀감을 지니고 그것을 두루 섭렵하는 경향이 있다.[15] 즉, '친영' 또는 '친불'이라는 것은 대상 국가에 대한 이해와 관심이 그만큼 깊이가 있다는 뜻이다. '좋아하는 사람'을 뜻하는 접미사 'phile'은 오디오 애호가를 뜻하는 'audiophile'에서처럼 그 대상에 조예가 깊다고 할 수 있을 정도의 내공을 쌓았음을 의미하는 것이다.

한국의 '친미親美'는 어떤가. 개인적으로 나는 친미라고 하는 한국인 중에 역사, 문화, 언어를 모두 섭렵하고 미국이라는 나라에 대해 입체적으로 이해하고 있는 사람을 만나본 기억이 없다(솔직히 말하면 반미라고 하는 사람들도 마찬가지다). 한국인의 '친미'는 세련되지 못하다는 의미에서 촌스러울뿐더러 성의도 없어 보인다. 단지 사전에 등재되어 있는 뜻대로 '미국 편pro-American'일 뿐이다. 이제까지 대한민국을 이끌어온 '친미'는 싸구려 친미, 천박한 친미가 아니었는가.

보편적으로 한국의 친미란 보따리장수 같은 친미다. 그들은 '미제라면 똥도 좋다'며 미국 물건만 부지런히 실어 왔다. 그 결과 한국의 어느 촌구석에 가도 미국이 있지만 진정한 미국의 모습은 그 어디서도 만나볼 수 없다. 친미 보따리장수들은 미국 역사의 변곡점들이 어디에 있는지, 건국 사상이 무엇인지, 미국 사상가나 공공지식인들의 세계관 등이 어떤 것들인지 알 필요조차 느끼지 못하고 소비주의와 할리우드의 반짝이 문화 정도만 본따왔다. '미국 물'

15 아메리칸 헤리티지 사전

을 가장 많이 먹은 동네인 강남과 분당의 문화가 그렇게도 척박한 이유는 그 동네 사람들이 대체로 첨단 자본주의와 소비문화 이외에는 미국에서 배워간 것이 없기 때문이다.

물론 한국만 그런 것은 아니다. 인도 작가 아룬다티 로이가 2014년 『자본주의』에 쓴 것처럼 "미국 경제 정책을 우상시하는" 인도 정부가 지난 20년간 미국식 자유시장 정책을 시행한 결과, 인도에서는 최고 부자 100명이 GDP의 25퍼센트에 달하는 자산을 거머쥐고 있는 상황이다. 이건 인도 외에도 미국식 자본주의에 매료된 여러 국가에서 볼 수 있는 전 세계적인 현상이다.

정작 미국 내에는 물질주의와 거리가 먼 삶을 사는 사람이 많다. 뉴욕이나 샌프란시스코 같은 대도시를 벗어나면 소박한 삶을 영위하는 사람들 천지다. 이제 겨우 250년 된 나라지만, 그 역사를 성실히 기록하고 도시, 마을마다 유적지를 보존하고 그 고장 특유의 소박한 풍습과 전통을 이어가려는 공동체의 노력이 없는 곳이 드물 정도다. 내가 거의 반세기 동안 살면서 경험하고 관찰한 미국은, 유유자적이 어느 정도 가능하고, 가는 곳마다 양심 있는 부자들이 다소 있고, 상부층의 깨어 있는 사람들이 양심의 목소리를 내는 모습을 많이 볼 수 있는 곳이다.

한국의 가장 큰 문제는 그런 미국에 대한 진정한 이해가 없는 얄팍한 '지미知美'에 기반을 두고 어설프게 미국을 모방하는 것이다. 전쟁으로 시작된 미국과의 관계는 첫 단추부터가 잘못 꿰어짐으로써 왜곡되고 뒤틀린 미국의 모습이 한국인의 의식을 강점했다. 미국을 그렇게도 열정적으로 추종하지만 정작 미국을 제대로 아는 사람은 거의 없다. 미국을 한국에 열심히 전파해온 사람들은 대부분 관광, 단기 유학으로 '미국 물'을 좀 먹었을 뿐 미국에 대한 진정한 이해는 습득하지 못하고 돌아간 사람들이다. 실제로 미국 유학파의 가장 웃지 못할 비극은 그들 중 미국을 제대로 알기 위해 온 사람은 거의 없다는 것이다. 그들에게는 미국에서 취득하는 학위만이 중요하기 때문이다.

공교롭게도 지난 40여 년간 한국의 본격적인 미국화는 같은 기간 동안 미국의 몰락기와 거의 정확히 일치한다. 한국은 20세기 중반 미국 전성기의 힘찬 개혁의 기운과 평등주의 정신을 받아들이기보다 1980년대 이후 각자도생 사회와 금전만능주의와 소비지상주의의 미국을 고스란히 답습했다. 간단히 말해, 그동안 한국인들이 있는 힘을 다해 닮아온 미국은 타락의 길을 가는 나라였던 것이다.

한국은 언제까지 미국의 그늘에 있을 것인가. 한국에서 정치적으로 대단히 민감한 사안인 '탈미脫美'는 사실 벌써 전 세계적으로 본격화되고 있는 현상이다. 미국이 주도하는 세계 질서는 이제 끝이 났고 미국 이후post-American 세계 역사가 이미 진행 중이다. 2020년 6월 유럽외교협회ECFR에서 발표한 조사 결과에 따르면 유럽에서 아직도 미국을 주요 우방국으로 여기는 유럽 시민은 평균적으로 10퍼센트 미만으로 추락해 있다. 세계 경제의 중심이 아시아와 독일 등으로 옮겨가고 있다는 것은 2008년 파리드 자카리아의 『흔들리는 세계의 축The Post-American World』이 나올 무렵부터 논의되어 왔다. 외교통인 조 바이든이 유럽 등과의 관계를 신속하게 회복할 것처럼 얘기되고 있지만, 미국은 그가 취임한 후 내부적으로 심각한 정쟁이 일어날 것으로 예상되는바, '팍스 아메리카나'는 이미 막을 내렸다고 보는 게 옳을 것이다.

한국도 이제 '미국 없는 한국'을 새롭게 발견해야 할 시점에 도달해 있다. 어차피 계몽주의의 미국, 이상의 미국, 합리적인 미국, 여유 있는 상류의 미국을 닮는 것은 애초부터 지배계층의 안중에 없었고 물 건너간 지 오래다. 한국인의 국민성은 미국의 물질주의 문화를 병적으로 답습하면서 타락했으며, 잠재력이 풍부한 민족성은 싸구려 미국 아류화에 짓눌려왔다. 피상적인 미국 모방과 물질주의의 답습은 현대 한국 문화를 천박하게 만들었다. 어쩌면 이규태가 말한 선비의 '존두尊頭 성향'이 미국식 능력주의와 자본주의를 잘못 배우면서 엘리트주의와 금전만능주의로 변질된 것 아닐까.

미국이 없는 한반도의 미래는 여전히 상상도 할 수 없는 것일지 모른다. 하지만 지정학적 현실 정치는 시간을 두고 풀어 나가더라도, 정신과 사상과 마음의 준비는 해야 한다. 이젠 냉철해질 때도 되었거니와, 대한민국은 여러 면에서 그만큼 성숙해져 있다. 미국의 최악의 모습을 간파하는 데 있어 지난 4년만큼 좋은 계기는 없을 것이다. 지난 4년을 통해 우리는 오늘날의 미국이 어디까지 추락해 있는가를 확인했다. 한국이 이제껏 추종해온 미국은 위대한 미국이 아니었다. 이제 '미국 이후의 한국'의 시대를 열어가야 할 때가 왔다.

4.
국격이 운명이다

인격이 운명이다.

- 헤라클리투스

국격은 법으로 만들 수 있는 것이 아니다.
국격이란 국민 개개인의 도덕성을 모두 합친 것이다.

- 허버트 후버

'소시오패스 세대'와 가정교육

미국의 세칭 '가장 위대한 세대The Greatest Generation'는 미국의 대공황 시대와 제2차 세계대전을 겪은 세대다. 이 세대는 환란의 1930, 1940년대를 극복, 단합하고, 견고한 재분배 제도로 미국을 강력한 중산층을 가진 강대국으로 만들었다. 이 세대가 낳은 베이비부머(요즘은 그냥 '부머'라고 부른다) 세대는 1960년대 반反문화 물결의 주역이었고 미국의 인종차별과 여성차별에 있어 사회 변혁을 이끌었지만, 1940, 1950년대 유례없는 경제 팽창의 가장 큰 수혜자로서 족히 20~30년 동안은 지속된 국가 번영 속에서 자라난 세대

이기도 하다. 이 세대는 1970년대부터 본격적으로 정치 경제 주류를 이루기 시작했고, 1980년대 금융화 시대를 주도했다. 1960년대 반문화와 민권운동을 주도했던 세대가 20년 후에는 살벌한 금융화와 경제 불평등의 주역이 된 것이다. 미국의 작가 톰 울프는 이런 부머 세대를 이기주의로 똘똘 뭉친 "미 제너레이션Me Generation"이라 칭한 바 있다.

2017년 『소시오패스 세대A Generation of Sociopaths』에서 저자 브루스 기브니는 이 세대가 미국의 사회 계약을 파괴하고 극도의 이기주의가 지배하는 제도와 정치 풍토를 만든 끝에 미국의 경쟁력과 인프라를 거덜 냈다고 주장한다. 벤처 캐피탈리스트인 기브니는 지난 30~40년 이 세대가 투표력, 정치력, 경제력에 있어서 가장 큰 집단을 형성하게 되면서 이들이 정부 정책에 갈수록 악의적인 영향력을 행사해왔다고 설명한다. 주류인 부머들의 지난 30여 년간의 선택이 지금 정부가 통제력을 상실해가고 있는 미국의 총체적 난국의 근원이라는 것이다.

기브니가 주장하는 것은, 모두가 그렇다는 얘기는 물론 아니지만 집합적으로는 이 세대가 보여준 모습이 전형적인 소시오패스의 그것과 다르지 않다는 것이다. 즉, 공익보다는 자신의 이익이 우선이고, 타인의 사정에 무관심하며, 양심의 가책을 느끼지 않는다는 것이다. 그들의 병적인 탐욕과 즉각적인 만족 추구 성향은 차세대와 지구의 미래를 단기적 이익과 맞바꾸는 소시오패스 양상을 지닌 정책을 불렀다. 그 결과는 놀랍게도 약화된 국력과 불공정해진 사회다. 미국만의 얘기 같지만, 지금 한국의 586 세대, 즉 민주화운동을 경험하고 이제는 사회의 주류가 되어 있는 그들도 비슷하다. 586 세대가 주류가 된 후 그들의 정치적, 경제적 선택은 미국 부머 세대의 그것과 크게 다르지 않다.

더 중요한 것은 그들이 서민 경제를 거덜 내고 망가진 환경을 다음 세대에 물려주는 데 그치지 않고 차세대의 가치관과 세계관 자체를 오염시켰다는 것이다. 부머 세대 아래서 자라난 자녀들은 단기적 사고방식 속에 갇혀 있을 뿐 아니라, 1980년대 이후부터는 지속되는 번영이란 이제 더 없을 것이라는 체념 속에 살고 있다. 오늘날의 젊은이들은 부모 세대로부터 경제, 정치, 교육, 자원과 환경 그 어느 면에서도 밝은 미래의 가능성을 제시해주는 것들을 물려받지 못했다. 미국의 체제를 그대로 답습했을 뿐 아니라 일류병과 획일주의가 지배하는 한국에서는 사회를 압도하는 황금만능주의, 능력주의, 실적주의가 더더욱 병적인 것으로 보인다.

궁극적으로는 가정교육이 문제다. 걸음마와 배변 훈련 이외에 요즘 가정에서 무엇을 가르치는가. 정상적인 인간의 성장에 필요한 가장 중요한 가치들, 즉 청렴성, 정의, 공익, 선악의 분별, 시민 정신, 희생, 공감, 배려 등을 가정에서 가르쳐야 하지만, 이 시대의 절대다수 부모가 집에서 가르치는 것이란 점수 따기와 자기 것 챙기기의 수준을 벗어나지 못한다. 이 시대의 부모들은 지금 세대의 가치관, 게임 중독, 약물 남용, 금전만능주의, 갑질, 학원 폭력 등의 문제가 과연 누구의 잘못인지 따져봐야 한다.

관념적인 차원에서 그들은 사회적 연대나 동료 시민에 대한 신뢰감과 헌신감 같은 가치들을 모두 내던졌다. 그런 기풍은 사라진지 오래고 이제 남은 것은 광적인 개인주의다. 구체적인 차원에서는 지금 기성세대의 집합적인 선택으로 실행되고 있는, 인프라에 대한 투자는 줄고 부채는 늘어나는 조건들을 조성하는 정책이 미래에 실존적 위협으로 다가올 난제들에 효과적으로 대처할 수 있는 사회와 국가의 능력을 비참한 수준으로 약화시키고 있다.

그러니 우리 세대의 부모들은 욕을 먹어 마땅하다. 연말 모임에서 하는 이야기들은 취업, 연봉, 과외, SAT, 스펙, 재테크 등 이재와 요령의 범주를 벗어나지 못한다. 어쩌다가 이런 일차원적 주제들을 벗어난다 싶을 때는 연예인 얘기를 한다. 부모들은 요즘 시대의 가장 중요한 문제들에 대해 습관적으로 무심하다. 제임스 볼드윈은 당대 미국 사회의 가장 중요한 문제였던 인종 분리의 패륜을 외면하는 백인들을 "도덕적 괴물"이라 표현하며 그들을 향해 이렇게 말했다. "당신들은 벽의 저편에 뭐가 있는지를 모르고, 알기를 원하지도 않는다." 이건 물론 인종우월주의를 내면화한 백인들의 사악함을 말하는 것이었지만, 능력주의 사회의 무자비함, 승자와 패자를 구별하는 오늘날의 주류 사회 구성원들의 의식구조는 같은 원리로 작동한다. 그들은 자신들이 온갖 힘을 동원해서 악착같이 기득권을 영속화하려는 사이, 제도적 해악 저편에 있는 사람들이 어떤 피해를 보고 있는지 알고 싶어 하지 않는다. 그들은 제도의 피해자들이 왜 반발하는지 애써 외면한다. 그리고 당연히 그 현실을 자식들에게 가르치지 않는다.

그러면서 사람들은 마치 모든 문제가 정치 때문인 것처럼 습관적으로 정치인들을 욕한다. 그런데 무능하고 부패한 정치인들은 어디서 나오는가? 지금의 정치인들 역시 소시오패스 같은 가정교육과 사회 기풍의 산물이며, 그들은 그들과 같은 하늘 아래서 교육을 받고 자라난 시민들이 뽑는다. 쓰레기를 넣으면 쓰레기가 나오는 법이다.

'우리 몫을 한다'는 것

1970년대 초반 한국에서 '국민학교'를 다닐 때 "민족 중흥의 역사적 사명을 띠고 이 땅에 태어났다"는 국민교육헌장을 달달 외우던 기억이 있다. 어린 나이에 부담스러운 주문이었다. 미국에서는 이보다 훨씬 소박하게 "나보다 큰 것bigger than myself"이라는 개념이 통용된다. 마틴 루터 킹은 "하나님, 나라는 사람, 내가 되고자 하는 사람, 그리고 내가 할 수 있는 일을 나보다 더 큰 목적에 써주소서"라는 기도를 했고, 1905년에 설립된 사회 공헌 클럽인 로터리 인터내셔널의 공식 모토는 "초아超我의 봉사Service above self"다. 많은 미국인은 자기 본분을 다한다는 것을 자기보다 큰 대의大義에 헌신하는 것이라고 생각한다.

프랭클린 루스벨트 대통령이 만든 국가경제회복기구National Recovery Administration의 슬로건은 "우리 몫을 합니다We do our part"였다. 이 슬로건은 미국이 대공황을 딛고 일어나 제2차 세계대전을 거칠 때까지 범국민 정서를 대변하는 말이었으며, 미국의 '가장 위대한 세대'의 좌우명이었다고 할 수 있다. 루스벨트의 임기 동안,

그리고 제2차 세계대전 후에도 이런 정서가 지배하는 가운데 유능하고 사명감 있는 인재들이 대대적으로 공무원직과 공직에 진출했다. 이 기간 동안 미국 정부는 국민을 위해 책임을 다하겠다는 젊은 공무원들이 자부심을 갖고 일할 수 있는 환경을 제공했다. 연방정부는 주간州間 고속도로 공사부터 노년층 공공보험인 메디케어에 이르기까지 전대미문의 국가 프로젝트들을 신속하게 속속 수행했고, 대다수 국민은 정부를 그 어느 때보다 신뢰했다. 소수의 우수한 인재들이 대다수 국민을 위해 헌신할 수 있다는 보편적인 믿음이 있었던 시대다. 평범한 시민들이 '자기 몫을 하는' 분위기가 지배했던 것이다.

능력 있고 강한 지도자가 무엇보다 중요하지만, 한 나라의 진정한 힘은 국민의 보편적 시민의식에서 나온다. 존 F. 케네디는 "당신이 국가를 위해 무엇을 해야 할지를 물어라"는 말을 비롯해 여러 연설에서 국민을 향해 이와 같은 취지의 주문을 했다. 앞에서도 언급한 밴더빌트대 연설에서는 명문대를 졸업하고 세상에 나갈 학생들에게 이렇게 종용했다.

> 책임이란 모든 사람의 어깨에 같은 무게로 지워지는 것이 아닙니다. 기회의 평등은 책임의 평등을 의미하지 않습니다. 어떤 사람들은 공적 또는 사적 지위, 가정이나 공동체에서의 역할, 장래의 가능성 또는 과거의 유산 등에 의해 다른 사람보다 더 많은 책임감을 지녀야 합니다. 능력이 더 많으면 책임도 더 많아집니다. 많은 혜택을 받은 사람에게는 많은 것이 요구되기 때문입니다.

이처럼 한때 점잖고도 카리스마 넘치는 지도자들이 국민에게 영감을 주었고 '자기 몫을 다해야 한다'는 국민 정서가 지배했던 미국이 지금은 맨 꼭대기부터 자기 몫을 챙기기 바쁜 사람들이 판치는 나라가 되었다. 자본의 유혹은 지난 반세기 동안 수많은 정부 요직자를 월가와 로비 집단으로 끌어당겼고, 이로써 정부의 공공정책 추진력이 점차 약해지면서 나라는 사익의 추구가 지배하는 각자도생의 사회로 변해갔다.

한 개인이 자기 몫을 한다는 것은 사회 구성원으로서 자기의 역할을 인지하고 그 의무를 다한다는 것이다. 사소해 보이는 법과 규칙도 지키고, 자녀도 그렇게 하도록 가르쳐야 한다. 또 불의에 저항하고, 나쁜 지도자의 기만과 횡포에 가만히 있지 말아야 한다. 그리고 자신이 속한 지역 사회에 참여하고, 국가의 가장 높은 이상을 받들어 헌신할 수 있는 후보들에 대해 사사로운 감정을 배제하고 투표권을 행사해야 한다.

자기 몫을 한다는 것은 사회 구성원들이 공유하는 고난을 통해 양심에 기반을 두는 진정한 시민의식에 도달하는 것을 전제로 한다. 진정한 시민의식이란 '우리'가 함께 해야 할 일들이 있다는 공동체 의식에서 출발해야 한다. 그러기 위해서는 무엇보다 국가와 사회의 동료 시민에 대한 애정이 있어야 한다. 무정함과 이기심과 증오에 가득 차 있는 사람이 자기 몫을 다하리라 기대하기 힘들다. 그렇기에 부모라면 자녀들이 당파적 혐오감에 쉽게 감염되지 않도록 공감 능력을 가르치는 것도 건강한 시민으로서 해야 할 몫이다.

무엇보다 자기 몫을 한다는 것은, 후대와 미래를 위해 내 주변의 자그마한 일부터 실천하는 것이다. '사회는 노인들이 자신이 죽고 나서 한참 뒤 그늘을 드리울 나무를 심을 때 위대해진다'는 그리스 속담이 있다. 자신보다 더 큰 것, 그리고 보이지 않는 미래를 위해 자기 몫을 하는 사람들이 많은 사회는 건강한 사회가 될 수 있다.

우리가 원하는 지도자

물론 시민들이 자신의 몫을 다하며 사는 것만으로는 좋은 국가가 유지될 수 없다. 좋은 지도자가 필요하다. 보편적으로 우리가 원하는 좋은 지도자란 어떤 사람일까. 우선 공직을 신성하게 여기는 능력 있고도 청렴한 지도자, 국가와 국민이라는 대의大義에 헌신하는 시민의식을 가진 지도자, 노선이나 정책에 반대하는 이들이 있더라도 다수에게 신뢰받는 지도자, 후대에 지도자가 될 사람들에게 영감을 주는 지도자, 이런 이상형이 떠오른다. 버락 오바마가 케네디 형제에 대해 말한 것처럼, "우리가 시민으로서 우리나라의 운명에 기여하는 역할을 할 수 있다는 책임감의 표본이 되어주는" 지도자라면 좋을 것이다.

후대에서 이어받을 수 있는 어떤 정신적 유산을 남겨주는 지도자는 흔하지 않다. 그런 지도자가 100년에 한두 명씩만 나와도 행운이겠지만, 최소한 이상형을 정립하는 것은 중요한 작업이다. 미국의 경우 워싱턴, 제퍼슨, 링컨, 시어도어 루스벨트와 프랭클린 루스벨트, 아이젠하워, 케네디 등 다소 미화한 부분이 있다 하더라도 미국이라는 국가의 이상을 구현한 것으로 여겨지는 지도자들이 역사에 뚜렷하게 남아 있다.

그런데 최근 들어 많이 생각하게 되는 미국의 지도자는 제39대 대통령 지미 카터다. 그는 내가 미국에 온 1974년 이래 봐온 대통령 중 단연 가장 모범적인 인간형의 본보기가 되는 대통령이다. 그가 '무능'했다고 주장하는 이들이 더러 있지만 부패하거나 부정직했다고 말하는 사람은 없다. 요새 그를 재조명하는 글이 눈에 많이 띈다. 그가 최근 만 95세가 되어 최장수 전 대통령이라는 '기록'을 세운 것도 이유가 되겠으나, 미국을 포함한 세계 여러 국가에서 부패하고 패륜적인 지도자들이 판을 치는 지금 같은 시대에 살아 있는 모범적 지도자들을 갈망하는 많은 사람의 향수를 반영한 측면도 분명 있을 것이다.

카터의 영성과 겸손, 청빈, 선행의 삶은 누가 봐도 모범적이다. 카터는 현재 결혼한 지 72년 된 부인 로잘린과 16만 7,000달러(약 1억 8,000만 원)짜리 집에 살고 있다. 집값이 전직 대통령 1년 치 연금인 21만 달러(약 2억 3,200만 원)보다 낮다. 조지아주 플레인스에 있는 이 집은 숙련된 목수인 카터 자신이 1961년 손수 지은 고향 집이다. 플레인스는 부자 동네가 아니라, 인구가 700명 남짓인 마을로 주민의 빈곤율이 40퍼센트에 달하는 곳이다. 그 동네에서 카터는 최근까지 일요일마다 주일학교 교사로 봉사했다. 『워싱턴포스트』 인터뷰에서 카터는 자신이 대통령 퇴임 후 대기업 이사직을 맡거나 거액의 사례비를 받고 연설을 하며 돌아다니지 않는 것은 "대통령이었다는 것을 이용해 금전적 이익을 취하고 싶지 않았기 때문"이라고 말했다(이와는 대조적으로, 빌 클린턴과 버락 오바마 내외 모두 퇴임 후 연설과 출판 계약으로 수천만 달러의 수입을 챙겼다). 『워싱턴포스트』에 따르면 카터는 현재 살아 있는 다른 어느 전 대통령에 비해서도 연금을 포함한 예우 비용을 가장 적게 사용한다. 조지 W. 부시, 클린턴, 오바마 등은 모두 연간 100만 달러(약 11억 원) 이상 소비하는 데 비해 카터에게 지난 회계년도에 들어간 비용은 45만 6,000달러(약 5억 원)였다.

많은 미국인 사이에서 카터는 '가장 훌륭한 전 대통령'이라고 불린다. 대통령 임기는 비록 단임으로 끝났지만 퇴임 후 그의 봉사 활동과 사회운동 업적이 매우 혁혁하기 때문이다. 그는 퇴임 후 에모리대와의 제휴로 설립된 카터 센터를 통해 전 세계에서 인권운동, 평화 유지, 보건 프로그램 및 공정 선거 등을 지원하는 활동을 왕성하게 벌여왔다. 또 비영리 국제단체인 해비타트Habitat for Humanity 활동에 참여해 지난 32년 동안 14개국에서 4,300개 주택 건축 및 개조에 직접 참여했다.

2018년 시에나칼리지 연구소의 역대 대통령 순위 조사에서 카터는 44명 중 26위였다. 그는 운이 나쁜 대통령이었다. 임기 4년째인 1979년 석유 파동에 이란 인질 사건까지, 단기에 극복하기 불가능한 대형 악재가 터졌다. 시에나칼리지 연구소 조사의 세부 항목 중 '운運'이라는 항목에서 카터는 38위로 평가됐다(카터의 후임자 레이건은 전체 순위가 13위였고 링컨과 제퍼슨 다음으로 운이 세 번째로 좋았던 대통령으로 평가됐다). 카터가 운이 좋았다면 역대 대통령 평가에서 상위에 올랐을지도 모른다.

카터는 국민에게 항상 진실을 말하는 대통령이었다. 1979년 7월 15일 백악관에서 한 '자신감의 위기'라는 제목의 연설은 국민의 마음을 움직인 연설로 평가된다. 이 연설에서 카터는 스태그플레이션과 에너지 위기에 직면해 있는 국민에게 진실을 말하면서 스스로를 돌아보도록 권유했다. 그는 에너지 위기를 극복하기 위한 여섯 가지 요점을 이야기했는데, 더 중요한 부분은 국민을 향한 쓴소리로 미국인의 마음과 영성의 문제를 진단하고, 그들의 겸허한 자세와 희생을 종용했다는 것이다.

> 우리 가운데 너무 많은 사람이 방종과 소비를 숭배하는 경향이 있습니다. 인간의 정체성은 이제 무엇을 하느냐보다 무엇을 소유하느냐로 규정됩니다. 그러나 우리는 물건을 소유하고 소비하는 것이 삶의 의미에 대한 갈망을 채워주지 못함을 깨달았습니다. 우리는 물질적 재화를 쌓아 올리는 것으로 자신감도 목적도 없는 텅 빈 삶을 채울 수 없음을 깨달았습니다.

이 연설로 카터는 링컨, 프랭클린 루스벨트, 아이젠하워, 케네디와 함께 국민에게 더 나은 시민이 되고 올바른 선택을 하도록 감화하는, 두고두고 기억될 연설을 남겼다. 한 나라의 지도자가 국민을 향해 남기는 고언은 때때로 먼 훗날까지 국가의 집단 기억 속에 남아 민도를 함양시킨다. 생각해보건대, 미국 국민이 그때 카터가 한 말들을 진정하게 새겨듣고 대다수가 올바른 선택을 했더라면 지금 미국의 모습이 이처럼 살벌해지지 않았을지도 모른다.

국격의 재발견

'수신제가치국평천하'라 했다. 그런데 한국 사회는 오랫동안 무한 경쟁의 압박 속에 살아온 탓인지 유교 사상의 주축인 인본주의의 우선순위를 저버린 듯 내실 다지는 것에 소홀한 모습을 보인다. 성취욕이 유난히 강한 한국인은 글로벌 시대, 국제화, 세계화 이런 말들을 무척 좋아한다. 내 기억으로는 김영삼 대통령 때부터 '세계화'를 외쳤던 것 같다. 개개인에서 기업과 정치인들까지, 내가 봐온 한국 사회는 집합적으로 '수신제가치국'을 건너뛰고 곧바로 '평천하'로 가려 하면서 조바심에 사로잡힌 느낌이 항상 강했다.

수신제가치국의 기초가 무너지면 평천하는 이룩할 수도 지탱할 수도 없다. 로마 제국이 그렇게 무너졌고, 지금 미국도 그 길을 가고 있는 모습이다. 미국은 20세기 초반에 벼랑 끝까지 갔다가 서민을 위한 뉴딜 정책으로 수신제가치국에 성공하더니 위기를 딛고 일어나 강대국이 되었다. 하지만 20세기 말 무렵 신자유주의 노선을 택한 후 불과 40년 남짓 사이에 국가의 우선순위가 완전히 망가졌고, 이젠 본격적인 사양길에 접어든 것으로 보인다. 점잖은 보수라고 할 수 있는 조 바이든은 분별력과 격조의 기본은 갖춘 지도자이므로 최소한 외형상으로는 오바마와 비슷한 스타일로 통치할 것이라 예상할 수 있다. 하지만 지난 반세기 동안 극심하게 벌어진 빈부 격차, 미친 테크놀로지의 창궐로 갈수록 악화되는 국론 분열, 실패한 신자유주의 교육 제도가 키운 반지성의 물결로 곧 통제할 수 없는 총체적 난국으로 치닫게 될 것이라는 예감이 떠나질 않는다.

앞에서 말했듯이 한국은 1980년대 이후부터 미국을 너무도 충실하게 답습해왔다. 이제 국력은 많이 신장했으나 많은 사람이 '국격'에 대해 근본적으로 오해하는 부분이 있는 듯하다. 외부 평가에 민감한 국민성 탓인지 국격을 국제적 위상이나 '국가 브랜드'와 동일시하는 사람들이 너무 많다는 생각이다. OECD에 가입한 국가로 GDP 순위와 케이팝의 상품 가치 등은 이제 세계 상위권이고 'K-방역'까지 한국인의 자부심을 드높여주고 있지만, 왠지 그 저변에 여전히 '따라잡기'의 강박관념이 존재하는 것처럼 느껴진다. 많은 것을 성취했지만 아직도 승자의 여유나 품격이 잘 느껴지지 않는 것은 왜일까.

이건 어쩌면 반세기 동안 치열한 모방과 따라잡기에 매진해온 피나는 노력의 부작용이다. 고유문화에 대한 자부심보다는 '잘 살아보세'를 새기고 사는 한국인은 '논스톱 모드'에 갇혀 산다. 물론 한국만의 이야기는 아니다. 글로벌 자본주의는 각 나라마다 지닌 고유문화의 멋을 손상시키고 있다. 국경 없는 몰가치한 자본이 지배하는 세상에서 후발 주자가 국가와 민족의 역사, 전통을 되돌아보고 지키기는 쉽지 않은 일이다. 정신없이 '글로벌 시장'을 향해 달리면서 역사는 잊혀가고, 전통의 고리는 약해지고, 자라나는 세대들에게 정체성과 뿌리를 가르치는 것은 갈수록 힘들어진다. 그래도 어떻게든 자기 나라 고유문화와 정체성을 지키지 않는 국민은 타 국민의 존경을 받을 자격이 없다. 국격이란 외부의 평가와 관계없이 나 스스로 느끼는 국가에 대한 자부심이며, 국가를 위해 무엇이든 하고픈 마음을 국민에게 심어주는 애국의 동인動因이다.

국가란 무엇을 위해 존재하는가? 왜 한 나라의 구성원으로 사는가? 군 복무는 왜 하며 세금은 왜 내는가? 국가가 이런 질문에 제대로 답할 수 있으려면 국가 브랜드에 신경 쓰기보다는 국격의 내실을 다져야 한다. 영혼 없는 비즈니스 실적 차원의 국격이 아니라, 마음의 중심을 잡아주는 국가의 진정한 품위를 따져야 한다. 국민적 자부심은 외부의 평가가 아니라 내면 깊숙이에서 나와야 한다.

한국에는 비타산, 저항, 경천, 제욕, 검약, 청빈 등 국격의 토대를 제공하는 훌륭한 선비 사상이 있다. 굳이 선비 사상을 그대로 답습해야 한다는 얘기가 아니라, 최소한 국격의 인프라에는 그처럼 우리가 내면화해 뽐낼 수 있는 국가 고유의 어떤 멋과 이상이 자리하고 있어야 한다는 얘기다. 가장 중요한 것은 그런 멋과 이상이 자아내는 안정된 사회 분위기와 국민을 하나로 묶어주는 보편적 영성과 가치관이다. 국가는 국민들 사이에 그런 영성과 가치관이 우러날 수 있는 환경을 조성하고 지켜주어야 한다.

스칸디나비아 제국의 모습을 보면 국가가 국민을 지킨다는 것이 무엇인지 알게 된다. 스웨덴, 핀란드, 노르웨이, 덴마크의 공통점은 사회적 자본을 금융자본만큼이나 중요하게 여긴다는 것이다. 이들 국가에는 국민 간의 신뢰, 공익 서비스, 유연안전성flexicurity 등 세 가지 요소를 국가가 국민에게 정책적으로 보장해야 한다는 사회계약이 자리 잡고 있다. 이들 국가는 평천하에는 별 관심이 없는 듯 국민의 안녕에만 전념한다. 국민을 행복하게 만들어주는 것이 최우선 과제이고, 그러기 위한 제도적 장치를 만들고 유지해 나가는 것이다.

한국은 어떤가? 세계에서 교육 수준이 상위권이고 범죄율이 가장 낮은 나라 중 하나이지만, 행복지수는 54위에 머문다. 그러면서 일류병 사회답게 '국가 브랜드'를 유난히 밝히며 세계 무대에서 무척이나 인정받고 싶어 한다. 혹시 무한 경쟁 사회와 각자도생의 압박감, 즉 국가가 나를 보살피지 않는다는 정서적 불안이 작용하기 때문일까. 그래서 한국인들에게서 좀처럼 마음의 여유를 느낄 수 없는 것이 아닐까.

국민에게 자신감과 여유를 갖게 하는 제대로 된 국격을 갖추려면 국민의 행복을 위한 정치가 우선이어야 한다. 사실 '행복을 위한 통치'라는 패러다임은 새로운 개념이 아니다. 행복지수가 21위인 UAE에서는 행복을 담당하는 부처가 2016년 장관급으로 신설되었고, 8위 뉴질랜드에서는 국민 웰빙 예산이 책정되어 정신 건강, 아동 빈곤, 가정 폭력 문제 해결에 집중적으로 쓰인다.

어쩌면 무엇보다 중요한 것은 국가가 국민의 정서적인 안정을 위한 환경을 조성해주는 것일지도 모른다. 따지고 보면 국격이란 그다지 거창한 게 아닐 수도 있다. 각자가 오로지 생업에 충실한 것이 곧 애국으로 이어지는 삶을 살게 해주는 조국. 부자가 아니더라도 안정적인 생활을 할 수 있고, 소박하게 살더라도 자긍심을 느끼게 해주는 나라. 국민을 품어주고 미래의 비전을 제시하는 나라. 외국에서 이주한 사람일지라도 사회가 그런 이들을 포용하는 마음의 여유가 가능한 나라.

미국이 한때 그런 나라였지만, 지금은 물론 아득한 얘기다. 언젠가 '탈미'에 성공한 한국이 그런 나라가 되려면, 먼저 많은 국민 사이에 영성과 가치의 혁명(수신)이 일어나고, 사회의 보편적 규범이 다져지고(제가), 탐욕에 초연한 훌륭한 사람들을 선출해 나라를 잘 운영(치국)하도록 해야 할 것이다. 그렇게 할 수만 있다면 위풍당당한 모범 국가로서 세계로 뻗어 나가는 것(평천하)은 당연한 수순이지 않겠는가.

맺음말

미국은 한국의 미래여야 하는가

나는 서울에서 태어났고, 한국은 내 마음의 고향이다. 하지만 한국 시민으로서 할 수 있는 것은 없으니 한국인들이 민족 본연의 슬기를 발휘해서 대한민국이 멋진 나라의 모습을 찾기를 멀리서나마 응원할 뿐이다. 내가 꿈꾸는 멋진 한국이란 대외적으로 선진국이기 이전에 내부적으로 내실이 단단하고 홍익인간이라는 민족정신의 다짐과 약속이 실현되는 나라다. 홍익인간이란 사회 구성원들의 보편적인 공동체 윤리를 전제로 하는 인간 중심의 사상이다. 그런데 지금 미국식 각자도생이 지배하는 한국의 모습을 보면 홍익인간은 허울 좋은 구호에 불과하다. 민족정신을 버린 채 '짝퉁 미국'이 되어 있는 한국은 운치가 없을뿐더러, 앞날이 한없이 불안해 보인다.

지금 한국이 그 어느 때보다도 걱정되는 것은 한국의 운명에 가히 절대적인 영향을 미치는 미국이 심각하게 흔들리고 있기 때문이다. 미국이 실제로 지정학적 영향력을 행사하기 때문이기도 하거니와, 이제까지 한국이 미국을 자발적으로 너무도 충실하게 추종해왔기 때문이기도 하다. 한국은 미국의 물질주의와 피상적인 풍요, 겉멋, 그것의 토양을 제공하는 이른바 하이퍼 자본주의hyper-capitalism, 다시 말해 미국이 지금 사양길에 접어들게 된 가장 큰 원인들만 가져갔다.

작금의 미국이 존망의 기로에 서 있다는 것은 과언이 아니다. 미국이 처해 있는 위기는 인류 역사의 무소불위 권력들의 몰락을 떠올린다. 로마 제국의 몰락 직전에는 엘라가발루스와 칼리굴라 등 악랄하고 사악하고 덜된 황제들이 군림한 시기가 있었다. 16세기 유럽의 종교개혁은 알렉산더 6세, 레오 10세, 클레멘스 7세 등 다수의 부패한 교황이 없었다면 훨씬 늦어졌을지도 모른다. 브레즈네프부터 체르넨코 정권까지 이어진 소련의 침체 시대는 지배계층의 권력욕과 사리사욕이 부른 경제, 정치, 사회 전반의 아노미였고, 끝내 소련의 붕괴를 초래했다. 강대국의 가공할 국력도, 찬란한 문화도 잡배들의 무책임한 지배하에서는 속수무책임을 역사가 말해준다. 세상은 지금 사악하고 탐욕스러운 지배계층이 앞당기는 미국의 몰락 과정을 목격하고 있다.

마크 트웨인은 "역사는 반복되지는 않지만 운율이 맞는 경우는 많다"고 했다. 20세기 말까지 미합중국은 대체로 두 차례의 국가 몰락 위기를 딛고 일어나 지금까지 왔다. 남북전쟁의 위기를 링컨의 지도력으로, 그리고 대공황의 위기를 루스벨트의 지도력으로 극복하지 못했다면 미국의 역사는 많이 달라졌을 것이다. 지난 4년 동안 트럼프의 임기는 미국이 맞는 세 번째 몰락 위기다. 단, 남북 전쟁, 대공황과의 결정적인 차이는 트럼프라는 지도자 자체가 문제의 핵심이었다는 것이다. 역사상 강대국의 최고 권좌에 오른 인간을 모두 놓고 봐도 그가 희대의 사이코패스급 인물임은 이제 온 세상이 다 안다. 이런 악한이 대통령 자리까지 오른 것은 돈이 곧 권력인 사회, 대중문화의 하향평준화와 명성에 대한 집착, 실패한 교육 제도가 낳은 반지성 문화의 '퍼펙트 스톰'이 가져온 결과다.

트럼프가 어떻게든 재선에 성공했다면 미국은 지금 러시아와 비슷하게 가는 방향으로 급물살을 타고 있을 것이다. 일단 미국은 바이든의 당선으로 멀리건을 얻었고 잠시나마 숨을 돌린 듯하다. 하지만 바이든은 링컨이나 루스벨트급의 지조 있는 강력한 지도자형과는 거리가 멀다. 평생 기득권을 수호해온 보수 성향의 중도주의자이며, 은행가들의 친구다. 신자유주의의 시녀라 해도 큰 과장은 아닐 것이다. 지금까지 발표된 각료 내정자들도 대부분 자본 권력과 내통해온 이력이 있는 사람들이다. 게다가 지금은 반칙과 부정이 상시 모드인 공화당 세력이 버티고 있다. 기껏해야 오바마 시절의 안일한 '초당적' 정책과 '화합'의 코스프레 정도가 있을 테고, 지금 미국 사회의 근본적 문제인 자본의 완전한 지배는 계속될 것이다. 바이든이 임기 동안에 우려대로 평범한 미국인들의 생활고를 신속하게, 과감하게 덜어주지 못하고 표류하다가 4년 뒤에 다시 트럼프나 트럼프의 '클론'에게 정권을 내준다면 미국은 지난 4년이 약과일 정도의 '헬미국'이 될 것이라는 징후가 널려 있다.

항상 문제는 지배하는 자들의 자질과 영성이다. 영화 「오즈의 마법사」에서처럼, 커튼을 젖히면 그 뒤에는 대부분 비겁하고 초라한 인간들이 숨어 있음을 우리는 안다. 그들은 무슨 대단한 능력을 가지고 있지 않을뿐더러, 이제까지 우리를 철저하게 속여왔고 자기들만 폭식을 해왔다. 돈의 힘에 의존하고 그 뒤에 숨어 사는 잡배들은 우리를 구제할 수 없다. 지금이 미국의 마지막 기회라는 예감을 떨칠 수 없는 이유다.

이 말은 곧 한국의 마지막 기회라는 얘기가 된다. 한국이 지금 미국이 겪고 있는 위기를 반면교사로 삼느냐, 아니면 끝까지 범국가적 미국병에서 헤어나지 못하고 미국의 전철을 그대로 밟느냐, 그것이 관건이다. 한국에서도 미국에서와 마찬가지로 돈에 미쳐 있는 기업들이 퍼뜨린 잡스러운 프로파간다가 지위 불안증을 조장하고 정서적으로 망가진 소비지상주의를 정착시켰다. 미국에서와 마찬가지로 사회안전망이 부실한 능력주의 사회는 현대인들을 낮은 자존감, 경멸과 분노, 조바심과 두려움으로 가득 찬 무한 경쟁과 소비의 전쟁터로 내몰았다. 미국에서와 마찬가지로 사회의 이러한 아노미는 가짜뉴스와 선동질의 토양이 되고 있다. 그리고 미국과 마찬가지로 한국에도 트럼프와 본질적으로 다르지 않은 저질 선동정치가들이 있으며, 그런 자들이 썩은 관료들의 비호와 검은 자본의 힘으로 득세할 수 있는 환경이 엄존한다.

뱃머리를 돌릴 수 있는 시간적 여유가 많지 않다. 질 나쁜 지배층이 사회를 낭떠러지로 몰아가기 전에 다수의 상식 있는 국민이 선제적으로 대응해야 한다. 사회 각 분야의 역량 있는 사람들이 국가의 성격 개조에 앞장서야 한다. 그러려면 아직 의식과 양심이 살아 있는 시민들이 가히 혁명적인 사고로 무장해야 한다. 앤드루 양이 말한 것처럼 혁명은 사회가 와해되기 전이든 그 후든 반드시 일어날 것이며, 그럴 바에는 전자를 택하는 것이 훨씬 현명한 길일 것이다.

참고문헌

이규태. 선비의 의식구조. 신원문화사, 1984.

Abdennur, Alexander. Camouflaged Aggression: The Hidden Threat to Individuals and Organizations. Detselig, 2001.

Adler, David. "Centrists Are the Most Hostile to Democracy, Not Extremists." The New York Times, 23 May 2018, www.nytimes.com/interactive/2018/05/23/opinion/international-world/centrists-democracy.html.

Adler, Jerry (July 31, 1995). "The Rise of the Overclass: The Overclass 100." Newsweek. 126 (5): 32-46.

Adorno, Theodor W. The Authoritarian Personality. Harper & Row, 1950.

Anonymous, "McKinsey & Company: Capital's Willing Executioners." Current Affairs, www.currentaffairs.org/2019/02/mckinsey-company-capitals-willing-executioners.

Azar, Beth. "How Greed Outstripped Need." Monitor on Psychology, American Psychological Association, Jan. 2009, www.apa.org/monitor/2009/01/consumerism.

Babiak, Paul. Snakes in Suits. HarperCollins, 2007.

Baker, Dean. The Conservative Nanny State: How the Wealthy Use the Government to Stay Rich and Get Richer. Center for Economic and Policy Research, 2011.

Baldwin, James, and Raoul Peck. I Am Not Your Negro. Vintage Books, 2017.

Bastiat, Frederic. Economic Sophisms. Foundation for Economic Education, 1975.

Baum, Dan, et al. "Legalize It All: How to Win the War on Drugs." Harper's

Magazine, 31 Mar. 2016, harpers.org/archive/2016/04/legalize-it-all/.

Belton, Catherine. Putin's People: How the KGB Took Back Russia and Then Took on the West. Farrar, Straus and Giroux, 2020.

Bloom, Allan David. The Closing of the American Mind. Simon and Schuster, 1987.

Brill, Steven. Tailspin: The People and Forces Behind America's Fifty-Year Fall – and Those Fighting to Reverse It. Alfred A. Knopf, 2018.

Carnegie, Andrew. The Autobiography of Andrew Carnegie and the Gospel of Wealth. Renaissance Classics, 2012.

Chomsky, Noam. Requiem for the American Dream: The Principles of Concentrated Wealth and Power. Seven Stories Press, 2017.

Desai, Mihir A. The Wisdom of Finance: How the Humanities Can Illuminate and Improve Finance. Profile Books, 2018.

Diamond, Peter, and Emmanuel Saez. "The Case for a Progressive Tax: From Basic Research to Policy Recommendations." Journal of Economic Perspectives, www.aeaweb.org/articles?id=10.1257%2Fjep.25.4.165.

Einstein, Albert. "Why Socialism?" Monthly Review, 1 Aug. 2018, monthlyreview.org/2009/05/01/why-socialism/.

Feulner, Edwin. "Preventing 'The Tyranny of the Majority.'" The Heritage Foundation, 7 Mar. 2018, www.heritage.org/conservatism/commentary/preventing-the-tyranny-the-majority.

Gessen, Masha. "The Putin Paradigm." The New York Review of Books, 16 July 2020, www.nybooks.com/daily/2016/12/13/putin-paradigm-how-trump-will-rule/.

Gibney, Bruce. A Generation of Sociopaths: How the Baby Boomers Betrayed America. Hachette Books, 2018.

Golden, Daniel. The Price of Admission: How America's Ruling Class Buys Its Way into Elite Colleges – and Who Gets Left Outside the Gates. Crown, 2007.

Grant, Michael. The Antonines: The Roman Empire in Transition. Routledge, 1994.

Giridharadas, Anand. Winners Take All: The Elite Charade of Changing the World. Alfred A. Knopf, 2018.

Haque, Umair. "Was Marx Right?" Harvard Business Review, 23 July 2014, hbr.org/2011/09/was-marx-right.

Harvey, David. A Brief History of Neoliberalism. Oxford University Press, 2005.

Hofstadter, Richard. "The Pseudo-Conservative Revolt." The American Scholar, 21 Oct. 2008, theamericanscholar.org/the-pseudo-conservative-revolt/.

Johnson, Eric Arthur. The Nazi Terror: The Gestapo, Jews and Ordinary Germans. Murray, 2002.

Keynes, John Maynard. The General Theory of Employment, Interest, and Money by John Maynard Keynes. Macmillan and Co, 1964.

Kessler, Glenn, et al. Donald Trump and His Assault on Truth: The President's Falsehoods, Misleading Claims and Flat-out Lies. Scribner, 2020.

Kirk, Russell. The Conservative Mind: from Burke to Santayana. Martino Publishing, 2015.

Kruse, Kevin Michael. One Nation under God: How Corporate America Invented Christian America. Basic Books, 2015.

Lapham, Lewis. "Of America and the Rise of the Stupefied Plutocrat." Literary Hub, 1 Apr. 2019, lithub.com/lewis-lapham-of-america-and-the-rise-of-the-stupefied-plutocrat/.

Lee, Bandy X.. Dangerous Case of Donald Trump: 35 Psychiatrists and Mental Health Experts Assess a President. St. Martin's Press, 2019.

McDonald, Duff. The Firm. Simon & Schuster, 2013.

Marcuse, Herbert. One-Dimensional Man: Studies in the Ideology of Advanced Industrial Society. Beacon Press, 1964.

Mayer, Jane, et al. "The Making of the Fox News White House." The New Yorker, www.newyorker.com/magazine/2019/03/11/the-making-of-the-fox-news-white-house.

Michels, Robert, et al. Political Parties: A Sociological Study of the Oligarchical Tendencies of Modern Democracy. Dover, 1959.

Nutting, Rex. "Billionaires Haven't Earned All They Have." MarketWatch, 9 Feb. 2019, https://www.marketwatch.com/story/billionaires-take-more-than-they-make-2019-02-07.

Panichas, George A., Ed. The Essential Russell Kirk: Selected Essays. ISI Books, 2007.

Peters, Charles. We Do Our Part: Toward a Fairer and More Equal America. Random House, 2017.

Postman, Neil. Amusing Ourselves to Death. Penguin Books, 2005.

Priestley, David. Merchant, Soldier, Sage: A New History of Power. Penguin Books, 2013.

Rand, Ayn. Atlas Shrugged. Signet, 1996.

Rand, Ayn. The Fountainhead. Signet, 1996.

Reich, Robert B. System: Who Rigged It, How We Fix It. Knopf, 2020.

Reilly, Rick. Commander in Cheat: How Golf Explains Trump. Hachette Books, 2020.

Sandel, Michael J. The Tyranny of Merit: What's Become of the Common Good? Farrar, Straus and Giroux, 2020.

Snyder, Timothy. On Tyranny: Twenty Lessons from the Twentieth Century. Tim Duggan Books, 2017.

Stevens, Stuart. It Was All a Lie: How the Republican Party Became Donald Trump. Knopf Publishing Group, 2020.

Sykes, Charles J. A Nation of Victims: The Decay of American Character. St. Martin's Press, 1992.

Sykes, Charles J. How the Right Lost Its Mind. St. Martin's Press, 2017.

Taibbi, Matt. "The Great American Bubble Machine." Rolling Stone, 5 Apr. 2010, www.rollingstone.com/politics/politics-news/the-great-american-bubble-machine-195229/.

Tocqueville, Alexis de, et al. Democracy in America: in Two Volumes. Schocken Books, 1961.

Trump, Mary L. Too Much and Never Enough: How My Family Created the World's Most Dangerous Man. Simon & Schuster, 2020.

Vaidhyanathan, Siva. Antisocial Media: How Facebook Disconnects Us and Undermines Democracy. Oxford University Press, 2020.

Veblen, Thorstein, and Martha Banta. The Theory of the Leisure Class. Oxford Univ Press, 2009.

Wang, Hui. Carceral Capitalism. Semiotext(e), 2018.

West, Cornel. Race Matters. Beacon Press, 2018.

Yang, Andrew. The War on Normal People: The Truth about America's Disappearing Jobs and Why Universal Basic Income Is Our Future. Hachette Books, 2019.

Zakaria, Fareed. The Post-American World. Penguin, 2011.

카키스토크라시
지은이 | 김명훈

초판 1쇄 인쇄일 2021년 1월 11일
초판 1쇄 발행일 2021년 1월 20일

발행인 | 한상준
편집 | 김민정·강탁준·손지원·송승민
마케팅 | 강점원·주영상
디자인 | 조경규·김미숙
관리 | 김혜진

발행처 | 비아북(ViaBook Publisher)
출판등록 | 제313-2007-218호(2007년 11월 2일)
주소 | 서울시 마포구 연남동 월드컵북로6길 97(연남동 567-40) 2층
전화 | 02-334-6123 전자우편 | crm@viabook.kr
홈페이지 | viabook.kr

ISBN 979-11-91019-21-6 03300

• 본문에 사용된 종이는 한국건설생활환경시험연구원에서 인증받은, 인체에 해가 되지 않는 무형광 종이입니다. 동일 두께 대비 가벼워 편안한 독서 환경을 제공합니다.